UN
VOYAGE A PÉ-KIN

PAR

GEORGES DE KÉROULÉE

ATTACHÉ A L'AMBASSADE EXTRAORDINAIRE DE FRANCE EN CHINE

(1860-1861)

出去省外國
是道生命

Quitter son pays pour visiter l'extérieur, c'est
accomplir sa destinée. (CONFUCIUS.)

PARIS

P. BRUNET, LIBRAIRE-ÉDITEUR

31, rue Bonaparte

1861

UN

VOYAGE A PÉ-KIN

PARIS. — IMP. W. REMQUET, GOUPY ET Cᶜ, RUE GARANCIÈRE, 5.

UN

VOYAGE A PÉ-KIN

PAR

GEORGES DE KÉROULÉE

ATTACHÉ A L'AMBASSADE EXTRAORDINAIRE DE FRANCE EN CHINE

(1860-1861)

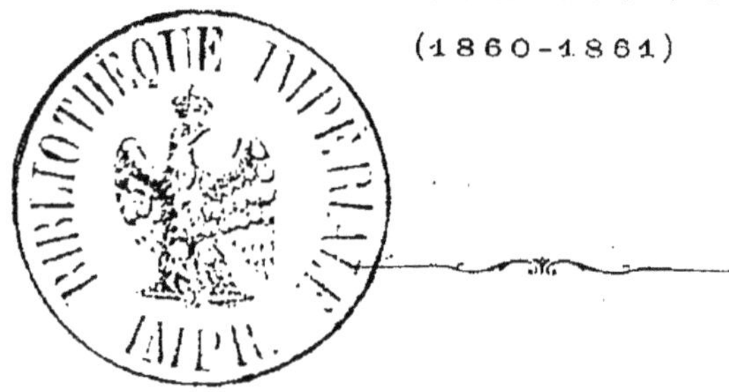

PARIS

P. BRUNET, LIBRAIRE-ÉDITEUR

34, rue Bonaparte

1864

AVANT-PROPOS

A mon retour de Chine, quelques-uns de mes amis m'avaient pressé de nombreuses questions sur tout ce que j'avais pu voir ou savoir du Céleste-Empire, j'ai cru alors qu'il me serait permis de livrer à la publicité les souvenirs plus ou moins intéressants que ma position à l'ambassade m'a mis en mesure de recueillir, chemin faisant, sur les hommes et sur les choses qui passaient devant mes yeux.

Quelques notes écrites en courant et surtout les souvenirs gravés dans ma mémoire, — voilà tout ce qui m'a aidé à composer ces quelques pages, où l'on ne trouvera que les impressions naturelles et vraies d'un voyageur, mais non les découvertes d'un savant, ni les observations d'un moraliste.

J'ai raconté tout ce que j'ai vu, comme je l'ai vu. Je suis donc seul responsable des opinions et des jugements que j'avance; d'ailleurs, j'ai cru que sur des matières aussi peu sérieuses que la physionomie d'une ville chinoise ou la discussion de la beauté du type tartare, il était permis de ne se servir que de son propre goût et de ses propres lumières.

Notre voyage de Tien-tsin à Pé-kin a été tellement fertile en événements de toutes sortes, et notre séjour dans la capitale de la Chine a été tellement intéressant, comme on devait l'espérer *a priori*, que j'ai cru devoir commencer la publication de mes souvenirs par cette période de mon voyage.

L'on ne s'étonnera pas si, dans le cours de cet opuscule, on ne me voit faire aucune mention des théâtres chinois si nombreux à Pé-kin. — J'ai réservé les particularités que j'ai pu saisir sur l'art dramatique en Chine, pour en composer une petite monographie théâtrale, à laquelle j'ai ajouté l'histoire du théâtre français sur les bâtiments pendant la traversée et dans les bivouacs pendant la campagne. — La relàche faite par l'ambassade à Manille, et notre voyage dans l'intérieur de l'île de Luçon, sont encore un des épisodes de mes pérégrinations que je crois de nature à intéresser le public.

Puissent du moins les récits qui suivent atteindre à ce but difficile, et je n'en aurai que plus de courage à offrir aux lecteurs bienveillants mes autres souvenirs de l'expédition de Chine.

G. DE KÉROULÉE.

UN

UN

VOYAGE A PÉ-KIN

CHAPITRE PREMIER

Départ de Tien-tsin.

Lorsque les deux corps d'armée, Anglais et Français, furent arrivés à Tien-tsin, précédés par les deux ambassades et les deux quartiers généraux, le gouvernement chinois envoya trois plénipotentiaires, Kouei-Liang, Heng-Ki, et je ne sais plus quel autre mandarin, pour conférer de la paix avec les vainqueurs à qui le vice-roi du Pé-tché-li, reconnaissant l'impossibilité de la lutte, avait rendu les forts de Ta-kou et les autres ouvrages de sa province. Les conférences s'ouvrirent le 1er septembre et durèrent jusqu'au 7 du même mois..

Déjà Anglais et Français, dans des séances prélimi-
naires où les mandarins n'avaient eu affaire qu'aux interprètes, avaient discuté les clauses de la convention
qui devait mettre fin à la guerre. Mais quand chacun
des deux ambassadeurs envoya son premier secrétaire
s'aboucher avec les plénipotentiaires chinois, pour la
discussion définitive de l'ensemble de l'instrument diplomatique, on dut commencer, ainsi que le prescri-
vent les règles de la diplomatie, par l'examen récipro-
que des pouvoirs des plénipotentiaires de chaque nation.
A ce moment, force fut à Kouei-Liang et à ses compagnons de déclarer qu'ils avaient bien des instructions
et la mission de conclure un traité, mais qu'ils n'a-
vaient pas reçu de pleins pouvoirs directs de leur souverain. Le stratagème était grossier et bien digne de
cette diplomatie chinoise dont l'astuce, à force d'être
outrée, n'est plus qu'un enfantillage. On voulait éloigner les barbares de la capitale en les amenant à conclure une paix à laquelle toute participation aurait été
déclinée par l'Empereur et ses ministres. Une fois les
barbares repartis sur leurs vaisseaux, on aurait disgracié temporairement Kouei-Liang et ses collègues,
sous prétexte d'avoir outre-passé leurs droits, et le traité
aurait été regardé comme une lettre morte. De plus,
l'Empereur aurait sauvé sa capitale et ses armées et
surtout n'aurait pas « *perdu sa face*, » c'est-à-dire, en
traduisant l'image vigoureuse de l'idée chinoise, ne se
serait pas déshonoré aux yeux de son peuple en parais-

sant trembler devant cette poignée d'étrangers. Mais il était impossible que nos diplomates, familiarisés qu'ils étaient avec les traditions des chancelleries du Céleste-Empire, donnassent dans un piége si grossier. Les deux ambassadeurs annoncèrent aux mandarins qu'ils allaient donner l'ordre aux deux armées de marcher sur Pé-kin ; mais que si, chemin faisant, d'autres plénipotentiaires étaient envoyés par le cabinet chinois, avec des pouvoirs en règle cette fois, on s'arrêterait pour reprendre avec eux les conférences rompues à Tientsin.

Kouei-Liang et les autres, voyant leur système détruit, envoyèrent courrier sur courrier à la capitale (distante de Tien-tsin de 30 lieues environ). Ils reçurent promptement la réponse du gouvernement chinois à leurs dépêches, et se trouvèrent en mesure d'annoncer aux ambassadeurs qu'à Tong-tcheou, ville située à quelques kilomètres de Pé-kin, on trouverait un nouveau plénipotentiaire, le prince de I. (I-tsin-wang), qui avait reçu les pouvoirs nécessaires pour reprendre les pourparlers de Tien-tsin et traiter sur les bases acceptées déjà des deux côtés. De plus, il restait établi, ce qui avait fait partie des clauses primitivement débattues et acceptées par les mandarins, que les deux ambassadeurs, avec une escorte d'honneur de mille soldats chacun, iraient à Pé-kin procéder solennellement à l'échange des ratifications du traité de 1858 et de la convention de 1860.

Telle était la situation le 8 septembre. J'ai tenu à éclaircir, autant que je le pouvais, cet état de choses, pour faire bien sentir pourquoi les deux ambassadeurs et les deux généraux en chef ne partirent sur la route de la capitale qu'avec mille hommes de chaque armée. On s'empressa alors, dans les deux quartiers généraux, de désigner les forces qui devaient composer cette escorte. De notre côté, le général composa ce petit corps d'armée du bataillon de chasseurs à pied, — de deux compagnies d'infanterie prises dans les compagnies d'élite des deux régiments d'infanterie de ligne, — d'une batterie de 4 et d'une batterie de 12, — du petit détachement de cavalerie, spahis et chasseurs d'Afrique, — et d'un peloton d'artilleurs montés sur les chevaux des batteries qui restaient en arrière. Des députations d'officiers furent en outre réunies pour grossir l'escorte d'honneur; et, pour consoler ceux qui n'étaient pas compris dans cette désignation, on annonça qu'aussitôt après l'arrivée à Pé-kin, on organiserait des convois, des trains de plaisir, pour que tous les officiers pussent visiter la fantastique capitale du Céleste-Empire.

Le 9 septembre au matin, toutes les troupes anglo-françaises désignées pour cette promenade militaire, qu'on ne soupçonnait pas alors devoir se changer en une véritable marche de guerre, quittèrent les campements qu'elles occupaient en avant de Tien-tsin, sur les bords du Pé-ho, où restèrent les autres corps d'armée, et traversèrent la ville pour aller bivouaquer à une lieue de l'autre côté de cette immense cité, près d'un certain pont de marbre. Le passage du Pé-ho et du canal impérial, pour l'artillerie et les voitures de transport, devait s'effectuer sur les deux ponts de bateaux que les Chinois ont construits pour la circulation ordinaire des habitants. Le défilé de tous ces *impedimenta* sur ces surfaces inégales et flottantes, et à travers le véritable labyrinthe des ruelles chinoises, fut lent et difficultueux, à la grande satisfaction de la population chinoise, heureuse de pouvoir considérer plus longtemps les engins de guerre et les soldats étrangers. Ces braves gens avaient déjà vu, il est vrai, l'élément militaire européen de fort près en 1858 ; ils avaient fait connaissance avec les soldats, les marins, les canons et les canonnières à vapeur ; les caricaturistes chinois avaient, à cette époque, représenté la signature du traité, en reproduisant et chargeant à leur manière ces divers objets si nouveaux pour eux. Leurs satiriques pinceaux avaient trouvé à s'exercer sur ces habits rouges et bleus, ces favoris et ces barbes étranges, et surtout sur les fantastiques instruments de nos musiques européennes. Je me rappelle principalement certain ophicléide qui, gigantesque et menaçant, déroulait entre les bras de l'instrumentiste ses anneaux de cuivre, et dont la bouche béante semblait celle d'une chimère ou d'un dragon. Le trombonne, lui aussi, avait inspiré la verve de l'Hogarth tien-tsinnois, qui n'avait pas oublié de signaler les joues rebondies et gonflées de vent des malheureux qui soufflaient dans ces étonnantes machines. Dirai-je encore, pour prouver que la caricature est la même partout, que rien n'égalait dans cette image le grotesque chapeau triangulaire surmonté d'un panache vertical des diplomates anglais? Et le chapeau à claque de nos officiers de marine, comme il était comiquement rendu !

Mais cette fois le spectacle était plus grand et plus susceptible encore de les émouvoir. Ils n'avaient jamais vu d'artillerie attelée, ni de cavalerie, ni tant de soldats à la fois. Ils contemplaient nos élégantes petites pièces de quatre et les Armstrong à la culasse compliquée; mais quand venait à passer une compagnie de Cipayes ou quelque escadron de Sicks, ils s'effaçaient avec un sentiment de répulsion pour ces hommes noirs ou jaunes, qu'ils semblaient regarder comme d'un sang inférieur. Si, au contraire, nos spahis, avec leur manteau rouge, défilaient devant eux, leur physionomie devenait souriante et semblait démontrer que l'uniforme de nos africains était de leur goût.

Pendant ce mouvement militaire, nous nous occupions, à l'ambassade, de préparer nos moyens de transport pour faire cette route de trente lieues, courte, par conséquent, quant à la distance, mais pendant laquelle les retards et les prolongations de séjour étaient inévitables. Aussi, nombreux comme nous l'étions, avec un personnel aussi compliqué, et devant traîner avec nous tout notre matériel et toutes nos subsistances, il nous

fallait un nombre très-considérable de chariots, de bêtes de trait et de monture, et enfin de coolies chinois
pour porter les chaises et guider la partie roulante de
notre caravane. Qu'on se figure maintenant tout ce que
l'intendance française et le commissariat anglais avaient
requis de moyens de transport dans ce pays où il faut
tout emporter avec soi ; qu'on considère, d'autre part,
que beaucoup d'habitants ayant fui à notre approche
avec tout ce qu'ils possédaient, les contributions en
chariots et en attelages étaient difficiles à lever, et l'on
comprendra que ce ne fut pas sans peine que nous par-
vînmes à compléter le strict nécessaire de notre équipage. Je n'oublierai jamais, pour ma part, ce qu'il fallut
de luttes, de menaces même, auprès du mandarin préfet de la ville, pour lui arracher une à une chacune de
ces malheureuses voitures. Nous restâmes toute la nuit,
le secrétaire interprète de l'ambassade et moi, chez ce
fonctionnaire à bouton bleu, lui ayant déclaré que
nous ne quitterions pas sa maison qu'il ne nous eût
donné satisfaction. C'était, du reste, le seul moyen de
triompher de cette apathie chinoise, qui, devant la force
ouverte, aurait allégué l'impossibilité, mais qui, lassée
de notre insistance, se remua assez pour trouver moyen
de satisfaire à notre réquisition. Il était quatre heures
du matin quand nous sortîmes du *yamoun* du préfet,
accompagnés seulement de deux soldats de service. Il
nous fallait, au milieu de la nuit, traverser toute la
ville, franchir l'enceinte, et regagner le faubourg où

était le palais de l'ambassade, avec une longue file de
trente voitures, des chevaux de main, et une centaine
de coolies. Nous étions quatre pour conduire et surtout
maintenir cette caravane. Malgré nos soins, nous per-
dîmes deux voitures et quelques hommes qui parvin-
rent à tromper notre vigilance pendant qu'on défilait
par la poterne des fortifications. Enfin, nous arrivâmes
assez à temps pour pouvoir faire partir la première
moitié de notre convoi avec l'ambassadeur, qui devait
faire la route en chaise à porteur et suivre les mouvements de l'armée.

Maintenant que nous voilà en route pour la capitale
du Céleste-Empire, je vais prendre mon journal et en
détacher jour par jour tout ce que je trouverai de souvenirs intéressants, en élaguant les notes toutes per-
sonnelles que j'y ai consignées.

9 *septembre.* Ce matin, l'ambassadeur est parti avec
quelques-uns des membres de l'ambassade. Il s'est
rendu à la pagode de la Félicité éternelle, où demeure
le général en chef, qu'il a rencontré sur le théâtre d'un
incendie qui, cette nuit, a consumé les bâtiments servant d'écurie. Plusieurs chevaux ont été brûlés, entre
autres deux magnifiques anglo-indiens appartenant au
colonel Folly, commissaire anglais près de notre état-
major. — L'ambassadeur voyage en chaise, car il n'y a
point de voitures, et son âge lui interdit l'équitation.
C'est, du reste, un fort agréable mode de locomotion
que celui des palanquins. Huit vigoureux gaillards le

portent sur leurs épaules, se relayant quatre par quatre, à chaque demi-heure ; et leur allure est si vive qu'ils pourraient marcher de front avec un cheval au petit trot. Tous ces coolies, porteurs de chaises, sont revêtus d'un uniforme aux couleurs françaises et semblent enchantés de se trouver au milieu de nous. — La colonne se met en route : l'ambassadeur en tête, accompagné de deux membres de l'ambassade, à cheval, et précédé d'un peloton de spahis. Il est suivi par le général en chef, entouré de son état-major général et particulier, et la marche est fermée par les cavaliers d'escorte. La petite colonne traverse un des bras du canal Impérial sur le pont de marbre, rejoint les troupes au bivouac, et tout le monde se met en marche pour le grand village de Pou-kéou, situé à 20 kilomètres de Tien-tsin, sur les bords du Pé-ho. Quant à nous, composant la seconde partie du convoi de l'ambassade, nous partirons demain matin et nous rejoindrons la colonne qui doit faire séjour à Pou-keou, pour réparer tout ce qu'une première marche aura mis de désarroi dans son attirail et ses *impedimenta*.

Il nous semble, en rentrant dans notre demeure, que tout y est triste et morne, depuis que l'ambassade et les états-majors nous ont quittés. Nos voisins de l'ambassade anglaise sont tous partis de leur côté. Nous restons seuls dans cette immense habitation et nous nous occupons des préparatifs de notre départ. Nous sommes pressés de quitter Tien-tsin : les huit jours que nous y avions passés avaient suffi pour nous reposer du laborieux mois d'août que nous avions vécu dans les bourgs de Peh-tang et de Ta-kou. Nous avions déjà commencé, à Tien-tsin, à nous remettre à la vie d'Europe. Notre table était fastueuse : nous avions concert, dans la cour d'honneur, pendant nos repas. Nos soirées se passaient gaîment dans des visites au quartier général et à nos voisins d'Angleterre et de Russie, ou bien à bord des canonnières qui avaient remonté le fleuve jusqu'au milieu de la ville. Puis la nuit, nous avions, pour nous abriter, de beaux appartements meublés avec l'élégance chinoise la plus raffinée, et pour reposer nos têtes de bons lits de feutre avec de légères nattes pour conserver la fraîcheur à notre couche. — Nous étions bien loin des grabats infects de Peh-tang et des campements humides de Sin-ho. Mais qu'importe? si nous allons recommencer une vie peut-être pénible, nous avons la consolation d'aller vers la fameuse capitale du nord, vers Pé-kin! Et puis nous quitterons la plaine et les marais, dont nous ne sommes pas sortis jusqu'à présent; nous aurons bientôt les hautes montagnes de la Tartarie devant les yeux, et nous parcourrons les belles campagnes qui, nous a-t-on dit, égayent les environs de Pé-kin.

10 septembre. Enfin, nous voilà prêts à partir; et ce n'est pas sans peine. Toute la nuit, il a fallu charger les voitures de nos innombrables bagages et de notre matériel de campement, — car nous emportons avec nous tout ce qui est nécessaire pour bivouaquer : tentes, marmites, bidons, gamelles, dans le cas où l'on ne trouverait pas de maison pour s'y cantonner. — Notre ambassade est bien, comme on le voit, la plus belliqueuse que l'on ait jamais vue ! — Mais que de mal pour se faire comprendre de tous ces Chinois qui ne nous accompagnent qu'à regret avec leurs voitures et leurs mules, que la réquisition impitoyable du préfet a mises entre nos mains ! heureusement que le bambou nous sert plus d'une fois d'interprète et toujours avec succès. Enfin le signal du départ est donné, et la caravane se met en route. Nous sommes une heure à traverser le faubourg dans lequel nous étions logés : arrivés, à la fin, au canal Impérial qu'il nous faut franchir, nous sommes arrêtés par une déplorable circonstance. La marée se fait sentir jusque-là et les eaux sont basses dans ce moment. Le niveau du pont de bateaux s'est donc fort abaissé au-dessous du niveau des quais, très-escarpés en cet endroit, et dont la communication avec le tablier a lieu au moyen de deux rampes en bois rendues très-inclinées, et aussi très-glissantes par suite du passage incessant des voitures et des piétons. Nous ne pouvons pas, cependant, attendre le renversement de marée qui ne deviendra sensible que dans trois heures : aussi sommes-nous forcés de tenter ce périlleux passage. Tous les badauds chinois, accourus pour jouir du spectacle de notre cortége, et que notre mésaventure paraît vraiment amuser, sont mis aussitôt en réquisition, et grâce à ce renfort, on réussit à faire monter et descendre aux chariots ces pentes roides et glissantes. Un d'eux, néanmoins, plus malheureux que les autres, verse au milieu du pont, et voilà la colonne coupée en deux. Ce n'est qu'une demi-heure après que ce contre-temps nous est survenu, que nous voyons ce maudit pont flottant derrière la dernière de nos voitures. Nous mettons une heure encore à suivre le dédale des ruelles du faubourg de l'Ouest et nous atteignons le pont de marbre, où le passage se fait sans difficulté. Au débouché de ce pont, la route est flanquée de deux ouvrages récemment élevés dans le but de défendre la ville de ce côté : les canons qui armaient ces forts avaient tous été jetés dans les fossés, hier probablement, par les soldats qui bivouaquaient dans l'intérieur des retranchements. Devant les forts se trouve une plaine aride où les sinuosités du canal et du Pé-ho, que sillonnent mille sampans[1] aux voiles de bambou, se courbent et se croisent d'une manière inquiétante pour la direction de notre route.

Nous n'avons pas fait une lieue que déjà nous avons

---

[1] Le sampan est une sorte de bateau plat employé par les Chinois pour la navigation sur les rivières. La longueur en varie de dix mètres à deux mètres, depuis ceux destinés à transporter les chargements jusqu'aux nacelles manœuvrées par les femmes, qui servent aux passagers d'une rive à l'autre des fleuves. Sur les sampans de grande dimension, se trouve une sorte de cabanon, qui tient lieu de demeure aux deux ou trois matelots qui forment

rencontré la chaussée élevée qui nous sert de route, rompue complétement en deux endroits, à la suite des nombreux charrois qui l'ont suivie la veille ; et il a fallu se jeter dans des bourbiers et des marécages pour re trouver les parties carrossables du chemin. Or, pendant toute cette route, l'on ne quitte ce qu'en Chine on appelle un village, c'est-à-dire une agglomération de 10,000 individus, que pour en retrouver un autre de la même importance et à moins de cinq cents pas. Tous ces bourgs sont bâtis le long du fleuve et du canal. Aussi, comprenons-nous l'importance et la nécessité de ce canal impérial qui permet de faire remonter le riz et les grains de la Cochinchine et du sud de la Chine, où ils sont en abondance, jusque dans les provinces du nord de l'empire, pour nourrir la population énorme de ces terrains improducteurs. Toutes les agglomérations que nous traversons sont du reste formées presque exclusivement de mariniers et d'individus occupés à charger et décharger les marchandises. Chacune des familles possède un sampan plus ou moins grand, et tous, hommes, femmes et enfants, s'occupent à transporter de Tien-tsin à Tong-tcheou, qui est le grand en-

l'équipage. — Un mât est dressé sur l'embarcation, et on y déploie une sorte de voile articulée, en forme de jalousie, avec des tiges de bambou, entre lesquelles sont cousus des lambeaux de nattes ou de vieilles toiles. Quelques cordages servent à manœuvrer cette grande voile rectangulaire, où le vent n'a qu'une prise de peu de force.

trepôt des grains de la province, les sacs de riz et de sorgho que les jonques ont amenés par le fleuve jusqu'à Tien-tsin.

Partout, sur notre passage, nous sommes l'objet d'une curiosité plus que vive, et cependant, hier, ces mêmes badauds ont vu passer les deux petites armées. Du reste, plus nous avançons, plus nous voyons les types tartares se multiplier, et les types chinois devenir plus rares.

La différence est cependant difficile à saisir pour les gens peu accoutumés à voir ces populations du Pé-tcheli ; mais pour nous, qui sommes depuis quatre mois au milieu d'elles, nous distinguons parfaitement le nez fin et droit, les yeux farouches, les pommettes saillantes et l'expression mâle de ces physionomies mantchoues. Les Chinois ont la tête plus ronde et plus pleine ; leurs yeux sont complétement bridés ; leur teint est plus pâle, le nez plus épaté, enfin leur taille exiguë avec leur proverbial embonpoint leur donne un air efféminé. Quant aux femmes, on n'en voit que de vieilles et de misérables. Les enfants fourmillent autour de nous et ces bébés à la queue naissante, enrubannée de tresses rouges, dévorent des yeux nos visages barbares.

A chaque pas nous rencontrons des familles qui émigrent. Ce sont généralement des familles riches : les femmes sont en voiture, les hommes conduisent les attelages et les enfants sautillent d'un groupe à l'autre. Ces émigrations sont l'effet des proclamations des man-

darins qui nous dépeignaient sous des couleurs peu
rassurantes pour les propriétaires. Quant aux pauvres,
et Dieu sait s'ils sont nombreux, ils pensent comme l'âne
de la Fontaine, que leur ennemi c'est leur maître ; et,
en vrais Chinois qu'ils sont, ils ne cherchent qu'à sou-
tirer quelques sapèkes de plus à leurs nouveaux tyrans
qu'ils trouvent généralement moins durs que les anciens.

Mais voilà que nous avons quitté les bords du fleuve.
Nous nous enfonçons dans les campagnes et l'aspect
devient plus agréable : ce sont de vastes champs de
sorgho dont la tige atteint une hauteur de deux mètres
au moins, ou bien encore des champs de maïs. Nous
cheminons dans ces hautes herbes par d'étroits sentiers, et c'est à peine, sous le soleil qui nous accable,
si nous pouvons respirer, tant la circulation de l'air est
difficile dans ces fourrés impénétrables. Enfin nous re-
joignons la première portion de notre colonne, arrêtée
auprès d'un jardin où se trouve un puits à eau fraîche
et potable. Nous nous asseyons à l'ombre bien venue
des néfliers, et tout le monde se met en devoir de faire
la halte, c'est-à-dire de déjeuner. Ce ne sont plus nos
repas de Peh-tang et de Ta-kou, où l'on était heureux
de dévorer les côtelettes d'ânon arrosées de glace fon-
due, repas indigeste, il est vrai, mais dont l'ennemi
nous avait fourni les éléments, car c'étaient ses ânons
qu'on avait dépecés et c'était la glacière du commandant des forts qui nous désaltérait. Aujourd'hui, grâce
aux négociants de toute couleur et de toute nation qui

nous suivent avec leurs conserves et eur probité dou-
teuse, grâce aussi aux marchés bien fournis de Tien-
tsin, nous sommes à un régime sinon excellent, du
moins européen. Quant à nos Chinois, ils ont bien vite
fait de préparer une énorme quantité de riz; chacun
d'eux a sa tasse et ses bâtonnets à la ceinture; quelques
oignons et quelques herbes sont hachées et servent de
condiment à la masse de riz qu'ils avalent glouton-
nement à l'aide de leurs baguettes. Un peu de sam-
chou, ou eau-de-vie de sorgho, suffit pour raviver leurs
forces, et bêtes et gens repus, on se remet en route.
Nous faisons trois lieues dans un pays assez riant, tombant à chaque instant sur le Pé-ho dont les courbes
sont d'un capricieux désespérant, et les eaux troubles
et fangeuses. Enfin nous arrivons à Pou-kéou, notre
gîte et étape.

Pou-kéou est un gros village de douze ou quinze
mille habitants. Toutes les boutiques sont fermées,
mais la population n'a pas encore déserté la ville. Un
marché se trouvait ouvert au moment de l'arrivée des
troupes, car des officiers et des interprètes anglais et
français étaient partis, un jour avant tout le monde,
pour préparer le campement et les subsistances pour
les hommes et le fourrage pour les chevaux. Il n'y a que
l'état-major du général en chef et l'ambassade française
qui soient logés en ville; le premier dans une pagode,
nous dans une maison simple d'apparence, mais riche
à l'intérieur. Quant aux troupes, elles campent tout

près de nous dans des champs de sorgho, où elles trouvent ce qu'il faut pour alimenter le feu des marmites et pour tapisser le sol sous leurs tentes-abris. Le propriétaire de la maison que nous occupons est resté à Pou-kéou pour nous faire les honneurs de chez lui, et le pauvre homme ne peut pas cacher son étonnement de ne pas nous voir prendre les fort jolis *bibelots* qui ornent sa demeure. Mais ce qui l'effraye principalement, lui comme tous les autres habitants, ce sont nos gens chinois qui, au nombre de cent environ, occupent les granges et les cours de sa maison : il n'est pas rassuré sur leur patriotisme, tant il est vrai que le Chinois de toute classe a l'instinct du vol et de la rapine. Bien heureux encore se proclame-t-il de ne pas voir dans notre suite ces coolies du sud, ces hommes de Canton, qui suivent les deux armées, auxquelles ils rendent les plus grands services en faisant toutes les corvées qui fatigueraient nos soldats sous ce ciel ardent, mais qui sont redoutés des populations que nous traversons, grâce aux pillages et aux assassinats dont ils se rendent tous les jours coupables. Ce sont en effet des caractères bien distinctifs de la race chinoise, que cet amour du vol existant dans toutes les classes et ce défaut de solidarité nationale chez les habitants des différentes provinces. Cette indifférence surprenante du Chinois pour son pays et ses concitoyens est poussée à un tel point que d'eux-mêmes et sans aucune hésitation, les Cantonais, qui portaient les échelles et les brancards aux affaires du 14 et du 21 août, ont affronté le feu de leurs compatriotes. Ces coolies du sud nous ont avoué déjà toute leur haine pour les habitants du nord et surtout pour les mandarins qui sont presque tous Tartares. Il n'y a donc chez eux aucun scrupule de servir l'étranger qui envahit leur patrie. Le manque du lien national, en Chine, est une des plus frappantes explications de nos succès et de notre conquête faciles, dans cet immense empire, où nos faibles contingents étaient toujours noyés dans des flots de population indigène.

CHAPITRE II

De Pou-keou à Nan-tsaï-tsenn.

11 septembre. Avant de quitter Pou-Keou, l'ambassadeur a fait offrir une forte somme d'argent au propriétaire de la maison que nous avons occupée. Celui-ci a refusé de toutes ses forces, assurant qu'il était trop flatté d'avoir reçu chez lui un aussi grand personnage que Kô-ta-gen [1] et trop heureux de la manière dont on avait respecté ses biens. Comme on ne pouvait vaincre sa résistance, on a réuni tous les domestiques de ce Chi-

---

[1] En Chine, on n'appelle aucun individu par son nom tout entier, lorsqu'il est un personnage d'une certaine importance. On se sert, pour le nommer, de la première syllabe de son nom, et en y ajoutant les mots ta-gen, si c'est un très-grand personnage, et ceux de ta-lao-ye, s'il n'est que d'une distinction secondaire. Ta-gen veut dire grand personnage; ta-lao-ye, signifie vieux monsieur. Le G et l'R n'existant pas en chinois, la syllabe Gros se traduisait par Kô : et c'est ainsi qu'en Chine le baron Gros s'appellerait Kô-ta-gen; lord Elgin, El-ta-gen; M. de Bourboulon, Pou-ta-gen, le B se remplaçant par le P. M. Descayrac, président de la commission scientifique, ayant un nom dont la première syllabe ne se prêtait à aucune transformation, était appelé I-ta-gen.

nois délicat, et on leur a distribué les piastres que le maître avait refusées. Ceux-ci, après avoir obtenu l'agrément du propriétaire, acceptent avec joie et se prosternent trois fois la face contre terre pour remercier le généreux étranger.

L'armée part en deux colonnes : la première avec le général et l'ambassadeur qui continue à l'accompagner; la deuxième est composée de l'artillerie et des bagages. C'est de celle-là que nous faisons partie, et nous nous dirigeons vers Yan-tsenn, sous la conduite du colonel d'artillerie, M. de Bentzman, heureux de nous trouver avec celui que nous aimons et estimons tous et que les Anglais, bons juges en cette matière, ont surnommé le Chevalier français. — Toujours des sorghos, des maïs, quelques cultures maraichères ; de temps à autre, on traverse un village ou l'on passe près d'une pagode enfouie dans une oasis de verdure. Cette fois la route n'est pas longue : nous n'avons que trois lieues à faire, mais dans des chemins peu carrossables. A chaque instant, en effet, nous sommes arrêtés par des bourbiers et des rampes ; mais, heureusement, les petits chevaux chinois qui traînent nos voitures, nos caissons et nos pièces, franchissent tous ces obstacles avec une facilité et un entrain incroyables.

Nous faisons la halte à mi-chemin, près d'un village, sur les bords du fleuve. Nous réunissons nos provisions à celles du colonel et de son état-major ; les Chinois du village accourent avec d'énormes blocs de glace, des raisins superbes et des pastèques roses qu'ils échangent avec joie contre nos chapelets de sapèkes — de sorte que nous faisons un charmant repas de route. A côté de nous, les soldats font honneur aux oies et aux poules qu'ils se sont procurées presque pour rien; ils ont aussi des fruits et de la glace pour rafraîchir l'eau de leurs petits bidons. — On repart, et une heure après nous sommes arrivés, sans aucun accident, au terme de notre deuxième étape.

Yan-tsenn a été autrefois une ville fortifiée, et l'on peut apercevoir de ci et de là quelques lambeaux de murailles en briques. L'on pénètre dans la ville par une sorte de porte monumentale; une grande et longue rue, toute poudreuse, traverse la partie la plus étendue de la bourgade, mais les boutiques sont fermées et la population est rare. A l'autre extrémité de la ville, on passe sous une autre porte, autrefois munie d'une manière de pont-levis, et assez bien conservée; et l'on débouche sur une vaste plaine où se trouve le camp français.

Cette fois nous logeons tout près de l'armée, dans une immense distillerie de sorgho; mais dans cette maison tout a été évacué; et les bâtiments d'habitation sont loin de présenter le confortable que nous avions rencontré la veille. Nous visitons cette immense exploitation, en cherchant à nous rendre compte des procédés de fabrication employés par les Chinois pour la distillation des grains. D'abord, ce sont d'immenses magasins, bourrés jusqu'aux toits par des tas de sorgho en épis. Les grains sont portés de là à des meules, que doit faire tourner quelque bête de somme, pour y être concassés et broyés. Dans cet état, ils sont réunis en sorte de tourteaux que l'on fait sécher, en les espaçant les uns des autres dans des hangars très-aérés. Les tourteaux sont ensuite portés aux chaudières où on les fait cuire dans de l'eau. Le produit de cette cuisson est décanté dans une longue série de cuves en bois où la liqueur perd l'eau qu'elle renferme par une évaporation successive. C'est alors qu'elle est portée aux distilloirs dont la disposition rappelle beaucoup nos alambics. De là, les produits de la distillation sont renfermés dans des jarres en terre où on les mélange, en certaines proportions, avec les produits du riz distillé de la même manière. La liqueur ainsi formée s'appelle le sam-chou ; elle est très-forte en alcool, avec une odeur particulière se rapprochant de celle du fromage suisse. Il suffit d'une faible quantité de ce sam-chou pour faire naître cette effrayante ivresse que les Chinois nomment l'*amok*, ce qui signifie folie furieuse. Aussi avons-nous placé des sentinelles dans les vastes entrepôts où sont entassées les jarres remplies de cette funeste liqueur, de façon à empêcher nos Chinois et même nos Français, qui en sont assez friands, d'y aller remplir leurs bidons.

Comme nous sommes arrivés aujourd'hui d'assez bonne heure, plusieurs d'entre nous, Nemrods consommés, sont partis dans la plaine pour faire une battue, et ils nous ont rapporté force cailles, dont c'est le moment de passage, et force lièvres, mais lièvres étiques et sans saveur. — Quant à ceux qui craignent la fatigue, ils n'ont qu'à décharger leur fusil sur les nuées de pigeons ramiers qui s'abattent sur les toits de notre maison, et qui, habitués qu'ils sont à se voir respectés des Chinois qui ne mangent pas leur chair, ne s'effarouchent pas de notre approche.

12 *septembre.* Nous partons pour Nan-tsaï-tsenn. Ce ne sera encore qu'une courte étape de trois lieues et demie. Ce matin, au moment de partir, l'horizon était calme et transparent; nous avons, de la petite hauteur sur laquelle est située notre distillerie, aperçu, au nord, les montagnes de Tartarie qui sont situées à sept lieues de Pé-kin. C'est un spectacle qui nous réjouit fort : il y avait si longtemps que nous ne voyions que des plaines ! Maintenant nous ne perdrons pas de vue ces montagnes jusqu'à la capitale.

Rien à noter pendant la petite course que nous avons à faire et nous arrivons de bonne heure à Nan-tsaï-tsenn. C'est une jolie ville ouverte, rapprochée du fleuve, et d'apparence gracieuse. Cette fois nous sommes logés dans une magnifique maison, sorte de château à la campagne, appartenant à un Chinois propriétaire de plusieurs monts-de-piété dans la province. Il paraît que, comme en France, l'intérêt prélevé sur la misère du pauvre est assez exagéré pour que les maîtres de ces établissements, que le gouvernement n'a pas encore monopolisés, se fassent de considérables fortunes. Notre hôte d'aujourd'hui nous avoue qu'il possède un revenu de 30,000 taëls (270,000 francs). Toute sa famille a évacué cette demeure pour aller se réfugier dans une ferme qu'il possède aux environs; mais tout, dans la maison, est resté, après le départ de tout ce monde, dans le même état qu'auparavant. Le maître seul n'a pas quitté son château, voulant voir jusqu'à quel point les barbares maltraiteront ce qu'il possède. Or, à notre arrivée, on lui explique que nous devons seulement loger chez lui pour un jour; que tout ce qui se trouve dans la maison sera respecté scrupuleusement, du moins par nous autres barbares, et que l'on surveillera sévèrement les coolies chinois qui nous suivent. Cette promesse console un peu le pauvre homme qui nous installe dans ses appartements avec mille marques de respect. Nous allons faire connaissance avec le luxe des habitations de campagne, en visitant ce château chinois.

L'habitation qui nous occupe n'a pas grande apparence, vue de l'extérieur; tous les édifices en Chine, sauf quelques très-rares exceptions, n'ayant qu'un rez-de-chaussée élevé à trois ou quatre mètres au-dessus du sol. La porte d'entrée se trouve percée au milieu d'un long mur en briques; elle est étroite et revêtue en marbre blanc: quant à la communication avec le sol de la rue, elle a lieu au moyen d'un perron modeste en marches de granit. Sur le fronton se trouve une inscription en lettres dorées, dont la traduction est : « *Que celui qui entre en cette demeure laisse à la porte la haine et les mauvais sentiments.* » Cette porte franchie, on se trouve dans un couloir à ciel ouvert, séparant la première enceinte de murs de la seconde, dans laquelle sont renfermés les édifices et les jardins. Or, la description des lieux est bien simplifiée, grâce à cette disposition générale de toutes les habitations chinoises, qui consiste à décomposer l'espace carré que l'on habite en plusieurs cours intérieures, murées et contiguës les unes aux autres, comme les compartiments des casiers, chaque cour comprenant un groupe de trois corps de logis, nombre immuable. On connaîtra donc tout le reste lorsqu'on aura étudié seulement un des groupes renfermés dans une des cours.

Remarquons d'abord que la plus parfaite symétrie règne dans le plan de ces trois édifices. La cour est orientée nord-sud. A la première face tournée au sud, aucun mur n'est adossé; le bâtiment principal se trouve, au contraire, contre la face nord, de façon que les portes et fenêtres en soient ouvertes sur la cour seulement, et ouvertes vers le sud. Ceci a lieu pour que les vents du nord, qui sont froids et secs pendant l'hiver rigoureux de cette contrée, et qui soufflent pendant quatre mois, soient arrêtés par la muraille qui fait le fond de l'appartement. Sur les deux faces, est et ouest, sont alors construits les deux édifices secondaires, tous les deux vis-à-vis l'un de l'autre, et symétriques en tout point.

2

L'appartement principal contient un nombre de pièces toujours impair : jamais moins de trois et rarement sept. Un perron de cinq ou six marches, en briques comme le reste de l'édifice, donne accès de la cour dans la pièce du milieu. Celle-ci est le salon de réception. C'est là que le propriétaire se tient avec les hôtes qui lui font visite, et qui, selon l'usage consacré, lui ont envoyé leur carte, morceau de papier rouge sur lequel est peint leur nom en or ou en encre de Chine, une heure au moins avant de se rendre chez lui. Cet appartement ne contient, en conséquence, comme ameublement, que des tables et des fauteuils en bois sculpté. Au fond se trouve une longue table, couverte de feutre rouge à laquelle on monte par des gradins en bois. C'est une sorte de lit de repos, sur lequel on s'assied à côté du visiteur, lorsqu'il est personnage de distinction à qui l'on veut faire honneur. Des oreillers et des coussins en soie soutiennent la tête des interlocuteurs contre la muraille, et, entre eux deux, se trouvent de petites tablettes sur lesquelles on place le thé et les fruits qui se servent à tout visiteur. Les murailles, tapissées de papiers peints de tenture, que les marchands russes expédient en Chine par énormes quantités, sont ornées généralement de longues pancartes en papier rouge sur lesquelles se lisent des sentences en lettres d'or ; — quelquefois ce sont des paysages, des allégories ou des portraits d'ancêtres, dessinés sur des rouleaux de soie et de papiers de riz. Sur les tables, couvertes de tapis de drap rouge bro-

dés de fleurs en soie bleue, sont placées des tasses,
deux par deux ; et sur le milieu, entre les tasses, on
voit quelque joli bibelot, sur son piédestal en racine
sculptée : un craquelet, un jade, un cloisonné, une
vieille porcelaine. C'est là que se fait l'étalage de toutes
les richesses et curiosités que possède le propriétaire
de la maison. J'ai vu dans plusieurs habitations chinoises les murs couverts d'étagères, en bois bizarre-
ment sculpté toujours, dont chacune contenait un
objet de différente espèce. Enfin, c'est dans cette pièce
d'honneur que se trouve l'inévitable autel des ancêtres,
sorte de petites niches où l'on place des figurines com-
mémoratrices, et devant lesquelles se trouve une garniture de pagode en étain, en porcelaine ou en bronze,
suivant la richesse du propriétaire. J'entends par garniture de pagode, l'assemblage d'un brûle-parfums, de
deux vases et de deux chandeliers de même matière,
et qui sont l'ornement invariable placé sur le devant
de chaque autel pour y consumer dans le brûle-parfums, placé au milieu, des bâtonnets dont la fumée
monte vers les dieux, et dont on laisse la cendre blan-
châtre et ténue s'entasser dans le récipient, pour y
fixer les baguettes odorantes. Les dieux chinois ont
horreur du nombre pair, comme les dieux de l'Olympe,
car, je n'ai jamais vu qu'un nombre impair de ces baguettes brûler à la fois devant une idole. Dans les
vases, qui accompagnent le brûle-parfums, se trouvent
plantées des fleurs grossières, des attributs bizarres

en bois doré. Et enfin, dans chacun des flambeaux, placés aux extrémités de cette garniture d'autel, on place de petits cierges en cire rose ou blanche, que l'on a fabriqués dans des moules découpés et modelés de toutes sortes de dessins.

Mais revenons à notre salon de réception. Au milieu de la pièce est une porte, fermée l'été par un store en tiges de rotins, l'hiver par deux battants massifs en bois. A droite et à gauche de la porte on a pratiqué les fenêtres, en forme de rectangles dont les grands côtés seraient en haut, et qui présentent une disposition inverse de celle adoptée dans nos appartements. La fenêtre s'ouvre par le bas et tout d'une pièce ; on la maintient entr'ouverte au moyen d'un système à crémaillère placé sur le côté. Elles sont garnies de châssis en bois dans lesquels sont collés des carreaux de papier de riz. Au centre seulement des châssis, il s'en trouve un que l'on a ménagé pour y introduire une petite vitre : c'est une sorte de judas qui permet de voir de l'appartement ce qui se passe dans la cour. Quant à cet emploi du papier en guise de verre, il est fondé sur ces deux faits : d'abord que le verre, très-rare en Chine, coûte très-cher ; ensuite que le papier est bien moins bon conducteur du calorique.

Aux deux pièces qui touchent au salon et qui sont d'égale dimension, on parvient par des portes sans panneaux et fermées également par des stores de rotin. Ce sont les chambres à coucher. Or, chose curieuse, le lit se trouve contre la fenêtre qui éclaire la pièce : dis-

position heureuse pendant l'été, mais maladroite pour
la saison froide. Quant au lit chinois, il se compose
d'une large surface horizontale élevée à trois pieds au-
dessus du sol, sur une maçonnerie en briques. Une
garniture en chêne sculpté, si l'habitation est confortable, tient lieu de rideau et, séparant le lit du reste de
l'appartement, forme une sorte d'alcôve. Je me rappelle
encore les splendides entrelacements de fleurs et de
plantes en chêne, si bien fouillées qu'on les aurait
crues l'ouvrage d'un artiste européen, qui décoraient
le lit de mon appartement de Tien-tsin. Si l'idée artistique manque absolument chez les Chinois, ils ont en
revanche la bosse de l'enchevêtrement bizarre, du
fouillis grotesque ; aussi leur bois sculpté atteint-il
souvent un remarquable degré de perfection. — Suivant la saison, on étend sur la couche des nattes souples et fraîches, ou d'énormes pièces de feutre blanc.
Sous ce lit, ainsi couvert, se trouve une sorte de four
ou de foyer destiné à le réchauffer pendant l'hiver. La
porte du brasier s'ouvre dans l'appartement ; les produits de la combustion circulent sous le lit qu'ils ré-
chauffent, puis vont sortir dans la cour par un petit
houra, ménagé dans l'épaisseur du mur. Pendant les
derniers jours de notre séjour en Chine, alors que le
froid était devenu insupportable, nous avions essayé de
chauffer nos lits comme font les indigènes ; mais, soit
que nous eussions allumé un feu trop vif, soit que nous
ne fussions pas habitués à ce genre de chauffage, nous

2.

ne tardions pas, une fois endormis, à être réveillés par la chaleur excessive de la plate-forme sur laquelle nous reposions. Quant aux Chinois, ils dorment sur ces lits tout habillés. Ils reposent leur tête sur un petit coussin cylindrique, ayant la forme d'un porte-manteau de cavalerie, et couvert d'une natte ou d'une étoffe de soie et de drap, suivant la température du moment.

Le lit ainsi constitué tient toute la longueur de la chambre ; à l'une de ses extrémités sont entassés les coffres et malles en bois de camphrier où l'on renferme les fourrures, les soieries, les vêtements précieux que l'odeur essentielle de ce bois préserve des insectes. Chez les gens qui ne sont pas assez riches pour acheter du camphrier, ces coffres sont faits en parchemin, et l'on place au fond une couche de camphre pulvérisé qui produit le même effet. Quant à la partie de la muraille qui fait face au lit, elle est garnie par une armoire-bahut colossale, en bois de chêne recouvert d'un vernis rouge bien luisant, et garnie de serrures et de cadenas en cuivre soigneusement entretenus. Ces bahuts servent encore à renfermer les effets d'habillement, le linge de corps, les coiffures, dans la partie supérieure du meuble qui s'ouvre en armoire. — Dans la partie inférieure, qui contient des tiroirs, on entasse les menus objets, les éventails, les bourses, etc.

Le quatrième côté de l'appartement, en face de la porte d'entrée, et par conséquent entre le lit et l'armoire, est garni par une console surmontée d'une glace, et sur laquelle sont placés les coffrets à toilette. Ces coffrets sont des nécessaires à petits casiers où sont déposés les pâtes, les onguents, les cosmétiques, les peignes et les brosses. Auprès des coffrets on remarque une énorme bassine en cuivre, en forme de plat à barbe et qui, montée sur un trépied, sert aux ablutions. Enfin, sur cette console sont rangés encore des porcelaines, de petits gongs en pierre faisant l'office de timbres pour appeler les serviteurs et d'autres menus objets. Les pipes, les plumeaux et chasse-mouches en plumes de coq ou de faisan sont maintenus dans de grands vases en porcelaine.

Des chaises et des fauteuils garnissent le reste de l'appartement tapissé, comme les autres, de rouleaux, de dessins et de sentences.

Quand il y a cinq ou sept pièces, la même répétition a encore lieu : un salon au milieu et quatre ou six chambres à coucher organisées de la même manière.

Si maintenant nous passons aux deux corps de logis latéraux, nous les trouvons composés quelquefois d'une seule chambre, presque toujours de trois. Dans le premier cas la pièce unique, dans le second celle du milieu, installées comme le salon de réception du corps de logis principal, servent généralement de salons à manger. Les deux pièces latérales sont alors des chambres à coucher pour les enfants ou les serviteurs. Quelquefois on y rencontre des bibliothèques et des cabinets de travail. Notre propriétaire, quoique directeur de monts-de-piété, se piquait de littérature, et il avait une bibliothèque dont il estimait à 10,000 le nombre des volumes.

La cour, dans laquelle sont situés ces trois bâtiments, est occupée la plupart du temps par un fort joli jardin. Au milieu du jardin est un petit bassin avec un jet d'eau, couvert de nénuphars et de joncs; ou bien nne cuve gigantesque où s'ébattent de petits poissons rouges, objets de grand luxe et de grande curiosité pour les Chinois. Autour de la pièce d'eau on plante des camélias, des jujubiers, des grenadiers, des lauriers-roses, de jeunes bambous, tous les arbustes de jardin en un mot; et les plates-bandes de terre rapportée sont semées de roses du Japon, d'iris, de pivoines, etc. Quelquefois une immense treille de vigne forme tonnelle dans la cour. Mais presque toujours, dans les maisons riches, il y a au dessus de la cour une manière de vélarium en nattes qui empêche les rayons du soleil, pendant deux mois au zénith, de brûler cette verdure et d'incendier les toitures. Le matin et le soir, quand l'astre est encore oblique, un système de cordages permet de relever les nattes et de laisser l'air et la lumière pénétrer dans les cours.

Quant à la communication entre ces divers compartiments dont je viens de décrire l'un, elle a lieu au moyen de portes bizarres pratiquées dans le mur, en forme de circonférences ou d'octogones (ce sont là les plus ordinaires). De plus, dans chaque cour et vis-à-vis de cette ouverture, sont placés de vastes paravents en bois ou en pierre, qui interceptent la vue d'une cour à l'autre et remplissent l'office des battants de nos portes : ce qui faisait dire à l'un d'entre nous qu'en Chine une porte peut être à la fois ouverte et fermée.

Généralement, les édifices réservés aux membres les plus âgés de la famille occupent le centre de l'agglomération, et se distinguent des autres par leurs proportions plus étendues et leur ornementation plus riche. Les toitures de toutes ces constructions sont en charpente et sont recouvertes de tuiles rondes ; le faîte du toit est garni de pierres sculptées de toutes formes, et les pans de la toiture, au lieu d'être plans comme les nôtres, décrivent une forte concavité vers le milieu, pour dessiner encore une inflexion convexe, sorte de volute, dans la portion qui dépasse les murailles. A l'extérieur et à l'intérieur, toutes les poutres et boiseries qui supportent le toit sont bariolées en couleurs vives et variées ; le reste du bois est peint en rouge. Les dernières portions des corps de bâtiments, généralement celles situées sur les derrières, sont affectées aux cuisines, aux écuries, aux remises des voitures et aux logements des serviteurs. J'ai compté dans la maison que nous occupons douze cours et trente-six bâtiments ; tout cela sert à loger une famille composée de onze membres adultes, de six enfants et de vingt serviteurs.

En faisant l'examen des localités, j'ai découvert l'appartement des femmes, que personne d'entre nous

n'occupera, car nous voulons éviter tout ce qui pourrait
blesser notre hôte. Ce que j'ai remarqué de plus saillant
dans ce gynécée chinois, c'est une profusion de pâtes,
de farines et de fards de toutes espèces, objets de première nécessité pour ces femmes, qui ne paraissent en
public que peintes et enluminées comme nos coquettes
d'Europe. J'ai trouvé aussi des jeux de cartes et de
dominos sur toutes les tables, ainsi que des instruments
de musique à cordes et à grelots : gongs, tambourins,
guitares, violes, etc. Les principales occupations des
dames chinoises seraient donc conformes à celles de
toutes les femmes que la civilisation orientale a tant
annihilées. La toilette, le jeu, les chants et les danses,
voilà les seuls travaux réservés à ces êtres dont l'intel-
ligence est atrophiée par la claustration et la servitude.

CHAPITRE III

De Nan-tsaï-tsenn à Ho-see-wo.

13 *septembre*. Nous avons quitté Nan-tsaï-tsenn, et nous faisons, sans encombre, les quatre lieues qui nous séparent de Ho-see-wo. Cette petite ville comprend une population d'environ 20,000 habitants, et cependant elle n'est considérée que comme un village dans un pays où la population est si dense. Il y a ici, comme à Yan-tsenn, des restes d'enceintes fortifiées, et, au nord-est, se trouve une porte assez monumentale, du haut de laquelle on découvre la plaine où est bâtie la capitale, ainsi que la tour de l'importante ville de Tong-tcheou.

Nous sommes, encore cette fois-ci, logés dans le village. A côté de nous, sur les bords d'un grand étang, l'ambassade anglaise a choisi son domicile dans une maison de campagne, où l'on remarque un bâtiment ayant une sorte de premier étage élevé au dessus du rez-de-chaussée ordinaire. L'armée est campée au nord de la ville, du côté de Pékin : — les Français dans une

plaine parsemée de pagodes et de miao [1], où logent les
états-majors et les chefs de service. — Les Anglais sont
dans un délicieux petit bois naguère plein de fraîcheur
et de mystère, maintenant retentissant du tintamarre
des bivouacs. On doit se reposer ici un jour pour éviter
aux troupes la fatigue d'une route continue sous le soleil ardent, et aussi pour attendre nos convois de vivres
et de munitions, qui doivent arriver par le Pé-ho, au
bord duquel est situé Ho-see-wo. La maison où nous
sommes aujourd'hui est peut-être encore plus riche et
plus luxueuse que celle de la ville ; mais, en y entrant,
nous nous sommes aperçus que l'on a commencé à
fouiller plusieurs armoires et à vider plusieurs coffres.
Est-ce l'œuvre des Sicks et des Cypayes, qui, mêlés
aux domestiques indiens de l'armée anglaise, ont une
grande réputation de pillards ? ou bien faut-il attribuer
ces dégâts à des maraudeurs chinois, rebuts d'une
population déguenillée et misérable elle-même, voleurs entre les voleurs, et qui, semblables à des corbeaux, marchent autour de nous et derrière nous, et
s'abattent, comme des oiseaux de proie, dans le sillon
où nous avons marché ? Déjà nous avons su, par des
hommes qui s'étaient attardés, que, aussitôt après notre
départ de Nan-tsaï-tsenn, une nuée de ces bandits
avait envahi le village, et que, non contents de piller
à fond toutes les maisons abandonnées par leurs habi-

---

[1] Miao, *temple, couvent.*

tants, ils couronnent leur œuvre en mettant le feu partout. Les Anglais viennent d'apprendre également qu'un
parti de Sicks établis à Yan-tsenn, pour fournir des relais
aux courriers qui nous mettront en communication avec
Tien-tsin, avait été attaqué par ces malfaiteurs, et a dû
en tuer et blesser plusieurs pour s'en débarrasser.

En proie aux mêmes terreurs que ceux des autres villages que nous avons traversés, les habitants d'Ho-
see-wo ont abandonné complétement leurs demeures.
Quelques-uns d'entre eux rôdent encore autour de leurs
domiciles, cherchant à enlever le plus d'objets précieux
qu'ils peuvent. Nous les interrogeons sur la cause de
cet abandon, et ils nous expliquent que, placés entre
l'arrivée des barbares et la présence d'une armée tartare qui campe du côté de Tong-tcheou, ils ont préféré
sacrifier leur bien et sauver leurs existences. D'autre
part, nous savions qu'au moment de notre débarquement sur les rivages du Pé-tché-li, ordre avait été
donné par les mandarins de la province, à leurs admi-
nistrés, d'avoir à émigrer aussitôt que les barbares s'ap-
procheraient. Et les malheureux, dont l'imagination est
frappée par les absurdes récits qu'on débite, suivant
ordre supérieur, sur notre compte, n'ont que trop obéi à
ces recommandations sauvages en faisant le vide autour
de nous. Il en est résulté que les marchés ont cessé de
s'établir, et que tout ce qui est resté de grains, de volailles et de fruits dans les maisons est soigneusement
recueilli par les soldats. Autour du village, on ne ren-

contre que champs d'ignames et de patates douces, que
plantations maraîchères de toute espèce : on envoie les
escouades à la corvée de légumes, comme en garnison ;
mais les Chinois, à qui l'on rembourse les fournitures
ainsi enlevées, ne sont peut-être pas les propriétaires
des champs. Il y a gros à parier que ce sont des voleurs
de la bande noire, comme on les appelle dans le camp.
Quoi qu'il en soit, mieux vaut faire dépenser aux soldats
quelques sapèkes de plus et sauver le principe.

14 septembre. C'est dimanche aujourd'hui. Notre
missionnaire interprète, l'abbé Delamarre, a célébré la
messe dans une chambre de notre maison chinoise.
L'autel a été improvisé avec les deux premières tables
que l'on a eues sous la main ; mais on a oublié d'enlever
l'autel des ancêtres qui décore la salle où se célèbre le
saint sacrifice, auquel toute l'ambassade vient assister
dans le plus grand cérémonial possible.

L'officiant est un vieux missionnaire âgé de soixante
ans et qui depuis trente années est dans les missions du
Su-chouen, province de l'ouest de la Chine. Il partit de
France avant que les bateaux à vapeur fussent en usage
et n'a quitté son district, depuis ce laps de temps, qu'à de
longs intervalles, et jamais sans dépasser Hong-Kong.
La connaissance approfondie de l'idiome chinois et des
mœurs du pays, l'ont désigné comme interprète à l'ambassadeur, qui a obtenu, du supérieur des missions étrangères en Chine, l'appoint de ses talents et de son zèle
désintéressé. Le père est encore tout étonné de se re-

trouver au milieu des Français et des usages européens. Il a quitté le costume chinois qu'il portait jusqu'ici, pour endosser des habits plus civilisés mais
qu'il ne porte qu'avec répugnance, tant son corps s'est
habitué à l'aisance des robes souples et légères qui
sont la base du costume masculin en Chine. Il a emmené avec lui son élève Aloysius, jeune Chinois du
Su-chouen, dernier descendant, paraît-il, de cette fameuse dynastie des Ming que renversa la dynastie tartare actuellement sur le trône. Aloysius est un des rares
Chinois qui se soit, à notre contact, tant soit peu euro-
péanisé, et qui cherche à prendre nos habitudes. Il
parle et sait le latin de Cicéron et des Pères, et se fait
comprendre à merveille en français. Seulement son
gosier, comme celui de tous ses compatriotes, est re-
belle à l'émission de la consonne *r*, et il tourne la difficulté en la prononçant comme un *l*. Nous nous sommes
remis au latin en conversant avec lui; mais malheur à
celui d'entre nous qui commet une infraction, quelque
petite qu'elle soit, au rudiment! Sa faute est promptement relevée et il faut faire amende honorable devant le
latiniste du Su-chouen. Nous avons aussi avec nous
les deux lettrés de notre premier interprète, M. de M*** :
ce sont Oueü et Tang, tous deux chrétiens et comprenant un peu le latin. Enfin, pour compléter l'assistance,
n'oublions pas le célèbre Kin-pao, le caleb de M. de
M***, dont le français comique a fait bien souvent nos
délices.

C'est toujours avec une vive émotion et un plaisir
partagé par tout le monde, que nous nous retrouvons
à cette messe du dimanche ; il y a, dans la célébration
de l'office religieux, un parfum de la France qui ne
manque pas d'impressionner vivement notre imagination. Mais au moment où la messe va finir, nous entendons de grands cris poussés dans la maison ; on vient
nous avertir qu'une troupe très-nombreuse de Chinois
s'est introduite dans notre cantonnement par les cours
de derrière et met tout au pillage. Nous accourons avec
les matelots du *Duchayla*, qui nous accompagnent en
qualité de plantons de l'ambassadeur, et quelques soldats de notre escorte. Mais comment trouver à s'orien-
ter dans ce dédale de cours et de jardins que personne
n'a encore exploré? A la fin, nous arrivons sur le théâtre
où ces bandits exerçaient leurs effrontées rapines. Mais
ils avaient sans doute placé des guetteurs pour les tenir
au courant de tout mouvement hostile à leur égard, car
au moment où nous débouchons dans les bâtiments livrés au pillage, ils sont déjà presque tous partis. Cependant quelques-uns sont en retard et nous leur don-
nons la chasse. En vain jettent-ils les paquets qu'ils
avaient faits avec les objets volés, ils ne peuvent échapper à nos agiles matelots, et nous capturons six prisonniers qui, sur mon ordre, sont fustigés immédiatement de vingt-cinq coups de rotin. Les patients crient
et se démènent ; mais à la vingt-cinquième et dernière
correction, ils se retirent tout à fait rassérénés, se pro-

mettant bien de piller encore et davantage même pour compenser leur présente mésaventure.

On est venu nous apporter aujourd'hui un document chinois bien curieux ; c'est un manifeste impérial, adressé par l'empereur à ses fidèles populations. En voici à peu près le résumé, d'après la traduction qui nous en est faite par mon ami de M***.

« Les barbares, dit Sa Majesté le Fils du ciel, avaient,
« il y a deux ans, reçu la permission, par un effet de
« ma toute-puissante bienveillance, de venir dans quel-
« ques-uns de nos ports acheter des denrées et des ap-
« provisionnements pour leurs royaumes tributaires,
« où la famine n'a jamais cessé de régner (*sic*). Cette
« concession leur avait été faite en mon nom, par l'en-
« tremise de mon ministre Kouéï-liang ; et ces étran-
« gers, à la figure hideuse, s'étaient retirés en affectant
« d'être touchés de notre bonté impériale. Un an après,
« conduits par deux hommes pervers et farouches,
« Pou-ta-gen et Plou-ta-gen (M. de Bourboulon et sir
« Bruce, ministres plénipotentiaires français et an-
« glais), ils arrivèrent nombreux comme les épis de
« la plaine fertile du Kiang-si (province de la Chine),
« et portés par une innombrable flotte. Quel était le
« but de ces barbares insolents ? Ils prétendaient, au
« mépris de toutes les règles des rites sacrés, escorter
« jusqu'à la capitale du nord (Pé-kin) les deux énergu-
« mènes qu'ils avaient à leur tête. Débonnaire et ma-
« gnanime, je leur fis savoir que je consentirais à fer-

« mer les yeux sur cette incartade, mais qu'ils n'avaient
« qu'à se retirer au plus vite vers leurs infortunés pays
« que n'éclaire pas la lune divine. Au lieu de recon-
« naître leur faute, ils persévérèrent dans leur orgueil
« grossier; et, pleins d'une confiance ridicule, ils s'en-
« gagèrent avec leurs vaisseaux et leur armée dans le
« Pé-ho : mais, sachant que la folie est le seul guide
« dans les conseils de ces barbares, j'avais eu soin de
« faire élever sur les bords du fleuve de gigantesques
« fortifications, armées de canons terribles qui portent
« la mort jusqu'à plus de mille lis [1], — et je fis garder ces
« ouvrages par les milices valeureuses de la province,
« prévoyant le cas où l'audace de ces étrangers irait jus-
« qu'à contrevenir à mes ordres. Ma prudence fut donc
« pleinement justifiée. A peine les barbares avaient-ils
« essayé de forcer le passage de Ta-kou, qu'en un clin
« d'œil tous leurs bâtiments furent coulés bas, et des
« milliers de leurs cadavres flottèrent sur les eaux
« pendant plus d'une lune. Quelques-uns avaient réussi
« à s'échapper, et ils allèrent porter chez eux la nou-
« velle de cette terrible punition. Je croyais bien que
« cette leçon suffirait à les rendre plus circonspects;
« mais, qui l'aurait pensé? un an ne s'est pas écoulé
« depuis la mémorable victoire de nos armes, et voici
« qu'ils sont encore revenus plus nombreux et plus

---

[1] Le li est une mesure itinéraire chinoise qui varie de province
à province. Dans le Pé-tché-li, il est de 45 mètres de longueur.

« arrogants que jamais ! Ils ont à leur tête deux des
« leurs : El-ta-gen et Kô-ta-gen (lord Elgin et le baron
« Gros), chez lesquels la folie et l'audace sont portées
« à leur comble (*sic*). Profitant de la marée basse, ils
« ont débarqué à Peh-tang, et sont venus attaquer les
« formidables retranchements de Ta-kou; mais, comme
« des barbares qu'ils sont, ils les ont attaqués la nuit
« et par derrière. C'est ainsi qu'ils ont pu surprendre
« nos miliciens, accoutumés à se voir braver en face
« par un ennemi courageux et fier, mais ne pouvant
« pas s'imaginer que tant de lâcheté et de perfidie fût
« mise en œuvre contre eux. Maintenant, enflés par ce
« succès qui devrait les couvrir de honte, ils osent mar-
« cher sur Tien-tsin ; mais ma colère va les atteindre,
« et pour eux il n'y aura pas de merci. Aussi, j'ordonne
« à tous mes sujets, miliciens et laboureurs, habitants
« des villes et des campagnes, chinois ou tartares,
« de les détruire comme des animaux malfaisants; et,
« pour exciter le zèle de chacun, je consens à dis-
« tribuer les récompenses suivantes : 5 taels [1] pour
« celui qui rapportera la tête d'un noir; 10 taels
« pour la tête d'un blanc; 20 taels pour la tête d'un
« simple chef; 50 taels pour celui qui s'emparera, mort
« ou vif, d'un des principaux mandarins de leur armée;
« 80 taels pour celui qui se rendra maître d'un de leurs
« navires ou qui l'incendiera ; 100 taels pour le brave qui

---

[1] Le tael représente une valeur de 8 francs de notre monnaie.

« fera la capture d'un de leurs chefs sauvages, Elgin et
« Gros, et qui nous l'amènera mort ou vif. De plus,
« nous ordonnons à tous nos mandarins et officiers,
« militaires et civils, d'avoir à faire évacuer, par les
« populations sous leurs ordres, toute ville ou bour-
« gade vers laquelle ces diables d'étrangers (*Fan-Koueï*
« feraient mine de se diriger. On devra également dé-
« truire, par l'eau et par le feu, tous les vivres et tous
« les approvisionnements que l'on serait obligé d'aban-
« donner. De cette façon, cette race maudite, traquée
« par le fer et par la faim, périra bientôt, comme les
« poissons d'un étang qu'on a mis à sec. — Donné à
« Huyen-mi-nu-hyen, le vingt-troisième jour de la
« dixième lune de la neuvième année de notre règne.»

Nous recevons aussi ce soir un message de I-tsinn-
wang (le prince de I), qui fait savoir à l'ambassadeur
qu'il est arrivé à Tong-tcheou où, par ordre de l'empereur son maître, par lequel il est accrédité en bonne
et due forme, il doit attendre les plénipotentiaires anglais et français avec lesquels il doit signer la convention sur les bases consenties à Tien-tsin, puis régler le
cérémonial de l'entrée à Pékin des hauts fonctionnaires
étrangers, et de l'échange des ratifications du traité de
1858. Incessamment le premier secrétaire de l'ambassade partira, accompagné du premier interprète, et se
rendra à Tong-tcheou, qui est à dix lieues d'ici, pour
conférer avec le prince de I.

17 *septembre*. Ces messieurs sont partis aujourd'hui

de bon matin. Mais, quand il a fallu rassembler quelques-uns de nos coolies chinois pour les accompagner, on a trouvé complétement vides les bâtiments qui leur avaient été affectés auprès des nôtres. Heureusement que tous les conducteurs de chars, dont les voitures et les bêtes sont toujours parquées sous la surveillance de quelques sentinelles françaises, n'ont pu suivre l'exemple des porteurs de chaises et ils sont restés fidèles au poste. Il est probable que l'énorme pillage qu'ils espèrent opérer sur la ville de Ho-see-wo, aussitôt après notre départ, les tente plus que la demi-piastre qu'ils reçoivent par jour à notre service. Dans cette occurrence, nous sommes obligés d'avoir recours à l'intendance de l'armée qui nous prête quarante de ses coolies militaires pour remplacer ceux que nous avons perdus. Nous ne perdrons pas d'ailleurs au change, car ceux-là sont déjà dressés par trois mois de séjour parmi nous ; ils commencent à entendre quelques mots de français et sont conduits par un caporal d'infanterie qui leur a appris, pour la facilité des communications, ce langage bizarre, né sur le sol algérien, que notre armée désigne sous le nom de *petit-sabir*.

Ce matin nos forces sont parties de leurs cantonnements de Ho-see-wo pour se rendre à Ma-tao, lieu situé à mi-chemin de Tong-tcheou. Le départ de l'armée, si l'on peut appeler ainsi le millier de soldats qui composent toute notre colonne, nous laissait trop isolés dans l'intérieur de la ville où les scènes de pillage et

3.

d'incendie se multipliaient autour de nous. Nous avons donc quitté notre maison pour aller habiter un miao situé sur la route de Ma-tao, à un kilomètre de la porte nord-est de Ho-see-wo. Nous transportons avec nous un de nos secrétaires d'ambassade, M. de V***, atteint d'une sérieuse dyssenterie qu'il n'a pu soigner encore, obligé qu'il était de suivre à cheval nos marches de tous les jours.

Nous sommes tombés dans un logis restreint et misérable. Notre salle à manger a été installée dans la salle principale de la pagode; deux énormes dieux à tête de chien veillent de chaque côté de la table qui semble présidée par un gigantesque poussah en bois doré. Pour moi j'ai dressé mon lit dans une chapelle dédiée à la Vénus chinoise. Le docteur est venu partager cet asile sacré; et nous nous félicitons de la bonne aubaine qui nous procure des divinités pour y accrocher nos habits et des autels pour y étaler nos nécessaires de toilette.

18 *septembre*. Nous nous réveillons, mon camarade de cellule et moi, tout effarés de voir ces grotesques divinités de bois à la protection desquelles nous devions notre si bon sommeil, et nous nous levons, bien loin de prévoir combien cette journée serait fertile en événements.

Nous étions à déjeuner : tout à coup on entend un bruit sourd dans la direction du nord. « Avez-vous entendu, » se dit-on l'un à l'autre?— « Oui. » — «Il me semble que c'est le canon. »— Une seconde détonation retentit, au loin toujours, et chacun ayant fait silence, on distingue à coup sûr des coups de canon. Nous sortons de notre miao : partout autour de nous, les soldats du 404ᵉ régiment d'infanterie, que le général avait appelé à lui pour occuper la position intermédiaire de Ho-seewo, avaient l'oreille au guet pour mieux saisir les détonations. Au bout de quelque temps, les décharges d'artillerie se suivent pressées et sans intervalle ; il n'y a donc plus moyen d'en douter, on se bat du côté de Tong-tcheou. Mais qu'a-t-il pu arriver ? Nul ne le sait, et on hasarde toutes les suppositions, sauf celle qui était alors la vraie. On monte au sommet des édifices et sur les arbres les plus élevés, d'où les vedettes signalent une forte colonne de fumée blanche dans la direction du nord, celle de Ma-tao. Je monte immédiatement à cheval et cours chez lord Elgin, demeuré à une demi-lieue de notre miao, pour savoir s'il a quelque nouvelle de son quartier général ; mais je trouve Son Excellence l'ambassadeur d'Angleterre tout aussi peu au fait que nous de ce qui avait pu se passer. M. Wades, le savant interprète de la légation anglaise de Shang-haï, me montre une lettre datée de la veille à 4 heures du soir, qui lui a été adressée par M. Parkes, l'ancien consul de Canton, un des personnages anglais le plus au fait de la langue et des affaires chinoises, et qui lui fait savoir qu'il vient de conférer avec le prince de I et qu'on est d'accord sur tous les points. Ce sont là les seuls renseignements qu'il a pour le moment.

En revenant à notre ambassade, je passe par notre ancienne demeure pour voir dans quel état les pillards l'ont laissée. Mais à peine suis-je entré dans la première cour, que voilà un essaim de Chinois chargés de paquets et tenant toutes sortes d'objets précieux à la main, qui s'enfuient à mon arrivée, comme une compagnie de perdreaux part entre les jambes du chasseur. J'avais avec moi mon domestique et nous étions armés chacun d'un sabre et d'un revolver. Je veux me donner la satisfaction de courir sus à ces bandits, comme aurait fait un chevalier du bon vieux temps sur des albigeois ou autres hérétiques. J'atteins quelques-uns des gens que je poursuis, et je les frappe à coups redoublés de plat de sabre. Mais le pauvre cheval japonais que je monte est incapable de suivre plus longtemps les fuyards qui se dérobent par-dessus les murs de clôture, non sans avoir jeté auparavant le fardeau qui les empêche de courir ; et ce qui paraît faire le plus d'effet sur ces Chinois, c'est la vue de mon revolver que je fais mine de diriger sur eux. — Je ne m'étais pas trompé quand j'avais dit que nos coolies porteurs de chaises, avaient dû nous quitter pour se livrer au pillage : mon fidèle Duplan m'assure en effet qu'il vient d'en reconnaître plusieurs parmi les gens à qui nous avons donné la chasse. Nous reprenions notre route, fiers d'avoir ainsi châtié les pillards, quand en me retournant j'aperçois une bande de Cipayes qui, sans cérémonie, recueillait sur le terrain tous les pa-

quets que nos ex-coolies y avaient semés en s'enfuyant ;
ce n'était pas vraiment la peine d'avoir perdu son
temps pour obtenir un si piètre résultat. Jusqu'ici on
n'avait fait que piller, maintenant on pille le pillage.
Pour moi, je ne serai plus le Don Quichotte de la pro-
priété chinoise : *Væ victis !*

En revenant à l'ambassade, je trouve un spahi qui,
tout couvert de poussière et de sueur, vient nous annoncer qu'une armée chinoise ayant attaqué les alliés,
les deux généraux en chef vont la mener rudement.
C'est là tout ce que sait Ben-Ismaïl. Il nous informe
aussi de l'arrivée de nos deux diplomates, Messieurs
de B*** et de M***, partis la veille pour Tong-tcheou.
Nous pressons de questions Ben-Ismaïl, pour connaître
la cause de cet engagement imprévu ; mais le spahi
nous répond qu'étant parti au commencement de l'affaire, il n'en sait pas davantage. A la fin, il réussit à
nous faire comprendre qu'il avait entendu les officiers
parler d'une trahison.

Nous voilà donc encore dans le doute et dans l'anxiété,
quoique nous soyons complétement rassurés sur l'issue
de ce combat. Il y a là deux mille européens et une
vingtaine de canons rayés : c'est plus qu'il n'en faut
pour venir à bout d'une armée chinoise.

C'est décidément aujourd'hui la journée belliqueuse
du voyage. Vers une heure, nous entendons encore une
vive fusillade dans la direction de Ho-see-woo. Tout le
monde prend les armes et l'on se tient prêt à marcher.

Je pars encore pour savoir ce qui se passe, mais en chemin je rencontre un officier des dragons de la Reine, le major Sley, qui venait nous avertir de ce qui se passait. Il paraît que les maraudeurs chinois, qui rôdaient depuis si longtemps dans les environs de Ho-see-voo, se sont réunis au nombre de dix-huit cents à deux mille, pour attaquer de vive force un immense mont-de-piété, où se trouve un poste anglais d'une quarantaine d'hommes. La sentinelle, surprise par l'arrivée inopinée de cette bande, n'a eu que le temps de se jeter dans l'intérieur du poste et de prévenir ses camarades. Les soldats courent aux armes et se portent au point menacé; mais il est trop tard pour tenter d'en interdire l'accès à ces maraudeurs. Déjà ils ont eu le temps de se répandre dans les édifices du mont-de-piété. Alors les Ânglais courent se porter sur une terrasse, située au milieu des magasins de l'établissement, et de là, ils fusillent impitoyablement tout ce qui se montre dans les cours. Pendant ce temps-là, un autre groupe de Chinois s'est introduit dans le mont-de-piété en escaladant les murs des maisons voisines, et tous les magasins où sont classés et étiquetés les objets engagés, bijoux, étoffes, fourrures, vêtements, sont livrés à la dévastation par les envahisseurs. Heureusement que l'ambassade anglaise n'est pas loin de là, et il y a toujours un bataillon et un escadron de garde auprès du haut commissaire de la Reine. Toutes ces forces, au bruit de la fusillade, sont accourues et se sont mises en devoir de cerner les Chinois. Les fusils Enfield et les carabines Lancastre font merveille sur tous ceux qu'on aperçoit essayant d'escalader de nouveau la maison avec leur butin,—en même temps, les cavaliers sicks, montés sur d'admirables chevaux, se lancent dans la plaine à la poursuite des bandits qui étaient déjà en retraite. Il reste plus de cent cinquante Chinois sur le carreau et au moins deux cents prisonniers, auxquels viennent s'ajouter une centaine d'autres voleurs qu'une patrouille française a arrêtés en faisant une perquisition dans les maisons de l'autre côté de la ville. Tous ces prisonniers sont attachés deux à deux, au moyen de leurs queues que l'on noue l'une avec l'autre, et on les amène dans un champ pour y recevoir une flagellation en règle, de la main des Sicks et des Cipayes qui se servent admirablement du chat à sept queues, comme les Anglais appellent le fouet, instrument de correction corporelle en usage encore dans les armées et les flottes de la Grande-Bretagne.

Cette leçon sera-t-elle salutaire et éloignera-t-elle de nous pour quelques jours cette autre armée qui nous escorte pour ravager tout ce que nous abandonnons? Je ne le crois pas. De toute manière, l'on ne peut trop s'étonner de la force de cet instinct du vol qui a poussé les bandits chinois à se ruer, sans armes et sans autre moyen d'attaque que leur masse, contre des troupes bien armées et redoutées dans le Céleste-Empire.

De retour au camp français, j'y trouve l'amiral Charner, qui vient d'arriver ici en remontant le Pé-ho sur

des sampans. Derrière lui, arrive un énorme convoi de
munitions et d'approvisionnements, composé d'une centaine de longs bateaux, et conduit par des matelots et
des pontonniers. L'amiral venait en partie de plaisir,
emmenant avec lui une escorte de matelots et une députation des officiers de l'escadre pour l'entrée à Pé-kin.
C'est en faisant visite à l'ambassadeur qu'il a appris
l'engagement de la matinée, et il repart le soir même
pour Tien-tsin, où il croit de son devoir de rester pour
veiller à l'organisation et au départ des convois, si nécessaires à notre armée, maintenant que la question
paraît entrer dans une phase belliqueuse. Aussi bien
l'arrivée du convoi d'aujourd'hui prouve que les communications seront toujours faciles par le fleuve, au moyen
des sampans, dont le faible tirant d'eau permettra de
naviguer même dans les eaux les plus basses du Pé-ho.
Une seule compagnie, voyageant partie sur les bateaux, partie sur les chemins de halage, suffira pour
protéger la marche du convoi, et, de cette façon, l'armée aura toujours derrière elle une ligne de communications meilleure que la route sur terre, dont la sûreté diminue tous les jours.

CHAPITRE IV

De Ho-see-wo à Pa-li-Kiao.

19 *septembre*. Il est arrivé ce matin un chasseur d'A-
frique, envoyé par le général de Montauban, pour inviter l'ambassadeur à venir le rejoindre à Chang-kia-ouan,
où a eu lieu l'action de la veille, et pour porter l'ordre
aux deux bataillons du 101e, qui sont avec nous, de se
rendre au camp français. Notre premier secrétaire et
notre premier interprète sont également arrivés dans
la nuit et nous ont appris ce qui s'était passé la veille.

Un immense guet-apens avait été ourdi par les Chinois pour anéantir les deux troupes anglo-françaises et
s'emparer des personnages les plus considérables de
l'expédition. Les envoyés diplomates anglais et français étaient arrivés, le 17 au soir, à Tong-tcheou, avec
une commission française envoyée par le général de
Montauban pour préparer les approvisionnements de
l'armée. Les conférences avaient eu lieu dans la soirée,
entre les commissaires anglais et français, d'une part,
et le prince de I, de l'autre. On avait remarqué que ce

dernier avait montré plus de fierté et de hauteur que ses prédécesseurs de Tien-tsin. Cette confiance venait sans doute de la présence, dans les environs de Tong-tcheou, d'une armée tartare de trente mille combattants, dont ces messieurs, chemin faisant, avaient remarqué des détachements sur toute la route. Il est probable qu'au moment dont je parle, cette armée exécutait, par petites fractions, le mouvement de concentration qui devait la masser le lendemain sur la grande route, entre Tong-tcheou et Chang-kia-ouan. Quoi qu'il en fût, le prince de I avait accédé, en dernière analyse, à toutes les exigences des alliés; l'on avait réglé tous les détails de la signature de la convention, qui devait avoir lieu à Tong-tcheou, et concerté les dispositions pour l'entrée à Pé-kin et l'échange des ratifications qui se ferait immédiatement après. Le commissaire chinois avait du reste officiellement annoncé la présence de cette armée tartare qui devait, disait-il, rester constamment aux environs de Tong-tcheou; enfin l'on était convenu que, pour séparer les deux armées et éviter toute cause de rupture, les deux corps européens resteraient campés à Chang-kia-ouan, à quatre lieues de Tong-tcheou. L'on avait même fixé la ligne de délimitation entre les cantonnements européens et chinois. Cet arrêt des troupes, naturellement, ne devait durer que pendant le temps qu'on stationnerait à Tong-tcheou, pour la signature de la convention, après quoi elles devaient suivre les ambassadeurs à Pé-kin.

Pendant que les conférences diplomatiques avaient lieu, la commission française, composée du colonel d'artillerie Foulon de Grandchamp; de l'intendant de l'armée, M. Dubut; de deux comptables des subsistances, MM. Adaire et Gager; enfin du père Deluc, missionnaire, que le général en chef avait appelé à son état-major en qualité d'interprète, pendant la maladie de M. Lemaire, interprète de la légation française et prêté au général en chef par M. de Bourboulon; la commission, dis-je, avait accompli l'objet de sa mission durant la soirée. Tous ces messieurs s'étaient réunis au personnel anglais, qui comptait M. Parkes, interprète; M. Locke, secrétaire de lord Elgin; M. de Nordman, premier secrétaire de la légation anglaise de Shang-haï; M. Bowlby, correspondant du Times; MM. Henderson et Brabanson, capitaines de cavalerie, et une trentaine de Sicks d'escorte. Ce personnel européen, comprenant une cinquantaine d'individus, était venu passer la nuit dans un miao, situé dans un des faubourgs de Tong-tcheou, à peu de distance du Pé-ho, qui coule devant la ville. Ils y avaient trouvé M. le comte d'Escayrac, président de la mission scientifique, qui, depuis notre marche sur la route de Pé-kin, tantôt nous précédait, tantôt nous accompagnait.

Mais pendant la nuit, un des lettrés de M. de M*** avait entendu, parmi les Chinois qui se trouvaient dans le miao, circuler des paroles menaçantes contre les Eu-

ropéens. Lui-même avait été en butte aux mauvais traitements de ces gens-là, qui n'étaient autres que des
soldats du prétoire des mandarins et qui lui repro-
chaient de servir les barbares. Ils allèrent même jusqu'à lui donner à entendre que tous ceux qui occupaient la même position que lui auprès des étrangers,
seraient bientôt punis de leur trahison et mis à mort.
Le pauvre Oueï vint, tout effrayé, conter à M. de M***
ce qu'il avait entendu, le priant de vouloir bien le
laisser coucher auprès de lui, car il redoutait l'exécution immédiate des menaces qu'on venait de proférer
contre sa personne.

Le lendemain, 18 au matin, à quatre heures, messieurs de B**** et de M*** s'apprêtèrent à partir : ils
réveillèrent les officiers de la commission et les invi-
tèrent à s'en aller avec eux, car le plus tôt était le meil-
leur et le plus sûr après tout ce qui avait été communiqué par Oueï. Ceux-ci, qui n'avaient achevé leurs
opérations que fort avant dans la nuit, refusèrent de
partir de si bon matin, alléguant leur fatigue et ne parta-
geant pas les prévisions de mauvais augure qu'on leur
communiquait. Ils fixèrent huit heures pour leur départ, ne se doutant pas, les infortunés, qu'ils rendaient
là leur arrêt de mort. A cinq heures donc, nos deux
diplomates, accompagnés du caïd Osman, officier d'ordonnance du général en chef, vétéran des guerres d'A-
frique et partant homme de circonspection et de prudence, se mirent en route pour rejoindre le quartier

général français, qui devait partir à la même heure de
Ma-tao, où il avait passé la nuit, et s'avancer vers
Chang-kia-ouan. Un mandarin de classe inférieure
avait été donné à ces messieurs par le prince de I
pour leur servir de guide. Ils trouvèrent en chemin
M. le capitaine Chanoine, officier d'état-major, qui,
chargé jusqu'ici de l'itinéraire et du logement, nous
avait précédés sur la route et venait d'étudier l'emplacement d'un camp aux environs de Tong-tcheou ;
cet officier était, lui aussi, parti de très-bon matin. Il
désirait trouver, le plus tôt possible, le général en chef,
pour lui faire connaître cette ligne de démarcation
convenue la veille et qui devait limiter la marche de
nos troupes.

A une heure environ de Chang-kia-ouan, la petite
colonne fut très-étonnée d'apercevoir une énorme masse
de cavalerie tartare, à cheval sur les deux côtés de la
route qu'elle suivait. Quand ils arrivèrent au milieu de
ces troupes, des cris et des menaces se firent entendre,
des provocations leur furent adressées de toutes parts.
M. de B*** s'approcha aussitôt du mandarin, leur
guide, qui marchait quelques pas en avant; il saisit son
revolver et le dirigeant contre l'infortuné fonctionnaire
il lui fit expliquer, par M. de M***, qu'à la moindre ten-
tative faite contre leur sûreté par les soldats tartares,
on lui ferait sauter la cervelle. Il est probable que cette
vigoureuse menace fit de l'effet sur le mandarin ; il
est encore à supposer qu'en considération de ce fonc-

tionnaire, les Tartares n'osèrent pas porter la main
sur nos camarades. Toujours est-il que la petite troupe
arriva à l'extrémité des positions de l'armée tartare,
sans avoir été inquiétée. Pendant cette lieue de chemin si périlleuse et si longue à franchir, le capitaine
Chanoine, sans s'effrayer des dangers qu'il courait,
étudiait les positions de l'ennemi, reconnaissait les
batteries élevées par lui le long du canal qui court parallèlement à la route, faisait enfin, sans s'occuper du
reste, son métier d'officier d'état-major.

Au moment où ils se trouvèrent avoir dépassé les
avant-postes tartares, ces messieurs s'aperçurent qu'un
des domestiques chinois de l'ambassade avait disparu.
Pendant qu'on cherchait à s'expliquer la cause de cette
disparition, ils virent venir à eux M. Parkes et M. Lokes,
escortés de quelques Sicks et ayant également avec eux
un mandarin. « C'est un guet-apens qu'on nous a dressé!
s'écria M. Parkes, et je cours à Tong-tcheou m'emparer
de I Tsinn-wang, et le rendre responsable de tout ce qui
va arriver. Pour vous, Messieurs, dit-il en s'adressant
aux Français, courez au devant des deux généraux et
prévenez-les de tout ce qui s'est passé. » — « Mais, lui
fit-on observer, vous courez les plus grands dangers en
traversant seul, une seconde fois, cette armée tartare. »
— « Qu'importe! et d'ailleurs n'ai-je pas, à Tong-tcheou,
mes compatriotes qui auront besoin de moi pour les
tirer de cette mauvaise affaire? » Telle fut sa réponse,
et il repartit au grand galop de son cheval, laissant les

Français suivre, de toute la vitesse de leurs mauvais chevaux, la route qui conduit à Ma-tao.

Quelques minutes plus tard, nos diplomates aperçurent les dragons anglais placés en vedette de chaque côté de la route. Ils étaient alors hors de tout péril ; mais ils venaient de passer par un de ces moments critiques comme il n'en faut pas beaucoup à l'homme pour abattre complétement son courage.

Quand ils furent rendus au quartier général français, ils y trouvèrent les deux généraux en chef en conférence sur le parti à prendre, et fort embarrassés de ce qu'ils devaient faire de cette armée tartare dont la présence leur était signalée par leurs éclaireurs. L'arrivée de nos amis les instruisit suffisamment de ce qu'il y avait à décider, et tous les préparatifs du combat furent incontinent ordonnés.

Mais aussitôt après l'arrivée des membres de l'ambassade, on vit accourir, encore en proie à une vive émotion, un des officiers comptables, M. Gager, qui avait pu traverser les masses ennemies sans être appréhendé par elles : il n'avait eu à souffrir que leurs insultes et leurs menaces de mort. Il savait cependant que M. Adaire, l'autre comptable, accompagné d'un colonel anglais, sir Rose, le suivait à dix minutes environ. Or l'on ne voyait pas arriver ces deux messieurs. Les deux armées s'avançaient toujours en ordre de combat, précédées par des Sicks et des chasseurs à pied servant d'éclaireurs. On commençait à apercevoir les masses

de cavalerie ennemie, couvrant un espace fort étendu.
A cet instant on entendit trois coups de canon retentir
dont les boulets vinrent rouler à quelques mètres des
avant-gardes, et le colonel Rose accourut au triple galop de sa monture, les mains ensanglantées, désarmé
et tout hors de lui. On se presse, on l'interroge, on apprend qu'au moment de dépasser les positions des Tartares, ceux-ci l'ont entouré et attaqué ainsi que
M. Adaire qui faisait route avec lui. M. Adaire a été aussitôt renversé de son cheval, malgré l'admirable et
courageuse conduite d'un chasseur à pied, son ordonnance. Quant au colonel Rose, il avait cherché à sabrer
quelques-uns des assaillants ; mais, la foule se précipi-
tant sur lui, il avait été vite désarmé et blessé à la
main en cherchant à retenir son sabre avec lequel il
avait pu voir les Chinois frapper à coups redoublés sur
l'infortuné comptable et sur son ordonnance. Dans cet
instant suprême, il avait réuni ses forces, abattu à coups
de revolver quelques-uns des ennemis qui retenaient
son cheval, puis enfonçant les éperons dans le ventre
du noble animal, il avait tout renversé devant lui et
s'était échappé miraculeusement d'entre leurs mains
sans être atteint par aucune des flèches que l'on déco-
chait de toutes parts sur sa personne. C'est alors que
les batteries chinoises, tentant un effort inutile, avaient
déchargé trois pièces sur cet héroïque gentleman.

L'avant-garde, pendant ce temps-là, n'avait pas cessé
de marcher, et elle était arrivée devant un petit village

occupé par les Chinois. Le général en chef donna l'ordre de l'enlever, mais d'attendre que l'ennemi tirât les premiers coups pour lui répondre. Une salve de gin-gols[1] accueillit aussitôt la compagnie de chasseurs à pied, chargée de s'emparer de cette position. L'attaque étant venue de l'ennemi et la rupture provenant incontestablement de son fait, l'affaire s'engagea sur toute la ligne.

Cet engagement porte le nom de *Combat de Chang-kia-ouan*. A l'endroit où il se livra, la route de Chang-kia-ouan à Ma-tao est bordée, à une distance d'un demi-kilomètre, par un canal de vingt mètres de largeur, qui suit parallèlement la route et qui, faisant un peu plus loin un brusque coude vers l'ouest, est traversé par le chemin sur un pont de pierre de peu d'importance. Après ce pont, la route pique au nord, puis tourne à l'ouest, retrouve le canal qui court alors à sa gauche, et va déboucher dans Chang-kia-ouan.

Or, les Chinois s'étaient dit que l'armée des barbares, pour aller à Tong-tcheou, serait obligée de passer sur ce pont de pierre, et pour la prendre à ce passage, dans un feu convergent d'artillerie, ils avaient construit le long du canal, des deux côtés et en avant du

---

[1] Le gin-gol est un long fusil de rempart, à mèche, lançant des biscayens, et que les Chinois se mettent à trois pour tirer. L'un appuie le canon sur son épaule, un second soutient la crosse et met en joue ; le troisième, porteur d'une mèche enflammée, met le feu à l'amorce.

4

pont, un système de batteries dont le feu se croisait sur la route, de façon à nous prendre en face et en flanc. Ces batteries qui se trouvaient, au mépris des règles les plus élémentaires, adossées pour ainsi dire au canal, puisqu'elles n'en étaient séparées que par une zône de terrain de cent mètres au plus, étaient protégées par des épaulements formés de troncs d'arbres juxtaposés, et étaient armées d'une centaine de pièces de position en fonte ou en bronze. Le général de Montauban, en attaquant, quitta donc la route pour se jeter sur sa droite, laissant à la cavalerie anglaise le soin de disperser les masses de cavalerie tartare qui occupaient le centre et la droite des positions chinoises ; et il attaqua cette ligne de batterie par son extrémité.gauche en longeant le canal.

Tout cela fut bientôt enlevé, et l'on eut facilement raison de l'infanterie chinoise, embusquée par compagnies d'une centaine d'hommes chacune dans les maisons et les bouquets d'arbres situés sur les bords du canal. On arriva au pont de pierre en même temps que les fuyards que l'on poursuivit l'épée dans les reins. Un peu plus loin, en attaquant le village situé au delà du pont et sur les deux côtés de la route, M. de Damas, lieutenant de chasseurs d'Afrique, fut blessé mortellement.

De leur côté, les Anglais avaient tout chassé devant eux ; et, aux premières décharges de canon Armstrong, cette nuée de cavaliers tartares avait disparu. Les fu-

sées que lançait notre section de fuséens français
avaient largement contribué à cette fuite désordonnée,
en jetant la perturbation chez les hommes et en ef-
frayant les chevaux par leur sifflement retentissant.

On mena ainsi l'ennemi tambour battant jusqu'à
Chang-kia-ouan que les Anglais occupèrent. Les Français restèrent campés près du théâtre de l'action. L'affaire avait duré deux heures. On avait bien tué deux
mille hommes et pris soixante-dix-huit canons à l'ennemi. Les pertes des alliés auraient été presque nulles
sans la mort du brave officier dont j'ai parlé plus haut.
Quant aux Européens demeurés à Tong-tcheou, on n'a-
vait reçu aucune nouvelle de ce qui leur était advenu.

Une fois tous ces renseignements connus, nous nous
occupons des préparatifs de notre départ pour aller rejoindre le général en chef à son camp. Au moment de
quitter Ho-see-wo, le général Collineau nous arrive avec
un peloton d'artilleurs à cheval et une batterie de quatre
qu'il avait amenés de Tien-tsin. Il avait trouvé sur son
passage tous les villages pillés et l'incendie de tous les
côtés. Il se mit à la tête de notre colonne et nous quittâmes Ho-see-wo à neuf heures du matin. Nous fîmes la
halte à trois heures, un peu au dessus de Ma-tao, dans
un frais vallon ombragé de chênes, où se trouvait un
puits d'une eau excellente. Je me rappelle encore, à
l'heure où j'écris ces lignes, le pauvre général Collineau, son célèbre chapeau de paille sur la tête, veillant,
auprès du puits, à ce que les soldats qui viennent em-

plir leurs bidons, ne salissent et ne gaspillent pas l'eau. Les guerres d'Afrique l'avaient rendu avare et circonspect à l'égard des puits où l'on trouve l'eau, ce trésor inestimable pour les armées qui combattent dans les pays chauds.

Nous repartons vers quatre heures, mais nous commettons en chemin une erreur de direction qui nous éloigne considérablement de Ma-tao que nous ne traversons qu'à six heures. La poussière que soulèvent nos chevaux nous enveloppe d'un nuage épais; les coolies qui portent la chaise de l'ambassadeur sont obligés de se relayer toutes les cinq minutes, au lieu de le faire seulement toutes les demi-heures, comme d'ordinaire. La nuit est arrivée et nous commençons à nous demander si nous ne devons pas nous arrêter et dresser la tente, quand nous sommes rejoints par un gendarme que le général en chef a envoyé au devant de nous pour nous conduire.

Malheureusement notre guide, trompé par la nuit, et ne connaissant qu'imparfaitement le chemin, nous égare une seconde fois. Il est huit heures, nous sommes exténués de fatigue et de faim. Enfin on aperçoit une lueur: « — Ce sont les feux du camp, » s'écrie-t-on! On s'approche, ce n'est qu'une masure qui brûle. A la lumière de l'incendie on découvre des cadavres de Chinois de tous les côtés : c'est sur le champ de bataille que nous cheminons. Grâce à cet indice, le gendarme rectifie notre marche, et à neuf heures nous arrivons

au bivouac de Kao-tzeun. Là nous trouvons le commandant T****, de l'ambassade, qui nous avait devancés pour
s'enquérir de l'habitation qui nous était réservée. Nous
le suivons, avec une compagnie de grenadiers du 101ᵉ
qu'on nous a donnée pour notre garde, car il y a si peu
de maisons dans les environs qu'on n'a pu trouver pour
nous qu'une ferme située à deux kilomètres au moins
du quartier général, lui-même assez éloigné du camp.

Une fois arrivés dans cette masure, il nous faut débarrasser les quelques pièces qu'elle contient des débris de toute espèce que le pillage y a entassés. Mais
voici bien un autre malheur ! Nos bagages, qui chemi-
naient à l'arrière-garde, se sont perdus. Ils ont dû passer par des chemins affreux, à travers champs même,
pour regagner la bonne route ; les voitures ont versé,
les mulets se sont abattus : nous ne les aurons qu'à mi-
nuit. Et, comme toutes nos provisions de bouche sont
là, il ne nous reste plus qu'un parti à prendre, c'est
d'aller au quartier général demander à dîner. Heureusement pour nous que le général de Montauban a prévu
notre disette, et nous trouvons chez lui un repas copieux
et excellent auquel nous faisons gracieux accueil. Dans
ce moment une seule conversation est sur le tapis : que
sont devenus nos compatriotes ? sont-ils prisonniers ?
sont-ils massacrés ? Entre les deux armées, il manque
trente-deux personnes, dont onze pour notre part.

En rentrant à notre chaumière, je trouve toutes nos
voitures arrivées à bon port, moins une qui est en route

4.

pour nous rejoindre. Une fois les chariots et les bêtes parqués, je songe à me coucher; et comme il n'y a plus de place dans la maison, je fais apporter une botte de paille de riz sous une des charrettes, et là je passe une délicieuse nuit dont les fatigues de la veille m'avaient bien rendu digne.

20 *septembre*. Aujourd'hui c'est jour de repos pour tout le monde; mais demain, l'armée partira pour aller battre les restes de l'armée tartare si bien déconfite à Chang-kia-ouan, qui se sont réunis à une deuxième armée, presque aussi nombreuse, venue de Pé-kin, et dans laquelle se trouvent les huit bannières tartares de la garde du corps de l'Empereur. Ce sont les dernières ressources du gouvernement chinois : c'est son va-tout que va jouer l'Empereur, et nous savons d'avance qu'il est perdu pour lui.

Un des domestiques chinois qui accompagnaient M. d'Escayrac est arrivé aujourd'hui au camp et nous a donné quelques nouvelles. Le 18, vers midi, son maître était sorti et se promenait par la ville. On entendit à ce moment, à Tong-tcheou, le bruit du canon de l'affaire qui se livrait à Chang-kia-ouan. Dès lors la population du faubourg dans lequel se trouvait M. d'Escayrac l'entoura, se rua sur lui, et, après l'avoir accablé d'outrages, l'emmena prisonnier devant un mandarin. Pendant que ceci se passait dans la rue, d'autres bandes de furieux s'étaient précipitées sur le miao, où avaient couché les étrangers et qu'ils avaient à ce moment tous quitté, à ce que prétend notre homme. On pilla les effets et les équipages de M. d'Escayrac, et on se saisit de son lettré, du soldat qui lui servait d'ordonnance et de quelques autres serviteurs. Quant à notre Chinois, il s'était tenu caché pendant la bagarre et avait profité de la nuit pour quitter Tong-tcheou et regagner notre camp, où il apporte cette mauvaise nouvelle.

Je suis allé dans la journée, avec le père Delamarre, visiter les prisonniers de l'affaire du 18. On les a entassés, au nombre de quatre ou cinq cents, dans une ferme voisine de la nôtre, et sous la garde d'une compagnie de chasseurs à pied. — Le Père les interroge pour avoir des détails sur l'affaire et chercher à découvrir quelque indice de ce qui a pu arriver à nos compatriotes.

Les prisonniers affirment que c'est le senn-wang (le prince) Sann-ko-lin-sin qui commandait en personne à cette affaire. Ils portent leurs forces à quarante mille combattants; mais tous déclarent ne rien savoir au sujet des Anglais et des Français restés à Tong-tcheou. Parmi les captifs se trouvent deux Chinois, un barbier et un campagnard qui, en fuyant le champ de bataille, se sont trouvés pris entre les deux armées. Sur la demande du Père, le capitaine à qui est confiée la garde des prisonniers, les met en liberté, et ceux-ci se retirent, non sans s'être prosternés à nos pieds, en remercîment de la liberté qui leur est rendue.

Tous ces Tartares sont, en général, des cavaliers: ils ne portent aucun uniforme; on ne les reconnaît qu'à leurs grosses bottes de cuir et à l'anneau qu'ils ont au pouce de la main droite pour bander l'arc. Ce sont des habitants de la Mantchourie, et il y en a de tous les âges. Pendant leur interrogatoire, ils se sont mis à genoux devant nous, et, à chaque question que leur adresse le Père, ils se prosternent trois fois, tous ensemble, avant de répondre. Il est du reste impossible de dire à quel point ils sont déguenillés et misérables. Quand on leur demande pourquoi ils n'ont pas d'uniformes, ils répondent que ceux qu'on leur a donnés étaient usés depuis longtemps, qu'on ne les a pas remplacés, et que, du reste, leur solde est arriérée depuis six mois.

Quelques moments après, les deux prisonniers que nous avions délivrés reviennent à l'ambassade, demandant en grâce que nous les gardions à notre service. A une demi-lieue de Kao-tseun, ils ont été attaqués par des Chinois, de la bande noire sans doute, qui les ont dépouillés et menacés de mort. On les confie au maître-d'hôtel pour en faire des aides de cuisine.

CHAPITRE V

Arrivée à Pa-li-kiao.

Il y a un mois, jour pour jour, nous prenions les forts
de Ta-kou : c'est un anniversaire de bon augure pour l'affaire qui doit avoir lieu aujourd'hui. L'armée est partie de
très-bon matin, les Anglais en tête, dans la direction de
Tong-tcheou. Quant à nous, réunis aux bagages et à la
colonne d'arrière-garde qui les escorte, nous quittons
Kao-tseun une heure après l'armée. Après avoir passé le
canal, près du village de Chang-kia-ouan, où fument
encore les incendies allumés par les bandits, nous
quittons la route que suit le gros de nos forces pour
aller occuper un petit village à quelques kilomètres de
là, où nous attendrons l'issue de la journée.

En route, nous sommes coupés par les convois anglais, qui, dix fois plus nombreux que les nôtres, et
traînant après eux une masse de bétail et un millier de
voitures, nous tiennent plus de deux heures à les voir
défiler.

Rien de plus curieux que cet amalgame de voitures,

de chevaux, de moutons, de bœufs, de caissons d'artillerie et d'ambulance ; et tout cela est conduit par plus
de deux mille Indous de toutes les races, drapés dans
d'informes guenilles et revêtus de lambeaux d'étoffes
chinoises qu'ils se sont appropriés. J'aime à croire que
tout ce troupeau d'hommes, qui se compose en général
des domestiques des officiers anglais, appartient aux
castes infimes de cette race indoue, dont les Sicks,
cavaliers hardis, à la jambe fine, à la noire chevelure,
à la physionomie intelligente, nous présentent au
contraire un si remarquable échantillon.

Le convoi anglais est escorté par les dragons de la
Reine, magnifique régiment de cavalerie entièrement
composé d'Européens, et dont les chevaux, hauts de
taille et superbes de formes, sont tous des pur-sang.
Les cavaliers ne le cèdent en rien à leurs montures ; ce
sont presque tous de grands et flegmatiques Écossais,
aux larges épaules et à la rousse chevelure ; ils sont
vêtus de casaques rouges, et, au lieu du casque de mé-
tal, ils portent des coiffures en moëlle d'aloès, recouvertes d'une étoffe blanche avec un turban de soie bleue
ou rouge et qui, seules, sont supportables sous un soleil
brûlant et dangereux comme celui de la Chine. Dans
notre armée aussi, on a adopté ce casque, dont les
formes grotesques choqueraient en France, mais dont
ici nous apprécions chaque jour l'utilité. En quittant
Toulon, on avait donné aux hommes des chapeaux de
paille ; mais le général en chef, dès son arrivée en

Chine, avait senti leur insuffisance à garantir les soldats des redoutables insolations et en arrivant à Hong-kong, les troupes avaient trouvé dix mille coiffures blanches fabriquées à peu près de la même manière que les casques anglais.

Mais revenons à notre colonne d'*impedimenta* qui occupe une étendue de deux lieues sur la route : aussitôt qu'elle a cessé de défiler devant nous, nous marchons à sa suite, non sans être asphyxiés par les nuages de poussière que cette cohue a fait lever sous ses pas. Décidément les Anglais ne savent pas faire la guerre comme nous. Un ennemi ayant à sa disposition quelques escadrons de cavalerie légère pourra, en leur enlevant leurs convois, les priver du confortable de campagne, qui est pour eux le nécessaire.

La ferme dans laquelle il nous faut faire la halte et attendre les nouvelles, est flanquée de deux grandes sépultures de familles tartares. Ces sépultures sont placées dans un grand enclos carré, fermé de murs en briques; sur la face où se trouve la porte d'entrée, règne une longue balustrade en marbre blanc, découpée à jour par de gracieuses arabesques ; la porte est également en marbre blanc, et au-dessus est gravée une inscription chinoise et mongole, qui nous annonce que c'est là le lieu de sépulture de la famille Tchang-Kao, de Pé-kin. L'enclos est planté de hêtres, de cyprès et de pins, très-rapprochés les uns des autres, et dont le feuillage projette sur le sol une ombre très-épaisse et pleine

de silence. Au milieu du quadrilatère se trouve un espace non planté : c'est là que sont les tombeaux. Un
vaste tertre, en forme de taupinière, couvert de gazon
et surmonté d'une sphère en terre desséchée, occupe le
centre du terrain ; et, tout autour, six autres tertres de
même forme, mais de grandeur plus restreinte, sont
placés symétriquement sur la circonférence, dont le
grand tertre est le centre. Devant chacun de ces *tumuli*
est dressée une longue pierre marmoréenne, tantôt
blanche, tantôt incrustée d'une pierre de marbre noir,
où sont gravés les noms des défunts. Au-dessus de ce
monolithe, qui atteint souvent de grandes proportions,
est une sorte de sculpture, en marbre également, ressemblant à des flammes entrelacées, emblème que
l'on retrouve invariablement sur tous les monuments
funéraires. C'est le chef de la famille qui repose au
centre ; les enfants sont rangés autour, et l'ordre de
leur décès est suivi dans l'ordre du placement de leurs
tombeaux, de gauche à droite, en faisant face au nord.
Cette règle est générale, je l'ai observée mainte et
mainte fois ; je me suis aperçu aussi que chacune des
superficies rectangulaires de ces sépultures avait son
grand axe orienté suivant la ligne nord-sud, l'entrée
se trouvant au midi. On voit que, en tout, le Chinois est
formaliste.

Nous nous mettons à déjeuner, et, à peine sommes-
nous à table, que le canon commence à retentir, mais
si près de nous, cette fois, que l'engagement doit se

passer à moins d'une lieue et demie de nous. Les coups sont multipliés, et l'on entend même comme une crépitation de fusillade. Nous montons sur le toit de la ferme, et nous voyons la colonne de fumée blanche s'éclaircir tout à fait à notre droite et même un peu derrière nous, près de Tong-Tcheou par conséquent, et bien plus à droite que nous ne l'aurions cru, d'après la direction suivie par l'armée.

Nous en concluons que l'armée chinoise aura été rencontrée sur le flanc droit, et que l'armée française qui marche en queue des Anglais, se sera plus rapprochée du théâtre de l'action. Les détonations continuent à se presser, et, comme nous ne sommes point inquiets du tout, nous rentrons prendre nos places à table. Tout à coup, voici qu'un soldat arrive tout effaré nous annoncer qu'on aperçoit un gros parti de cavaliers tartares faisant mine de s'avancer de notre côté. Qui l'aurait cru ? Cette nouvelle inattendue laisse tous nos diplomates tranquilles et impassibles : personne ne quitte son déjeuner que moi et les officiers du 401ᵉ, nos convives. Nous courons vers le point indiqué : et, du haut d'un *tumulus*, sur lequel nous grimpons, nous apercevons à la longue-vue quelques Chinois fuyant à toute bride sur des ânes ou des mulets, et emportant avec eux des paquets accrochés à leur selle. Ce sont probablement des habitants de Tong-Tcheou qui craignent de voir leur ville mise à sac, soit par les Tartares en déroute, soit par les barbares vainqueurs, et qui se sauvent le plus loin qu'ils peuvent. De retour de notre reconnaissance, nous trouvons tout notre monde aussi calme qu'auparavant, et nous terminons ce déjeuner si mal à propos interrompu. Pendant tout ce temps-là, le canon s'est fait entendre ; mais, au bout d'une heure, il a commencé à s'éloigner et à diminuer de fréquence : c'est un signe que la poursuite a commencé.

Je monte à cheval et, accompagné de quelques matelots, je me dirige du côté où s'est livré le combat. Quand j'ai fait une lieue, j'aperçois distinctement une tour élevée, et à la longue-vue, je distingue nettement les murailles d'une ville à environ une demi-lieue de moi. C'est Tong-Tcheou, et nous ne nous doutions pas que cette grande ville fût aussi rapprochée de nous.

De retour à notre campement, j'y trouve deux visiteurs : un officier d'ordonnance du général en chef qui est venu à franc étrier nous annoncer une brillante victoire et un officier russe, le colonel de Balusek, aide de camp du général Ignatieff, l'ambassadeur russe, et qui vient, lui, nous demander des nouvelles de ce qui s'est passé. Le général Ignatieff, homme de trente-trois ans au plus, avec lequel nous avons eu déjà de si charmantes relations, était à Pé-kin en qualité d'envoyé du czar près le souverain du Céleste-Empire. Au moment où il a su l'arrivée des forces alliées en Chine, il a quitté son poste, a laissé à Pé-kin la mission religieuse et la mission scientifique, et, avec ses aides de camp et ses attachés diplomates, il est venu à Changhaï, pour que sa présence au milieu de nous et son départ de la capitale fissent tomber ces bruits absurdes d'assistance prêtée par les officiers russes aux Chinois de Ta-kou, qu'avaient répétés les journaux et correspondances anglaises, en 1859. Pour nous autres Français, l'absurdité de ces bruits était déjà un fait reconnu, et tout ce que nous avions déjà vu nous avait démontré jusqu'à l'évidence que nous étions dans le vrai. Mais nous comprenions fort bien cette persistance des Anglais à tromper l'opinion sur ce point. Cette manœuvre avait pour but et de jeter de la défiance sur une puissance peu amie de l'Angleterre, et d'expliquer la défaite du mois de juin 1859, qui pesait sur les cœurs anglais, en mettant le succès des Chinois sur le compte d'instructeurs européens.

Le général Ignatieff était venu nous rejoindre à Tien-tsin où il logeait avec son personnel, à côté de nous. Nous nous étions liés étroitement, à cette époque, avec ces Messieurs ; et je ne saurais dire combien nous trouvâmes de charme à ces réunions, où la facilité avec laquelle diplomates et militaires russes parlaient notre langue et la communauté d'idées qui régnait parmi nous, faisaient naître une profonde sympathie entre les assistants. J'ai oublié de dire qu'au moment de notre débarquement à Peh-tang, le général Ignatieff qui avait parcouru toute la contrée, de Pé-kin au Petche-li, nous avait donné, à nous autres Français aussi bien qu'aux Anglais, mille renseignements des plus

utiles, dont l'amiral Hope, l'héroïque vaincu de Ta-
kou, se garda bien de profiter cependant, ce qui nous
procura un pénible débarquement sur une lieue de côte
vaseuse. Obligé de garder sa neutralité, l'ambassadeur
russe, lorsque nous étions partis de Tien-tsin pour
Pé-kin, n'avait quitté la première de ces villes que quelques jours après nous, car il lui était impossible de faire
la route de conserve. Il était venu par eau, avec une
vingtaine de sampans; et, pour le moment, il se trouvait à Chang-Kia-Ouan, dans l'ignorance complète de
tout ce qui était arrivé depuis notre départ.

C'était donc pour avoir des renseignements qu'il avait
envoyé près de nous M. de Balusek. Celui-ci, en uniforme de colonel russe et suivi d'un des cosaques qui
au nombre de vingt-quatre forment à Pé-kin la seule
garde de la mission, avait parcouru la route sans rien
rencontrer, et c'était en chemin qu'il avait entendu le
canon de la matinée. Il était donc arrivé fort à propos
pour apprendre des détails de la bouche d'un témoin
oculaire.

L'officier d'ordonnance du général, mon camarade
de C***, nous apprend que l'on a rencontré l'ennemi
vers midi, à droite de la route que suivait l'armée. On
a fait aussitôt un changement de direction de ce côté,
de façon que l'armée anglaise qui marchait en tête ce
jour-là, suivant l'ordre établi, s'est trouvée en deuxième
ligne. L'ennemi a été joint dans une vaste plaine coupée par des fermes, des bois, des bouquets d'arbres,

des pagodes et des sépultures. Cette plaine allait finir,
par une pente douce, à un canal de trente mètres de
largeur environ qui sert à établir une communication
par eau entre Tong-Tcheou et Pé-kin. La route qui relie ces deux grandes villes passe ce canal sur un fort
beau pont de pierre, orné de parapets et de revêtements
en marbre. Ce pont, qui est à une seule arche et à cu-
lées fort massives, s'appelle Pa-li-Kiao, c'est-à-dire pont
des huit lis, ce qui signifie qu'il est à huit lis ou une
lieue de Tong-Tcheou.

L'armée tartare, forte d'environ quarante mille hommes, dont les deux tiers au moins en cavalerie, s'est
résolue à défendre ce passage ; et, à Pa-li-Kiao comme
à Chang-Kia-Ouan, elle s'est rangée en avant du pont,
de sorte qu'elle n'a, sur une étendue de plus d'une
lieue, qu'une seule ligne de retraite en cas de défaite :
c'est le pont auquel elle a appuyé son aile gauche. Du
reste, il paraît que la position était choisie et étudiée
depuis longtemps, car tout le terrain en avant et en arrière du canal est couvert de camps fortifiés par un
fossé et un parapet avec des pièces aux angles. La cavalerie est rangée parallèlement au canal et forme le
fond du tableau que présente cette armée. En avant
sont les fantassins, embusqués dans tous les accidents
de terrain et les abris semés sur le sol ; et partout sont
placées des pièces de position et de campagne, ces dernières fixées sur des affûts des plus grossiers et traî-
nées par cinq ou six mulets.

Telles sont les positions de l'ennemi qui commence immédiatement le feu, de façon que l'armée française attaque avant que l'armée anglaise ne soit arrivé en ligne.

On arrive sur la première ligne de l'infanterie tartare qui se laisse aborder, en plus d'un endroit, à la baïonnette, et on enlève toutes ses positions avancées. A gauche est le général Collineau avec une batterie de 4 et deux compagnies de chasseurs à pied. Au centre et à droite, les six autres compagnies de chasseurs, les deux bataillons du 101ᵉ et une compagnie d'élite du 102ᵉ. C'est le général Jamin qui commande ces troupes, avec le colonel Pouget sous ses ordres. Le colonel O'Malley, du 102ᵉ, qui était parti avec la députation d'honneur de son régiment, commande au centre : car ici, les simples compagnies jouent le même rôle que les divisions en tout autre cas. C'est ainsi qu'un général n'a sous ses ordres que deux compagnies, commandement ordinaire d'un capitaine ; et cependant cette petite force compose seule toute une aile de notre armée.

Une fois l'infanterie tartare débusquée et les pièces chinoises disloquées par les obusiers de 12 que dirige le colonel de Bentzman, notre gauche se trouve en face de la cavalerie ennemie qui, au commencement de l'action, a exécuté un mouvement tournant pour nous couper de l'armée anglaise et nous envelopper. Les escadrons arrivent en masses profondes et en lignes étendues, poussant des hourrahs et marchant au trot. Les pièces du général Collineau ne sont pas encore arrivées, elles sont arrêtées dans un mauvais chemin. En les attendant, il fait former en cercle ses deux compagnies de chasseurs, met l'épée à la main, car il prévoit le moment où il faudra combattre corps à corps, et fait commencer le feu. A chaque balle, un cavalier est désarçonné, un cheval bondit en l'air et retombe blessé : mais cette nuée d'escadrons arrive toujours tranquillement. — La première ligne n'est plus qu'à cinquante mètres, elle s'arrête, couvre de flèches nos chasseurs qui, impassibles et sans bouger, dirigent sûrement le feu de leurs carabines. — Les Tartares se remettent en marche. A cet instant, les deux pièces de 4 débouchent du chemin où elles étaient retenues : mises en batterie avec toute la promptitude qu'inspire le danger, elles vomissent deux coups de mitraille, à trente pas. — Les Tartares s'arrêtent. — Deux nouvelles boîtes à balle font sauter en l'air cavaliers et chevaux. — Ils reculent. — Nouvelle décharge qu'accompagne le feu crépitant des chasseurs. — Alors le mouvement de retraite se dessine, et toute cette nuée prend son vol en se prolongeant sur sa droite pour aller gagner un gué dans le canal.

Mais là elle rencontre les Anglais qui vont maintenant prendre part à l'action. Après l'avoir bien canonnée, on dirige sur elle les deux régiments de sichks. Ceux-ci exécutent une charge brillante ; en vain sont-ils arrêtés par un fossé qu'ils n'avaient pas aperçu et où une centaine de chevaux se cassent les jambes, ils

s'élancent, ils arrivent et font un carnage épouvanta-
ble. Quant aux boulets Armstrong que l'on envoie dans
ce tourbillon, leurs quarante-cinq éclats, à chaque coup
tiré, font quarante-cinq victimes.

Pendant que le général Collineau échappait à ce
pressant danger, à droite, le général en chef a reconnu
l'existence de ce pont, qui est le seul moyen de retraite
des masses qui combattent devant nous. Il lance un bataillon du 101e, conduit par le colonel Pouget, avec mission de s'en emparer. La batterie de 12 suit le mouvement pour l'appuyer. On prend, en passant, un vaste
camp retranché qui couvrait l'accès de la position, et
l'on aperçoit alors, entassés sur le pont et sur ses
abords, des masses de Chinois vêtus de jaune. A leur tête
est un chef à cheval, qui s'est avancé audacieusement en
avant de ses soldats; il brandit une bannière jaune en
signe de défi. Ce sont les Tartares de la bannière jaune,
de la bannière impériale, les braves des braves de toute
l'armée chinoise. Mais le 12 est en batterie et commence à envoyer des obus sur le pont. Le marbre des
parapets vole en mille éclats, qui, joints à ceux des
obus, hachent les tigres postés sur le tablier. Ceux
qui tombent sont remplacés par de nouveaux gardes du
corps; leur chef est toujours en avant, sa bannière
d'une main, un sabre de l'autre. Il faudra lancer l'infanterie sur cette importante position pour l'enlever.
Le colonel Pouget s'élance avec ses deux compagnies
d'élite et arrive sur le pont. Pendant cinq minutes, on

lutta, et les baïonnettes firent encore là de redoutables
blessures ; mais, au bout de ce court espace de temps,
le colonel Pouget était à l'autré extrémité. Dès ce
moment, la victoire était remportée. Pendant que le
101° se prolonge en avant du canal à la poursuite des
tigres et prend un autre camp retranché et une batterie
dont les pièces battaient infructueusement les abords
de la position, les fantassins ennemis qui étaient postés
dans les bois et les pagodes, au centre des lignes
chinoises, sont obligés de lâcher pied devant les huit
compagnies de chasseurs que le général Collineau
mène en avant. Alors, tout ce monde se jette dans le
canal, profond à cet endroit de deux mètres. L'un se
noie, l'autre nage, mais est frappé en route ; un troisième est parvenu à l'autre bord, mais, là encore, il
trouve la balle impitoyable du chasseur. Il n'y a plus un
seul Chinois de ce côté du cours d'eau. Tout le monde
traverse alors le pont, et l'on poursuit, sur la route de
Pé-kin, les fuyards qui se réfugient dans les maisons
qui bordent le chemin. Le fils du général en chef, le
capitaine Charles de Montauban, qui dirige la poursuite, est salué de six balles, parties de la même fenêtre, et qui criblent ses habits sans toucher ni lui ni son
cheval. Ses soldats se chargent de le venger, et tous
ceux qui s'étaient réfugiés dans les maisons, sont passés par le sabre-baïonnette. La journée finit par une
attaque que les Anglais dirigent contre un vaste camp
retranché de cavalerie, où les fuyards avaient tenté de

5.

s'enfermer comme dans un réduit. Mais ces débris de l'armée Tartare en sont facilement débusqués, et les Anglais y prennent plus de trois cents prisonniers et seize pièces de canon. De notre côté, nous avions bien ramassé un pareil nombre de captifs. Les pertes de l'ennemi sont immenses, mais ce n'est que demain et les jours suivants que l'on en pourra fixer le chiffre, que les maisons, les bois, et surtout le canal, devront bientôt accuser.

Tels sont les renseignements qui nous sont donnés. M. de Balusek s'en retourne à Chang-kia-Ouan, avec son cosaque, les porter à son général. Nous, suivis des bagages et des compagnies d'arrière-garde, nous nous mettons en route pour Pa-li-Kiao vers quatre heures. Une erreur de direction, bien pardonnable, le soir, dans un pays qu'on ne connaît pas et qui est coupé et fourré au delà de toute expression, nous écarte de la bonne voie et nous fait passer par le camp des Anglais, dont nous avons pris les feux pour ceux du bivouac des nôtres. Mais voilà qu'en sortant du campement de nos alliés, une violente explosion ébranle le sol tout contre nous, et quelques secondes après, une grêle de pierres et de débris nous retombe sur la tête, sans atteindre aucun de nous. C'est un sac de poudre laissé par l'ennemi dans une maison où les coolies anglais faisaient cuire leur riz, et qui, atteint par le feu de la cuisine, s'est enflammé et a fait sauter la maison et tout ce qui se trouvait à l'entour. Trois hommes ont été tués sur le coup, et une dizaine ont reçu des blessures plus ou moins graves.

A mesure que nous approchons du but de notre marche, nous entrons de plus en plus dans le champ de bataille, et à chaque pas nos chevaux, heurtant un cadavre, se cabrent de frayeur. De tous les côtés on voit des chevaux blessés se soulever dans leurs convulsions pour retomber ensuite lourdement en poussant des hennissements plaintifs.

Puis, nous passons le long d'un des camps retranchés, dont la lune éclaire les tentes blanchâtres, et nous montre les défenseurs étendus en grand nombre sur le sol, au seuil même de leurs gourbis; ensuite nous entrons dans le camp, et l'armée pousse un cri de joie en nous apercevant; car le convoi qui nous suit contient toutes les cantines de provisions de bouche, et personne n'a mangé depuis le matin.

Enfin nous voilà arrivés à une pagode, seule habitation que l'on ait pu trouver pour nous abriter. Mais, sur le point d'y entrer, nous sommes prévenus que cet édifice ayant été pris par nos soldats sur des Chinois qui y étaient embusqués, il serait bon d'en faire enlever, au préalable, les traces de la lutte, c'est-à-dire les cadavres ennemis. Nous nous livrons, en conséquence, à cette pénible perquisition; et bien nous faisons, car nous extrayons de l'intérieur une vingtaine de Chinois tués. Quant aux abords de notre gîte, il ne fallait pas songer pour ce soir à les déblayer. Nous avons bien

d'autres devoirs à remplir, celui de dîner d'abord, et
ensuite celui de dormir.

La pagode où nous sommes est très-exiguë et à moitié démolie par les obus. Elle ne compte que quatre
corps de logis, où, dans la chaleur de la lutte, on a
renversé les autels, bousculé les dieux et brisé les instruments du culte. Nous jetons toute cette friperie
païenne dans la cour, provisoirement, puis on installe le
cadre de l'ambassadeur dans une chambre; deux autres pièces nous servent de dortoirs communs, où la
dalle du sol nous prête sa dure et froide horizonta-
lité. La quatrième pièce est convertie en salle à manger.
On nous dresse notre service sur un autel resté debout
et à peu près intact, et l'on étale les plats pêle-mêle
avec les brûle-parfums, les vases sacrés et les divinités
de petit modèle qui encombraient déjà ce buffet quasi
religieux. — Après quoi, chacun s'étend sur ses peaux
de mouton, en remettant au lendemain la visite du
champ de bataille.

CHAPITRE VI

Pa-li-Kiao.

22 *septembre*. Nous sommes sur pied de bonne heure.
Nous enfourchons nos montures japonaises et chinoises, et nous voilà au milieu du théâtre de la lutte, exa-
minant les traces nombreuses et sanglantes de la victoire de notre petit corps d'armée.

Nous allons tout d'abord visiter le pont. Il est littéra-
lement couvert de tigres et de Tartares jaunes que l'on a
entassés sur les côtés de la voie pour en dégager le
milieu. Les marbres du parapet sont fort endommagés
par les obus de 12 qui les ont fait voler en éclats sur
plusieurs points. Nous remarquons que plusieurs des
Chinois étendus là sont complétement consumés par le
feu. Cette particularité est produite par la mèche avec
laquelle on met le feu à l'amorce du mousquet. Comme
les fantassins tartares portent cette mèche enroulée
autour du bras et qu'ils ont sur la poitrine une cartou-
chière remplie de poudre, il est arrivé à plusieurs d'entre eux que l'extrémité enflammée de la corde soit

venue, au moment où ils sont tombés, communiquer le feu à la poudre et par conséquent carboniser leurs vêtements puis leurs corps. L'un de nos amis qui a assisté à l'affaire et qui nous sert de cicerone dans cette investigation lugubre, nous assure qu'hier, jusqu'à une heure assez avancée de la soirée, les cadavres fumaient encore. On ne peut s'empêcher de frémir en pensant aux tortures qu'ont endurées les malheureux qui, n'ayant pas rendu le dernier soupir, ont été ainsi consumés vivants ! Mais, en campagne, on est blasé sur ces spectacles qui émeuvent dans d'autres circonstances. Ainsi nous passons froids et insouciants devant un groupe de tués dont les blessures sont particulièrement effrayantes. Ce sont les servants chinois d'une pièce de campagne, auprès de laquelle ils sont étendus. Cette pièce était masquée derrière un petit muretin en briques où ils avaient percé une embrasure. Mais un obus étant venu se loger dans le muretin, avait fait sauter toute une rangée de briques ; et ces projectiles d'un nouveau genre ayant frappé à hauteur de tête sur ces malheureux, on les aurait tous crus décapités. Les quatre chevaux attelés à la pièce avaient été également mis en pièces.

Nous passons près du campement des spahis que nous trouvons occupés à chasser à courre quelques malheureux porcs qui erraient dans les environs ; et nous entrons chez le général en chef pour le féliciter de son brillant succès. Lui, modeste comme toujours, se plaît à combler d'éloges le général Collineau et le colonel

Pouget: « Sans le premier, nous affirme-t-il, nous étions en grand danger d'être coupés de l'armée anglaise et enveloppés par la cavalerie tartare. » Que va-t-on faire maintenant, demandons-nous au général? Marcher sur Pé-kin sans laisser le temps à l'ennemi de se reconnaître? ou bien attendrons nous l'effet de cette seconde leçon? « Nous attendrons, nous répond-il, que les deux bataillons du 102ᵉ et l'infanterie de marine soient venus nous rejoindre. J'ai expédié hier soir un courrier, en même temps que le général Grant, qui rappelle à lui sa troisième brigade, et nous ferons venir toute notre artillerie par eau, avec un convoi de munitions, lesquelles commencent à nous manquer. Tout cela sera arrivé dans huit jours, et alors nous serons capables d'aller au bout de la Chine. »

Quant à nos compatriotes faits prisonniers, rien de nouveau sur leur compte ; et les Anglais n'ont reçu, de leur côté, aucune nouvelle des leurs. On a interrogé les Chinois pris la veille, mais ils ne savent ou ne veulent donner aucun détail. Il paraît cependant qu'à ce combat ce n'était pas Sann-Ko-Lin-Tsin qui commandait les forces de l'Empire. C'était un autre général nommé Chin-Pao et qui a succédé au fameux prince tartare, disgracié pour avoir été battu le 18. Au dire des prisonniers, Chin-Pao aurait été blessé au commencement de l'action, et depuis il se serait tenu dans sa litière, fort éloigné du champ de bataille.

23 *septembre.* Nous avons été ce matin sur la route

de Tong-Tcheou à Pé-kin, jusqu'à nos avant-postes,
mais sans pouvoir les dépasser. La route a ses deux
côtés occupés par un village dont les maisons ont servi
de réduit aux défenseurs du pont et ont été criblées de
nos boulets. C'est dans une de ces maisons qu'est
installée l'ambulance où l'on soigne les quelques blessés que nous comptons dans nos rangs. Les avant-
postes sont placés à 500 mètres du village, sur la route ;
et, de ce point, on aperçoit encore des cadavres dans
toutes les directions.

On a beau employer les huit ou neuf cents prisonniers que nous avons faits à enterrer les cadavres, ils
n'ont pas encore achevé leur funèbre besogne. A chaque instant l'on découvre dans les maisons les restes de
malheureux qui, blessés, y sont venus mourir. Quant
au canal il commence à laisser flotter ceux qu'il rete-
nait dans ses eaux ou dans les joncs qui le bordent.

Nous avons été ensuite visiter le monument commé-
moratif de la création de la route qui relie Tong-Tcheou
à la capitale. Il faut savoir d'abord que cette route, qui
compte un développement de 14 kilomètres, est tout
entière dallée en granit, circonstance très-particulière,
ici où la pierre est des plus rares. Malheureusement,
elle est déjà ancienne, et comme elle est peu entre-
tenue, le sol qui supporte le dallage s'est peu à peu ef-
fondré et toutes les pierres se sont enfoncées plus ou
moins ; de sorte qu'il en résulte une inégalité de surface qui rend la circulation impossible pour les voitures

et les chevaux. Quoi qu'il en soit, il n'en est pas moins vrai que cette route fut édifiée en 1745, sous le règne de l'empereur Tien-Lung, de la dynastie tartare ou des Tsing. Une immense pierre marmoréenne, supportée par une chimère également en marbre, porte une longue inscription en deux langues, chinoise et mongole, qui entre autres choses, nous apprend la date du commencement et de l'achèvement de ce grand travail d'utilité publique, et le prix qu'il a coûté (6 millions). Ce monolithe est dressé sous une sorte de petit kiosque, bâti au bord de la route, et dont le toit, orné des inévitables clochettes, est recouvert de tuiles peintes en jaune, ce qui est le signe et le caractère distinctif de tout monument impérial.

On a eu, un instant, l'idée de conduire en France cet échantillon curieux de la sculpture et de l'architecture chinoises : une commission est même nommée pour examiner la possibilité de cette entreprise. Mais, quoique les membres désignés se soient prononcés pour l'affirmative, en considération du temps et des travaux qu'exigerait l'embarquement de cette masse sur une jonque, pour la conduire aux canonnières de Tien-tsin, on abandonne le projet.

J'ai couru aujourd'hui les environs pour chercher, dans les maisons, une table et des chaises. Il m'a été impossible de rien trouver ; tout a été déjà porté au camp. L'insuccès de mes recherches m'est d'autant plus désagréable que, dans la chambre que j'occupe à la

pagode, nous n'avons pour tout meuble qu'un énorme
cercueil vide qui a dû appartenir à l'un des bonzes desservants du temple. C'est en effet une des constantes
préoccupations des Chinois que celle de leur mort, de
leur cercueil, de leur tombeau. Longtemps à l'avance,
ils s'achètent un cercueil aussi beau et aussi orné que
leur fortune le leur permet, ils le font rembourrer avec
des coussins de soie et s'y couchent de temps en temps
pour être sûrs qu'ils y seront à l'aise, au jour où il
deviendra leur dernière demeure. Il est arrivé souvent
en Chine qu'un pauvre n'ayant pas le moyen de s'acheter un cercueil confortable, et ennuyé d'ailleurs de la
vie, s'en est allé vendre sa tête à quelque condamné
à mort qui paye une cinquantaine de taëls pour cet
échange qu'autorisent les lois chinoises. Avec cette
somme, notre homme fait l'emplette d'un cercueil de
15 ou 20 piastres, donne à sa femme et à ses enfants
de quoi les faire vivre pendant un an dans l'abondance, et lui, avec le reste du prix de son sang, il s'en
va dans une maison d'opium, passer les derniers jours
de sa vie dans des jouissances qu'il avait rêvées sans
pouvoir les goûter jusqu'alors.

Ces divers faits et le courage que montrent les Chinois devant la mort[1], ainsi que j'en ai pu me convain-

---

[1] Le lendemain du combat du 21, je passais près d'une fosse où
les prisonniers Chinois enterraient les cadavres de leurs compatriotes tués la veille. On amena au sergent qui dirigeait la corvée

cre souvent, constituent la preuve que dans cette race, l'on a une tendance bien marquée à ne pas redouter l'instant du trépas. D'ailleurs, cette immense population de l'Empire chinois forme comme un vaste dépôt de mendicité : il n'est donc pas étonnant que, matérialistes comme ils le sont, sans croyance, sans véritable religion, sans idée de la vie future, les Chinois regardent la mort comme la fin de leurs misères et, partant, comme un bonheur. Aussi le suicide est-il plus fréquent ici qu'à Londres même, si l'on peut appeler suicide la mort instantanée et volontaire chez un peuple qui n'aime rien tant qu'à se tuer tous les jours un peu, avec les pipes d'opium.

Maintenant, me dira-t-on, pourquoi les Chinois qui redoutent si peu la mort, s'enfuient-ils lâchement devant ceux qui peuvent la leur donner ? pourquoi enfin ce peuple qui tient si peu à la vie, n'est-il pas brave dans les combats ? Voici, selon moi, la raison de cette contradiction apparente : Les Chinois désirent la mort et par conséquent ne la redoutent pas, uniquement parce qu'elle met fin aux souffrances physiques et aux privations de leur vie animale. — Or, dans un combat, ils

un prisonnier qui, pendant la besogne, avait cherché à s'évader. On voulut faire un exemple : on plaça le malheureux sur le bord de la fosse qu'il avait creusée et on lui logea une balle dans la tête. Je le considérais attentivement à ce moment suprême, et je puis dire que, de lui et de moi, je fus celui qui pâlis davantage et fus le plus ému.

ne sont pas sûrs d'être tués · ils peuvent être atteints
par des blessures douloureuses, et leur agonie peut être
horrible.

C'est eu égard à ces considérations qu'ils redoutent
de s'exposer aux coups de l'ennemi. S'ils étaient certains que la mort prompte et radicale fût au bout des
baïonnettes, il leur arriverait plus souvent de se laisser
regarder en face par nos soldats. En fin de compte, ils
n'aiment la mort que lorsqu'elle est dépourvue elle-
même de souffrances physiques trop longues ou trop
cruelles; et c'est pour cette raison, je pense, qu'ils abu-
sent avec tant de frénésie de la fumée d'opium, cette
voluptueuse manière de se tuer. Voilà comment je
m'explique que les Chinois que l'on décapite ou que
l'on fusille ne bronchent pas, tandis que je les ai toujours vus pousser des cris et des hurlements pour de
mauvais coups de rotin sur les cuisses.

La philosophie des Chinois est donc anti-stoïcienne.
Ils craignent tant la douleur qu'ils aiment mieux la
mort.

24 septembre. Il est arrivé cette nuit une dépêche importante datée de Pé-kin. Elle annonce que c'est encore
par suite d'un malentendu que les conférences de Tong-
Tcheou ont été rompues, et que l'empereur, désirant
terminer les hostilités, par amour pour ses sujets, a
nommé son frère, le prince Kong, plénipotentiaire pour
de nouvelles négociations. Le prince sera en outre assisté de Heng-Ki, mandarin de première classe, que

nous avons déjà vu paraître à Tien-tsin, et qui était également attaché au prince de I. Ce Heng-Ki est un rusé diplomate de l'école chinoise, et de plus, a le talent de se rendre partout indispensable. Il se vante d'être du parti qui, en Chine, est favorable aux relations avec les étrangers : que ce soit vrai ou non, c'est certainement un personnage qui jouera les premiers rôles dans les affaires de son pays. La dépêche invite les ambassadeurs à correspondre avec le prince Kong pour s'entendre sur la paix, après la conclusion de laquelle on rendra les prisonniers européens qui sont tombés entre leurs mains et dont, ajoutent-ils, ils prennent le plus grand soin. Mais ils n'en donnent pas le nombre. Ils disent seulement que, comme M. Parkes et M. d'Escayrac connaissent tous deux la langue chinoise, nous n'avons qu'à nous en servir comme mandataires auprès d'eux pour traiter des conditions de la paix. Quant aux autres prisonniers, il n'en est dit aucun mot.

Pauvres Chinois ! l'on a vanté votre savante, votre astucieuse diplomatie. Et voilà une de ses plus vastes combinaisons, le guet-apens de Tong-Tcheou ! Vraiment, pour les intrigues, vous êtes au-dessous même des dramaturges français les plus faibles ! Comment, vous croyez que tout votre plan n'est pas connu déjà, à l'inspection seule de votre première dépêche ? Mais il n'est pas dans le camp un soldat qui n'ait déjà démasqué vos batteries, aussi faibles celles-là que les autres. Écou-

tez plutôt ce que dit Chauvin, le grand politique du
104ᵉ à son camarade Dumanet :

« —Les Chinois, vois-tu, savaient qu'ils seraient battus
et voulaient faire la paix la plus avantageuse possible :
c'était leur droit. Alors ils se disent : prenons les principaux d'entre les barbares nos ennemis et gardons-
les comme otages ; leurs compatriotes seront obligés
de filer doux pour les ravoir. Pour lors, ils font le
coup de filet de Tong-Tcheou, qui n'aurait pas lui-
même réussi si les nôtres étaient partis deux heures
plus tôt. Et les voilà qui ne veulent pas les rendre
avant la paix.

« — Sans compter, répond Dumanet, que, s'ils les
ont déjà massacrés, ils seront moins embarrassés pour
l'avouer une fois que la paix aura été conclue.

« — Comme tu le dis. Et puis, cette idée de choisir
deux prisonniers pour traiter de la paix dans leur prison ! Comme si on ne voyait pas tout de suite qu'ils
veulent, de cette façon, faire passer les pauvres diables
par où ils voudront !

« — Décidément ce sont des malins de la rue de la
Plume ¹, et ils ne sont pas plus forts en diplomatie qu'en
art militaire. »

Voilà ce que se disent Chauvin et Dumanet, dont
le gros bon sens a déjà tout démêlé. Nous, nous ne dé-

---

¹ Expression militaire consacrée pour dire de quelqu'un qu'il
fait de la finesse sans réussite ou mal à propos.

ciderons pas encore si le prince de I et l'empereur étaient convenus d'arrêter les prisonniers. Comment, en effet, supposer que, dans le cas d'un complot, on n'eût pas arrêté pendant la nuit tous les Européens renfermés dans le miao, au lieu d'en laisser partir une bonne partie le matin? Nous croyons que l'occasion a fait le larron; que nos malheureux camarades, victimes de l'effervescence de la soldatesque tartare, auront été ou massacrés ou faits prisonniers; et que les diplomates chinois veulent profiter de cette aubaine pour nous faire rabattre de nos exigences. Tout cela n'est donc qu'un hideux essai de chantage, en vérité, mais qui ne doit pas réussir. Les deux ambassadeurs, en effet, d'accord en tout point entre eux et avec les généraux sur la politique à suivre dans cette circonstance, ont, paraît-il, répondu qu'ils ne consentiraient à traiter qu'après la remise des prisonniers.

Le petit mandarin qui avait apporté la dépêche du prince Kong, a rapporté celle identique des deux hauts commissaires européens. Peut-être cette intimidation diplomatique réussira-t-elle. Mais quel malheur que les munitions, à peu près épuisées par les deux affaires du 18 et du 21, soient aussi rares! En marchant subitement sur Pé-kin, on aurait peut-être amené la mise en liberté de nos infortunés amis. Mais, comme nous l'a fait observer, ce soir, le colonel de Bentzman, le général en chef a sagement agi en ne poussant pas plus loin. Il ne restait que 20 coups par pièce, et l'on pouvait s'attendre à de nouvelles affaires ou à une attaque de vive force sur la capitale, si l'on avait marché en avant. Or, quand le succès est si nécessaire et que l'insuccès peut amener de terribles résultats, il ne faut agir qu'avec toutes les chances humainement calculables de son côté.

25 *septembre.* Jusqu'ici la ville de Tong-Tcheou n'a pas été occupée. Cependant l'on a envoyé aujourd'hui des parlementaires informer le préfet de cette ville qu'il aura à en livrer les portes le lendemain. De plus, il sera tenu d'organiser un marché pour l'approvisionnement des deux camps, sous peine de voir frapper une forte contribution sur Tong-Tcheou.

Les parlementaires sont bien accueillis et on obtempère facilement à leurs sommations. Les portes sont immédiatement livrées, et des postes combinés anglais et français les occupent aussitôt.

Dès que nous avons appris cette nouvelle, nous partons en nombre avec les interprètes de l'ambassade et nous allons, en suivant, mais avec peine, la route dallée, jusqu'à la porte de la ville d'où elle débouche. Nous n'entrons pas encore en ville ; nous ne faisons aujourd'hui que le tour des fortifications. Elles ont une hauteur et une épaisseur considérables, sont construites en briques et forment un immense mur avec ses contre-forts de distance en distance. En avant de ce mur est un fossé d'une grande largeur mais déjà plus d'à moitié comblé. Du reste, les murailles elles-mêmes tombent de place en place sous le poids de leur décrépitude ; et les assises de briques qui en faisaient le revêtement sont partout enlevées. Nous longeons cette face des fortifications sur un développement de quatre kilomètres, ayant, de l'autre côté des murs, le spectacle d'une sorte de banlieue bien cultivée, et remplie de maisonnettes et de jardins destinés au repos et aux loisirs des citadins de Tong-Tcheou ; puis, nous pénétrons dans le faubourg où se trouve le miao qui abrita pendant une nuit nos compatriotes. A l'extrémité de ce faubourg se trouve le Pe-ho, encombré de sampans et de barques, et s'embranchant, à cet endroit, avec un petit canal qui lui amène les eaux d'une rivière voisine.

Nous ne poussons pas plus loin, par une prudence depuis quelques jours bien justifiable, nos curieuses investigations. Nous faisons quelques achats dans le faubourg, pour notre maître-d'hôtel, et nous regagnons la pagode rouge, — nom que l'on donne au palais de l'ambassade, dont les murs sont peints d'un rouge fort vif.

26 *septembre.* Il paraît que l'injonction faite la veille au préfet de Tong-Tcheou a produit son effet sur ce fonctionnaire, qui craint pour lui et la ville qu'il administre des rigueurs qu'aurait justifiées le crime commis dans ses murs. Le matin, en effet, les deux marchés pour les camps anglais et français, ont été installés. Les vendeurs n'étaient pas nombreux encore, et l'on s'aperçoit bien qu'ils ne sont venus que grâce à la pression administrative.

6

Dans la journée nous avons été faire le tour de la ville, toujours *extra-muros*. Mais cette fois, nous avons longé la face opposée à celle de la veille, ayant toujours le canal entre nous et Tong-Tcheou. Les murailles, de ce côté, sont encore plus dégradées que de l'autre, si c'est possible : il y a des endroits où la brèche est toute faite. Le canal suit toujours de très-près, de façon à lui servir de fossé, cette face du quadrilatère et va aboutir à une centaine de mètres de la rivière, sans s'y jeter.

Nous avons été fort surpris de l'interruption qui paralyse toute l'utilité que pourrait présenter cette communication, mais nous nous la sommes bien vite expliquée. Le fleuve en cet endroit, se trouvant un peu encaissé, le niveau de l'eau de ce canal qui, sur toute son étendue de Pé-kin jusqu'à Tong-Tcheou n'a que deux écluses, se trouve être environ à 15 mètres au-dessus de celui des eaux du Pe-ho. Les ingénieurs chinois n'avaient probablement pas fait le nivellement de leur tracé : aussi lorsqu'ils se sont trouvés arrivés auprès du Pe-ho, n'ayant aucun moyen de vaincre cette difficulté, ils se sont bornés à arrêter le canal tout court, au point de sa jonction avec le cours d'eau. Il en résulté que, lors des grandes pluies de l'hiver et de la fonte des neiges au printemps, les eaux du canal qui sont alimentées par une foule de ruisseaux descendant des montagnes de Pé-kin, ne tardent pas à déborder, et la communication devient impraticable. L'été au contraire, la sécheresse tarit tous les filets d'alimentation, et le canal est lui-même presque à sec.

Je dois dire que ce n'est pas la première fois que se présente à nous l'occasion d'observer, dans les travaux d'utilité publique des Chinois, mille causes constantes ou temporaires qui les mettent hors de service. Il est vrai de dire que depuis le xviie siècle, dans ce pays, on n'a exécuté aucun travail de ce genre, et que l'on se garde bien d'entretenir ceux achevés à cette époque.

Ce soir, arrive une dépêche des Chinois. Elle maintient le point de vue déjà posé dans la première, que l'on ne rendra les prisonniers qu'à la paix : cependant, dit-elle, on pourra consentir à en faire la remise préalable, si toutefois les alliés s'engagent à rétrograder jusqu'à Tien-tsin. Une note qui y est jointe contient une demande de provisions, d'habits et de cigares pour les prisonniers. La réponse des ambassadeurs, que l'on ne connaît que par les on-dit, maintiendrait fermement l'attitude primitive en déclarant aux plénipotentiaires chinois que, si les prisonniers n'étaient pas remis le 1er octobre à midi, les hostilités seraient reprises avec la plus grande vigueur, leurs conséquences ne devant être imputées qu'aux auteurs de la perfidie de Tong-Tcheou.

27 septembre. Après avoir visité déjà l'extérieur de Tong-Tcheou, il nous restait à faire l'exploration de l'intérieur de la ville. Nous entrons par la porte de l'ouest, gardée par un poste anglais, et nous nous engageons dans une rue presque déserte, dont les maisons

sont clair-semées et séparées par des jardins de vaste
étendue. Ce sont les Tartares qui habitent ce quartier.
Les Chinois sont au contraire toujours entassés dans
des ruelles étroites où l'on circule difficilement et où
la lumière ne pénètre qu'avec une peine extrême.

Nous arrivons ensuite au mur d'enceinte du grenier
d'abondance où sont renfermés et entreposés les grains
qui arrivent de Tien-tsin. Les magasins où l'on ra-
masse ces céréales couvrent une surface de terrain de
dix hectares environ, et sont tous placés symétriquement comme les baraques d'un camp, laissant entre eux
des grandes rues et des petites rues. Dans ce moment,
il n'y a qu'un cinquième au plus des bâtiments qui
soient remplis. Le mandarin placé à la tête de cet
établissement nous explique que c'est la réserve éco-
nomisée sur les arrivages de l'année dernière. Depuis le commencement de la guerre, ces arrivages ont
cessé d'avoir lieu, et comme les mois d'hiver ne permettent pas aux jonques, même les plus solides, la navigation des côtes de Chine, il faudra attendre le printemps de l'année prochaine pour recevoir les nouvelles
importations du sud. Cette province du Pé-tche-li, où
sont les villes de Pé-kin, Tien-tsin et Tong-Tcheou, renfermant à elles trois plus de quatre millions d'habitants,
et dont la population totale est estimée à plus de vingt-
neuf millions d'âmes, cette vaste province va donc rester près d'un an, n'ayant pour vivre que le cinquième
de ce qu'elle consomme annuellement de grains. Notre

mandarin nous avoue flegmatiquement que la famine commencera vers le 1ᵉʳ décembre pour ne finir qu'à la fin de juillet. Nous lui demandons si, à sa connaissance, le gouvernement prend quelques mesures pour parer à cela. Il nous répond, avec un grand air de bonhomie, qu'en effet le gouvernement impérial s'est occupé de cette grave situation. Il a reçu l'ordre de Pé-kin de mettre le sequestre sur la réserve existant en magasin en forçant les commerçants, propriétaires de ces grains, à les vendre à deux tiers au dessous du cours au gouvernement. Depuis ce moment, la hausse a commencé, et l'on pourra bien gagner, dit-il, une dizaine de millions de taëls (quatre-vingts millions de francs) dans cette affaire.

Comme nous faisons connaître au mandarin toute la répulsion que nous inspire un acte de la sorte commis par un gouvernement, il paraît fort étonné de nos scrupules et finit par nous dire naïvement que l'on n'agit ainsi que pour avoir de quoi à payer les indemnités que nous réclamerons à la paix.

En continuant notre promenade, nous pouvons nous livrer à quelques observations sur le commerce des grandes villes en Chine; nous sommes en effet au centre de la ville, et c'est là que les commerçants et marchands chinois ont établi leurs boutiques et leurs magasins. D'abord, nous remarquons que les boutiques les plus nombreuses sont celles où l'on fait le change des monnaies. On comprend, en effet, que chez un

6.

peuple qui n'a que deux monnaies, le lingot ou sou-
lier d'argent, dont la valeur est de deux ou un taël, au
minimum, et les sapèques ou pièces de monnaie percées
au milieu d'un trou carré par lequel on les enfile en
chapelets, et dont il faut 3,600 pour faire deux taëls, on
comprend, dis-je, qu'on soit obligé d'avoir recours au
changeur pour tous ses achats.

Après les changeurs, ceux que l'on rencontre le plus
fréquemment, ce sont les épiciers : ceux-là vendent au
détail du thé, du sucre, du riz, des œufs, du tabac. —
Puis les marchands de bibelots qui sont en même temps
marchands de meubles et de bric-à-brac.

Les rôtisseurs viennent ensuite. Mais comment décrire un étalage de viandes inconnues, de poissons des-
séchés, de gâteaux rissolés et tout pétillants de la
graisse de porc dans laquelle ils viennent de rôtir ?
Quelle cuisine infernale et surtout odorante l'on fait
dans ces officines ! Une vingtaine de chaudières et de
fours sont employés constamment à fabriquer des beignets au poisson, des puddings jaunâtres que l'on
mange au bout d'une baguette et que l'on paye deux
sapèques le morceau. C'est qu'ici l'on vit à fort bon marché, ma foi ! et le lazzarone, avec un carlin, se trouverait plus riche en Chine qu'avec un ducat à Naples.

Mais passons vite ; de ces établissements culinaires
se dégage un fumet indéfinissable, et qui prend sur
le champ à la gorge des barbares. A côté du restaura-
teur est un établissement de thé ; on y boit la tasse de

cette chinoise boisson pour une sapèque. Les tables en sont toujours entourées de consommateurs. Les Chinois en effet ne peuvent rester plus d'un quart d'heure sans prendre le thé; il faut donc que, sur leur route, ils trouvent à chaque pas la faculté de satisfaire à ce besoin.

Les pharmaciens sont aussi fort nombreux. Leurs boutiques sont ornées d'une foule de vases et de bocaux, avec des inscriptions, comme chez les apothicaires de nos pays. Partout sont des affiches qui annoncent quelque médicament merveilleux : l'huile de Po-hio, souveraine contre toutes les maladies ; les pastilles de gin-sing qui se vendent au poids de l'argent et qui guérissent de la dyssenterie, les pilules rouges de Kian-tse, qui préservent des insolations, etc.

Du reste la plupart des médicaments chinois, nous dit-on, comme cela doit être chez un peuple ignorant de toute chimie, sont distribués sous forme de pilules. Nous avons acheté notamment des flacons de l'huile de Po-hio, pour avoir le prospectus qui l'accompagne. Ce document ne le cède en rien aux réclames similaires de nos marchands d'orviétan. Changez le mot de Po-hio en ceux de médecine Leroy, par exemple, et vous aurez la même phraséologie pompeuse, les mêmes promesses, les mêmes détails indécents et obscènes.

J'ajouterai que, chez tous ces marchands, nous avons remarqué une manière de règle-à-calcul, avec laquelle ils font rapidement tous leurs comptes. Cette règle con-

siste en une série de boules enfilées dans des tiges en
fer placées le long d'un tableau de bois, à peu près
comme les marques des billards. On fait, au moyen de
ces appareils, toutes les opérations de l'arithmétique.
C'est de plus, pour le marchand chinois, un grand
moyen de commerce que cet instrument de calcul. Si
vous lui demandez le prix d'un objet, il se met à ma-
nipuler ses boules pendant quelques minutes, inscrit
le résultat sur du papier, et, tout triomphant de la
preuve de conscience qu'il vient de déployer, il vous
déclare le prix définitif auquel il met sa marchandise.
De cette façon, il espère que vous êtes déjà convaincu
de la modération du prix et de sa justice; et puis, si
vous voulez en rabattre, il se retranche derrière l'in-
faillibilité de sa règle-à-calcul et la conscience de son
opération arithmétique.

Mais, parmi ces boutiques, celles que nous avons visitées le plus sont celles des marchands de fourrures,
très-nombreux dans Tong-Tcheou, dont la pelleterie est
en fort grande réputation dans le nord de la Chine. Dans
les premiers moments, on ne nous fait voir que les
fourrures communes et à bon marché; quand nous in-
sistons pour avoir des pelleteries plus rares et plus précieuses, on nous répond qu'il ne s'en trouve plus; cependant ce n'est qu'une fin de non-recevoir qu'inspire
à ces négociants notre qualité de barbares, soupçonnés
d'acheter tout sans payer, — à la foire *d'empoigne*, —
comme disent les troupiers. Mais, quands ils aperçoi-

vent le sac de piastres qui nous accompagne, porté par
un matelot, ils nous font signe de les suivre et nous
conduisent dans une arrière-boutique, où l'on étale
devant nous de fort belles pelleteries. Une fourrure
d'Astrakan, pouvant doubler une large douillette, nous
coûte 11 piastres (60 francs); une fourrure de martre
commune, 15 piastres; un petit gris, 7 piastres; l'her-
mine, ainsi que la martre, est plus chère, et la fourrure complète coûte alors 200 ou 300 piastres; l'astrakan
gris peut coûter 20 piastres au plus. Il y a aussi une
fourrure d'un noir brillant et aux poils longs et argen-
tés, que les Chinois nomment le dragon de mer : c'est
une sorte de castor, et le prix d'une fourrure en est de
300 piastres (1,800 francs). Mais les pelleteries dont on
fait le plus grand commerce à Tong-tcheou, ce sont d'é-
normes houppelandes fourrées de peaux de moutons,
aux laines longues et soyeuses, et dont le prix est de
3 piastres. Il est malheureux, par exemple, que les Chinois ne connaissent qu'imparfaitement les procédés de
tannage; car le cuir de toutes ces fourrures à bon
marché exhale une odeur infecte pour nous, mais dont
les habitants du Céleste-Empire ne paraissent pas s'a-
percevoir.

Nous terminons notre course à Tong-Tcheou, en passant près de la fameuse tour à onze étages, que l'on
aperçoit de deux lieues à la ronde. Ce monument, qui
paraît fort ancien et qui ne se recommande que par sa
hauteur, a pour base une espèce de chapelle, où com-

mence l'escalier qui mène au couronnement ; mais
l'état de dégradation où il se trouve empêche d'en af-
fronter les marches trop mobiles.

29 septembre. On a reçu encore une dépêche chinoise. On manifeste un grand désir de s'entendre ; mais
on fait observer que les prisonniers, en tant que personnages de distinction, comme les Chinois les savent
être, ne peuvent se rendre immédiatement, sans que l'on
se soit entendu sur les cérémonies qui doivent accompagner leur élargissement. Ceci cache un embarras
visible des négociateurs. Nous sommes de plus en plus
inquiets sur le sort de nos camarades, car cette tempo-
risation nous fait redouter que, les dernières violences
ayant été commises à leur égard, les mandarins ne soient
à bout d'expédients pour détourner notre colère. Avec
cette dépêche se trouvent deux lettres : l'une de M. Parkes, l'autre de M. d'Escayrac. Ces deux prisonniers annoncent qu'ils sont bien portants et sont traités avec la
plus grande humanité ; que, du reste, le prince Kong
est animé des meilleurs sentiments et ne désire rien tant
que la paix. Tout ceci est écrit en chinois par ces Messieurs, qui savent la langue ; mais, dans sa signature,
que M. Parkes a mise en caractères européens, il a écrit :
« Tout ceci est dicté, Lockes est avec moi. » Ce qui prouve
qu'ils ne sont pas tous ensemble ; et, jusqu'à présent,
il n'y a que ces trois existences qui soient hors de
doute.

La réponse aurait été que si, le 4 octobre, dernier délai, les prisonniers n'étaient pas élargis, on marcherait sur la capitale.

1er octobre. Le 102e au complet, un bataillon d'infanterie de marine, une batterie de douze et une section de fuséens sont arrivés ce matin de Tien-tsin, et nos forces sont à présent doublées. Cette colonne est commandée par le chef de bataillon Souville, en l'absence du colonel O'Malley, qui est gravement malade et vient d'être évacué sur Tien-tsin; et du lieutenant colonel Théologue à qui est échue la délicate mais distinguée mission de commander notre établissement à Tien-tsin. Le convoi de vivres et de munitions est aussi arrivé à Tong-Tcheou, et toute l'armée est occupée à transporter le matériel qu'il apporte de la ville au camp. Seulement la difficulté du déchargement de ces transports et de ces immenses approvisionnements a été bien simplifiée. Les habitants de Tong-Tcheou étant accourus sur les bords du Pe-ho pour contempler le spectacle, on les a requis lestement de prêter main-forte à nos hommes de corvée qui se seraient crus déshonorés de décharger et de porter des fardeaux en présence de ce peuple déguenillé, auquel ils payent sa complaisance de quelques sapèques reçues avec empressement.

Maintenant nous avons 300 coups par pièce, 1,000 cartouches par homme et 900 fusées incendiaires. Notre effectif est de 4,000 hommes. Quant aux vivres, ils sont loin de manquer, et jamais les soldats n'ont eu un ordinaire aussi somptueux. La solde est très-élevée et les volailles se vendent pour rien.

Les Anglais sont complets, comme nous, en hommes et en approvisionnements. Nous voilà près de dix mille soldats pourvus de tout. Les souffrances probables de nos compatriotes ont exalté tout le monde, et l'on attend avec impatience l'ordre du départ.

2 *octobre*. Grande reconnaissance anglo-française sur la route de Pékin. On s'est avancé jusqu'aux faubourgs, où on a laissé une partie des troupes. De là, un peloton de cavalerie, ayant à sa tête les officiers chargés de cette opération militaire, a galopé jusqu'aux murailles et s'est avancé sous une des portes de la ville. Les murs sont très-hauts et en bon état de conservation. Les portes présentent une maçonnerie massive et sont surmontées, au-dessus de leur voûte, par une sorte d'édifice-caserne où l'on aperçoit quarante-huit embrasures, mais pas de bouches à feu. La population a fait le vide devant les troupes et aucun acte d'hostilité n'a été commis par les Chinois, qui se pressent en foule, sur le haut des remparts, pour considérer les barbares.

CHAPITRE VII

Départ de Pa-li-kiao. — La Briqueterie.

4 octobre. L'armée est partie ce matin en trois colonnes : la première, qui marche par la route dallée, est composée de l'infanterie et des chasseurs ; la deuxième, qui a pris la route dite de Tartarie, comprend l'artillerie et les bagages ; la troisième, formée par le 102e, l'infanterie de marine et les matelots de débarquement, chemine entre les deux autres par des sentiers.

Tout ce corps d'armée doit rencontrer, à une lieue de là, l'armée anglaise, qui, la veille, a changé de campement et s'est logée sur l'autre rive du canal, en face de l'ancien emplacement qu'elle occupait. L'ambassade est prête au départ, elle aussi, et doit suivre la colonne d'artillerie. A neuf heures, nous traversons le pont, tout le personnel à cheval et l'ambassadeur seul en chaise. M. de V***, notre deuxième secrétaire, a enfin triomphé de la maladie qui l'avait atteint et dont le séjour à Pa-li-kiao a ralenti la marche un moment dangereuse. Nous traînons derrière nous quarante-quatre chariots attelés chacun de deux ou trois mulets, conduits par un Chinois. Ce sont toujours, du reste, les mêmes conducteurs qui nous suivent depuis Tien-tsin, et nous n'avons pas encore une désertion à constater. Toute cette cohue chinoise s'est habituée à nous et obéirait facilement si l'on pouvait seulement se faire comprendre d'elle.

Nous avons une compagnie d'infanterie d'escorte, dont une moitié sert de peloton d'honneur au baron Gros et l'autre forme l'arrière-garde derrière nos voitures. Quant à nos matelots et à nos domestiques, ils sont tous à cheval, sur des selles chinoises dont l'origine et l'acte de vente sont plus que douteux. Le plus gai de tous ces Messieurs, le plus alerte et surtout le plus pittoresquement habillé, est toujours M. J***, aide de camp de l'amiral Charner et détaché auprès de l'ambassadeur par son chef : coiffé d'un casque orné d'une plume de faisan et couvert de son *puncho*, souvenir d'une campagne dans les mers du Sud, il court et éclaire notre marche, tuant, chemin faisant, tout gibier, noble ou vilain, qui se présente à sa carabine. Tout ce monde, reposé par le séjour de deux semaines que nous avons fait à Pa-li-kiao, est joyeux et bien portant. Notre caravane présente donc un aspect satisfaisant, pittoresque même, que le docteur L***, notre dessinateur, s'empresse de croquer.

Nous n'avons pas longue étape à faire aujourd'hui : une lieue et demie seulement. Aussi sommes-nous vite arrivés à notre gîte, laissant l'armée continuer sa route vers la face sud de Pé-kin.

On dit que le plan du général en chef est de faire le tour de la capitale pour disperser toute armée qui aurait pris position autour de la ville, et ensuite d'entrer dans la ville si les circonstances l'y obligent.

La maison que nous occupions était hier le logement du général anglais sir Mitchells. Elle n'est ni spacieuse ni commode ; les gens du général l'ont même laissée dans un état assez triste, mais nous ne devons pas y rester longtemps. Les Anglais ont mis en réserve à côté de cette maison leurs gros bagages et leur grosse artillerie.

Quelque temps après notre installation dans cette demeure, nous recevons la visite du colonel de Balusek, qui vient encore une fois savoir des nouvelles. Comme il a habité Pé-kin pendant plus d'un an et par conséquent le connaît à fond, nous acceptons sa proposition de nous conduire à une briqueterie située sur la route suivie ce matin par l'armée, et dont les fours sont assez élevés pour que l'on puisse de leur sommet embrasser le coup d'œil de la capitale vue à vol d'oiseau.

En arrivant à cette briqueterie, après une course de deux lieues, nous apercevons le haut des fours couronné de soldats anglais et français. Chacun se montre les monuments de la ville fantastique, où si peu d'Européens avaient pénétré jusqu'ici, et qui va s'ajouter à la longue liste de celles où a flotté notre drapeau. Pé-kin ! Pé-kin ! tel est le cri qui sort de toutes ces poitrines, à la vue de la cité inconnue et gigantesque, comme Moscou! Moscou! fut le cri qu'arracha aux soldats de la grande armée la vue des coupoles du Kremlin dorées par le soleil couchant. Après avoir conduit M. de Balusek chez lord Elgin et chez le général de Montauban, qui loge dans cette briqueterie même, — car, ne trouvant personne pour lui disputer le passage, il a pris le parti de camper en cet endroit jusqu'au lendemain, — nous montons avec notre camarade russe sur un de ces points culminants et nous jouissons à notre tour du panorama.

Nous sommes donc devant Pé-kin! Ce que nous voyons en face de nous, cet amas de maisons, d'édifices, de murailles, s'étendant jusqu'au pied des montagnes qui terminent l'horizon, tout cela s'appelle Pé-kin! Nous avons devant les yeux cette cité gigantesque qui cache trois villes et un palais dans son enceinte, cette cité mystérieuse que, dans nos langues européennes, on prend comme symbole de l'impossible et de l'inconnu! Et nous la voyons comme nos pères ont vu Vienne, Berlin et Moscou! Un instant nous sommes fiers et satisfaits de nous-mêmes. Mais, faut-il l'avouer! ce moment de satisfaction qu'éprouve tout homme à l'aspect d'une rareté que peu de gens ont vue avant lui, ce moment de satisfaction est pour moi bien passager, et le sentiment d'enthousiasme que je ressens est bien faible. Depuis huit mois que nous avons quitté notre chère patrie, nous nous sommes familiarisés avec l'idée

de notre entrée triomphale dans ces murailles, jusque-
là inviolables pour les barbares et inviolées par eux.
Et cette conviction était si formée et si pleine chez nous,
que personne n'avait pu se figurer un traité conclu à
Tien-tsin. Comme le disaient les soldats, il était impossible qu'on n'allât pas à Pé-kin ; sans cela l'Empereur n'aurait pas fait faire six mille lieues par eau à ses
troupes de terre. C'était encore guidés par cette idée,
qu'en débarquant à Tche-fou, sur le sol chinois, ils
avaient élevé un poteau sur lequel ils avaient écrit ces
mots : *Route impériale de Paris à Pékin.* Ils avaient
alors raison, dans leur bon sens instinctif, contre toutes
les suppositions permises. Et voilà qu'aujourd'hui,
suivant leur prophétie, nous étions arrivés à la dernière
étape de cette longue route, dont, à si peu de jours de
là, nous devions franchir la dernière borne kilomé-
trique : la porte de Pé-kin!....

M. de Balusek nous montre et nous fait connaître les
divers points de la ville que nous pouvons apercevoir.
D'abord, il nous désigne la partie de Pé-kin dont nous
sommes le plus rapprochés : c'est une des portes du
côté est et celle qui se trouve le plus rapprochée du
sommet de l'angle nord-est de l'enceinte. Nous remarquons aussi les créneaux des murailles et les postes-
casernes qui surmontent les portes.

Dans la ville, ce qui attire l'œil du premier coup,
c'est la montagne artificielle avec ses cinq kiosques-
pagodes. Puis à côté, le sommet de la pagode en marbre

blanc qui se trouve dans le palais impérial, dont on distingue la crête des murailles avec ses tuiles jaunes resplendissant au soleil.

A côté de ces points culminants et principaux viennent se grouper les toits, jaunes aussi, des différents édifices impériaux, les sommets des principales pagodes de la ville, et au milieu de tout cela les portes de l'enceinte qui sépare la cité chinoise de la cité tartare. Mais ce qui attire surtout notre attention, c'est que de place en place on découvre parfaitement, sur les murailles, de petits drapeaux blancs, signes de capitulation peut-être. Cela confirme l'opinion que les habitants auraient bien pu forcer les mandarins à se rendre, pour éviter le sac et la destruction, car déjà, pendant que nous étions à Pa-li-kiao, les deux ambassadeurs avaient reçu une supplique des principaux commerçants chinois qui imploraient la clémence des vainqueurs. Ils déclaraient même consentir à se charger de la nourriture et de l'approvisionnement de nos cent mille[1] hommes,

[1] Le chiffre de 100,000 hommes, contenu dans la supplique chinoise, était l'expression de l'opinion que les Chinois se faisaient de nos forces. Soit que ces bonnes gens manquassent de coup d'œil et que le nombre de nos tentes leur parût considérable, à eux dont les miliciens campent quarante sous un abri semblable à celui de nos soldats; soit encore que les mandarins, pour excuser leurs défaites, eussent exagéré le chiffre de nos troupes aux populations, il n'en est pas moins vrai que, dans maintes circonstances, des Chinois de bonne foi nous ont assuré qu'ils nous croyaient bien 100,000 hommes au moins dans notre armée alliée.

durant leur séjour à Pé-kin, si l'on voulait respecter leurs biens. Mais que la ville se rende ou non, demain matin, l'armée partira du bivouac de la briqueterie, puis continuera sa marche et ira se poser devant la face nord de Pé-kin, qui alors sera coupé de ses communications avec la Tartarie.

De retour chez nous, après cette attachante excursion, nous sommes fort étonnés de trouver nos voitures parquées en demi-cercle, le timon en dedans, devant la porte principale de notre maison. En entrant, nous apercevons des échelles placées à chaque coin des murailles, pour donner un accès sur les toits. Des barricades avaient été faites avec des meubles là où les clôtures étaient interrompues. Bref, la maison avait été mise sur un pied complet de défense, conformément à toutes les prescriptions de l'art militaire et l'on avait distribué à chacun son poste de combat, comme l'on fait à bord, aux matelots, dans les exercices d'abordage et les branle-bas de combat.

Nous demandons la cause de cet appareil belliqueux auquel nous étions loin de nous attendre. Il paraît que l'officier anglais qui commande le camp voisin est venu prévenir l'ambassade, pendant notre absence, que la veille, des sickhs, placés en vedette, avaient vu rôder dans les environs des partis de cavalerie ennemie. En conséquence, et se trouvant isolé comme nous, il a flanqué son camp de pièces d'artillerie et en a garni les approches avec des abatis. Ce zèle a été imité par les nôtres, et déjà les bases d'une défense combinée ont été posées.

Pour moi, je ne partage pas ces appréhensions, et je souris à la vue de tout cet attirail de guerre. J'ai appris, en effet, de la bouche du général en chef, que pendant toute la matinée, l'avant-garde a poussé devant elle quelques pelotons de cavaliers ennemis qui, à son approche, se repliaient vivement sur Pé-kin. Du reste, notre position n'est pas si périlleuse : à une lieue sont les troupes qui gardent la position de Pa-li-kiao ; à deux lieues, campe l'armée tout entière, et nous avons près de nous mille Anglais avec des canons. Enfin, le général de Montauban est trop prudent pour nous laisser une seule nuit dans un endroit qu'il croirait être dangereux.

Avec une pareille disposition d'esprit à se croire environnés de dangers, il n'est pas étonnant que quelques-uns d'entre nous se récrient quand j'annonce que par ordre du général en chef, je suis chargé d'inviter l'ambassadeur à venir occuper demain matin la briqueterie où l'armée laisse tout son gros bagage avec une très-forte arrière-garde. On argue du danger de traverser les deux lieues de pays qui nous séparent de ce point, alors que l'armée l'a abandonné pour marcher en avant, ce qui nous fait voyager dans un espace découvert et dangereux. Heureusement que l'ambassadeur, resté étranger à ces petites luttes intestines, tranche la question et donne l'ordre de se préparer à partir demain matin.

Cependant toute la nuit on a allumé du feu, on a

veillé et fait des patrouilles. Mais rien n'a bougé aux environs et le pays est resté tranquille de tous les côtés, de façon que tout le monde a très-bien dormi.

5 *octobre.* C'est encore sans la moindre attaque et sans avoir aperçu la moindre silhouette de cavalier tartare, que nous arrivons à la briqueterie, où nous nous partageons les logements exigus qu'avaient occupés avant nous le général en chef et son état-major particulier. Aussitôt installés, tous ceux d'entre nous qui n'avaient pas été du voyage de la veille, font l'ascension du four à briques et vont admirer le panorama de Pé-kin. Tout le monde a l'oreille au guet, car on s'attend à un engagement pour la journée ; mais rien ne vient troubler le silence des lieux qui nous environnent.

La briqueterie où nous sommes et quelques-unes contiguës, occupées par les troupes anglaises, appartiennent au domaine privé de l'Empereur, qui les sous-loue à un industriel moyennant un bon revenu. Chacune des briques qui sort des fours de Sa Majesté chinoise est marquée d'un chiffre particulier ; ce qui, je pense, a pour but de faire reconnaître les constructeurs récalcitrants qui ne voudraient pas employer les produits fabriqués dans les usines du souverain.

Quelques-uns de ces Messieurs ont été faire une excursion tout près de notre campement. Ils ont rencontré en maints endroits les faces patibulaires de ces corbeaux, comme les soldats les appellent, qui se sont

7.

attachés à nos pas et qui sont devenus plus nombreux que jamais, à présent qu'ils ont en perspective le pillage de la capitale. Le docteur L*** qui faisait partie de la petite troupe et qui s'en était écarté un instant, a été attaqué subitement à coups de pierre par une vingtaine de ces bandits, qui ont essayé de lui couper la retraite. Mais il avait avec lui son revolver, et, se voyant pressé, il en a tiré deux coups dans le groupe, qui s'est aussitôt dissipé comme par enchantement. On s'est empressé d'envoyer une patrouille dans le chemin où a eu lieu cette attaque, mais on n'y a plus trouvé personne. De leur côté, les Anglais ont saisi quelques-uns de ces malfaiteurs et en ont passé une douzaine par les armes.

6 *octobre.* La nuit s'est écoulée, comme la journée de la veille, sans que nous apprenions aucune nouvelle de l'armée. Mais au réveil on a entendu le canon dans la direction du nord de Pé-kin. — C'est un engagement! s'écrie tout le monde...... et aussitôt les sommets des fours à briques se couvrent de curieux armés de leurs longues-vues. Mais le canon s'arrête tout d'un coup par ne plus se faire entendre, et l'on a compté 21 détonations....... Ce n'était donc pas un engagement. c'était un salut, une salve d'honneur. Et là-dessus les conjectures d'aller leur train. L'un prétend que c'est la prise de la ville qu'on a célébrée, l'autre que le prince Kong ayant été faire une visite au camp des alliés, il a eu, en sa qualité de prince du sang, les honneurs

réglementaires de 21 coups de canon. Quoi qu'il en soit, les nouvelles n'arrivent pas encore, et nous nous couchons sans savoir ce qui s'est passé.

7 octobre. Enfin les nouvelles nous sont arrivées. Elles sont portées par deux officiers anglais qui viennent de l'armée et vont transmettre l'ordre aux bagages anglais de rejoindre le gros de leurs forces.

Voici le résumé des événements :

Le 5, les armées alliées ont poussé leur marche vers le nord, mais sans trouver l'armée tartare, à la recherche de laquelle elles marchaient. Un peu avant le soir, l'armée anglaise a été séparée de l'armée française par une fausse route qu'elle a suivie. L'armée française a continué sa marche jusqu'à sept heures du soir, et s'est arrêtée à un village qu'elle apercevait depuis quelque temps.

Ce village c'est Ra-tien..... Ra-tien, le Versailles de la Chine. Et le palais d'été, le palais d'Huyen-mi-nu-hien se trouve dans le voisinage.

Une fois entrées dans Ra-tien, nos troupes se sont dirigées sur le palais, et leur avant-garde, composée des matelots de débarquement, a été reçue, en débouchant sur la place principale du château, par une fusillade bien nourrie, partant des portes du palais.

Nos marins n'ont été qu'un instant à enlever cette porte, malgré la résistance, dans l'intérieur, des Tartares qui la défendaient vigoureusement et qui se sont tous fait tuer, après nous avoir blessé une dizaine de matelots et deux officiers de marine, M. de Pina, officier d'ordonnance du général en chef, et M. Vivenot, aspirant de *la Nièvre*.

Voilà comment une heureuse circonstance nous a rendus maîtres de ce séjour favori du Fils du Ciel !

On a parcouru les premières salles du palais qui forment les habitations de la famille impériale, la salle du trône, etc., et l'on a trouvé tout intact, mais complétement abandonné. Le palais est immense, et autour de lui se trouvent plusieurs autres châteaux, moins importants en apparence, et probablement le séjour des princes du sang et des premiers officiers de la couronne. Ces habitations sont séparées entre elles par d'immenses et splendides parcs.

Dans la matinée du 6, l'armée anglaise qui a passé la nuit à une lieue de Ra-tien, partagée en deux fractions égarées l'une de l'autre, a tiré le canon pour se rallier et faire connaître sa position. Quelques heures après, la réunion s'est opérée, et nos alliés sont venus à leur tour camper auprès du palais d'été.

Les deux officiers anglais qui nous annoncent ces événements, nous émerveillent par les récits qu'ils nous font des immenses richesses trouvées dans les demeures impériales. L'armée serait-elle, disent-ils, dix fois plus nombreuse, il y aurait encore de quoi enrichir tous ceux qui la composent, et les trois cents bâtiments à l'ancre dans le golfe du Pe-tche-li seraient à peine assez nombreux pour emporter toutes les merveilles de ce palais enchanté. Malheureusement les voitures manquent : presque tous les bagages sont avec nous à la tuilerie, et les soldats qui auront une marche à faire, en quittant ce palais d'été, auront de la peine à rapporter du butin, en sus des vivres et des munitions qu'ils portent dans leur sac.

Après ces renseignements sommaires, les deux Anglais remontent à cheval et piquent des deux dans la direction de Pa-li-kiao, pour accomplir leur mission.

A peine étaient-ils partis que nous recevons une autre visite. C'est celle de M. de Wolf, secrétaire de l'ambassade russe. Il vient auprès du baron Gros, envoyé par le général Ignatieff, qui réside toujours à Tong-Tcheou, pour s'enquérir de la marche des événements. Il a rencontré en chemin nos deux visiteurs anglais de tout à l'heure qui lui ont indiqué l'endroit où doit camper l'armée anglaise, partie ce matin de Huyen-mi-nu-hien; et, après sa visite à l'ambassadeur, il se rend chez lord Elgin, porteur de commissions verbales du chef de la légation russe, pour le commissaire britannique.

C'est à qui accompagnera M. de Wolf au camp anglais, tant la solitude et l'isolement dans lesquels nous vivons depuis notre arrivée à la briqueterie, pèsent sur tout le monde. Le docteur L*** et M. J***, obtiennent seuls de l'ambassadeur la permission de faire cette promenade. Quant aux autres, leur présence est nécessaire ici, car, d'un moment à l'autre, on peut recevoir du quartier général un avis de se déplacer.

Au retour de ces Messieurs, que nous ne revoyons

qu'à six heures, nous nous précipitons au-devant d'eux pour connaître les nouvelles si impatiemment attendues. Elles étaient, de fait, pleines d'intérêt, mais d'un intérêt lugubre.

Nos tristes prévisions sur le sort des prisonniers s'étaient en partie réalisées et confirmées.

Ce jour-là même, au moment où nos amis étaient au camp anglais, le gouvernement chinois venait de faire conduire aux avant-postes nos compatriotes. Mais hélas! sur trente-deux qui manquaient, on n'en rendait que dix-huit..... Dubut, Grandchamp, Adair, le Père Deluc, n'étaient pas là. Et les Anglais, eux aussi, ne voyaient venir ni notre pauvre ami de Nordman, ni Bowlby, ni Henderson, ni Brabanson. On n'avait rendu que M. d'Escayrac, M. Parkes et M. Locke, avec la plus grande partie des soldats français et des sickhs faits prisonniers en même temps que ces Messieurs.

C'étaient donc quatorze Européens qui manquaient à l'appel; et la dépêche que le gouvernement chinois avait envoyée, en rendant les autres, portait que : « Malheureusement plusieurs de nos compatriotes avaient succombé à des maladies causées par les fatigues, et que l'absence de médecins européens avait empêché de soigner comme on l'aurait désiré. »

Mais les renseignements que donnent les captifs rendus à la liberté, nous édifient complétement sur la conduite des mandarins dans ces tristes circonstances.

On comprend, en effet, qu'après le premier moment d'effusion et de reconnaissance, les pauvres gens furent assaillis de questions. A peine avaient-ils la force de répondre : ils étaient exténués de fatigues et de privations. Leurs vêtements leur avaient été enlevés et remplacés par d'informes guenilles chinoises; tous avaient encore les mains et les poignets blessés par les liens qui, depuis le commencement de leur captivité, les avaient tenus enchaînés.

Entre tous, M. d'Escayrac a été le plus maltraité. Les tortures morales et physiques avaient réagi sur lui, au point de lui faire perdre cette force morale et cette énergie si frappantes chez lui. Au moment où il rencontra les premiers Européens, la voix lui manquait, ses yeux étaient hagards, il ne reconnaissait plus personne.

Les soldats français qui l'accompagnaient, au nombre de quatre, étaient comme lui méconnaissables : et certes, quiconque les eût vus à ce moment les eût pris pour quelques-uns de ces bandits chinois à qui nous préparions les voies du pillage et de la rapine.

Mais ce qui était plus pénible à envisager que cet état d'atonie et de faiblesse, chez M. d'Escayrac, c'était le cruel état de ses poignets. La place où furent ses liens était marquée par deux larges plaies où la gangrène, assurait le docteur L***, était sur le point de survenir. Les muscles et les tendons fléchisseurs avaient été tellement comprimés que les deux mains et les avant-bras s'étaient, par un mouvement de contraction, arrondis intérieurement sur eux-mêmes, et ne pouvaient plus reprendre leur flexibilité normale. Quant aux doigts, ils étaient incapables de tout mouvement. Les soldats prisonniers avaient eu à subir une captivité moins cruelle : sans doute, les Chinois s'apercevant que c'étaient des gens de peu d'importance, avaient concentré toute leur rage sur ceux qu'ils savaient être des officiers et des gens d'un rang élevé parmi nous. Voici les détails que donna M. d'Escayrac sur les événements à lui personnels.

Le jour du combat de Chang-kia-ouan, il sortit du miao où tous les Européens avaient passé la nuit, vers neuf heures du matin, et trouvant tous ces Messieurs partis, il alla se promener dans le faubourg où était située sa demeure.

A peine avait-il fait quelques pas qu'il s'aperçut que le peuple le suivait en assez grand nombre. Il ne s'inquiétait pas de cette démonstration, l'attribuant à la curiosité qu'il pouvait exciter en sa qualité de barbare ; mais le rassemblement grossissait toujours et il entendait[1] pousser des cris assez féroces contre sa per-

[1] M. d'Escayrac, que tout le monde connaît pour un de nos plus intrépides voyageurs dans l'Afrique centrale, est aussi célèbre parmi les savants, ethnographes et philologues, pour la facilité avec laquelle il a appris et retenu les idiomes des différentes nations africaines chez lesquelles il s'est trouvé. — A peine arrivé en Chine, il s'isola du reste des Français composant l'expédition, s'installa à Shang-Haï avec un lettré qu'il prit pour professeur, et se mit à

sonne, témoignant des intentions hostiles de cette populace à son égard. Au moment où il se retournait pour prendre le chemin du miao, la route lui fut barrée. Il voulut se servir de sa canne et de ses poings pour se frayer un passage et intimider les Chinois par une attitude ferme et décidée. Mais rien de tout cela ne lui réussit : il se trouvait un contre mille et ses agresseurs, enhardis par cette supériorité écrasante du nombre sans laquelle ils n'auraient rien entrepris contre un Européen, et sachant d'ailleurs que d'autres étrangers avaient été arrêtés ce matin-là, se saisirent de sa personne et le conduisirent, en l'accablant de violences de toutes sortes, dans le prétoire d'un mandarin du voisinage.

Là il trouva le soldat qui lui servait d'ordonnance, son lettré et son cuisinier chinois, qu'on venait d'amener en même temps que lui devant ce magistrat. M. d'Escayrac entama le dialogue avec lui, protestant contre

étudier la langue chinoise que nos meilleurs interprètes, au bout de quelques années de travail, ne connaissent encore qu'imparfaitement.

La facilité qu'avait M. d'Escayrac pour l'étude des langues ne se démentit pas lorsqu'il aborda l'étude de l'idiome mandarin. Au moment où il fut fait prisonnier, il avait fait des progrès qui étonnaient les sinologues des deux ambassades. C'est à ce commencement d'étude de la langue chinoise que M. d'Escayrac dut d'être choisi, par les mandarins, comme négociateur intermédiaire entre eux et les Européens. Il est certain que le peu qu'il en parlait ne laissa pas que de lui être très-utile pendant sa captivité.

la violence dont il était l'objet, et menaçant ceux qui attentaient ainsi à sa liberté, de tout le poids de la colère de ses compatriotes. Ses réclamations furent accueillies par des insultes et de nouveaux outrages, et le mandarin ordonna qu'on le transportât à la prison qui lui serait assignée par le prince de I, toutefois après avoir fait asséner sur les cuisses plusieurs coups de rotin, à lui et à ses gens.

En sortant de ce prétoire, M. d'Escayrac fut mis, pieds et poings liés, dans une voiture où l'on avait planté des clous. Chacun de ses compagnons fut placé de même dans une charrette, excepté le lettré chinois contre lequel la fureur populaire s'exerçait avec le plus d'animation : on le pendit par les pieds et par les mains à un fort bambou, porté sur les épaules de deux hommes, absolument comme un porc récalcitrant que les paysans amènent à la foire.

Ce fut dans cet état que le cortége de ces infortunés traversa la ville de Tong-Tcheou, chacun d'eux ayant à subir mille vexations de la part de ceux qui les conduisaient aussi bien que des énergumènes qui les poursuivaient en hurlant. On s'approchait d'eux, à chaque instant et, après quelque bonne insulte, on leur arrachait un poil de la barbe, ou bien on leur plaçait sur la peau une de ces allumettes que les Chinois ont sur le seuil de leur porte et sur le devant de leurs boutiques.

Une fois sortis de la ville, on les conduisit sur une

route dont ils n'avaient pu vérifier la direction. Enfin, dans la nuit, ils entrèrent dans une ville qui n'était autre que la capitale, et aussitôt après leur arrivée, on les conduisit de nouveau dans un prétoire, devant un mandarin dont le globule rouge annonçait un rang élevé.

Des mots de supplice et de mort furent prononcés pendant cet interrogatoire et entendus par M. d'Escayrac. Il crut bien, à ce moment, que tout était fini pour lui et pour ses compagnons, à qui il fit part de ses appréhensions à ce sujet et qu'il excita à mourir avec courage et dignité, pour ôter à leurs bourreaux le triomphe qu'ils recueilleraient d'une seule larme versée ou d'une plainte proférée.

Mais le fatal moment n'était pas venu pour eux. Après cet interrogatoire et la fustigation d'office qui le suivit, ainsi que cela se pratique dans tout prétoire de mandarin, on les conduisit dans une prison déjà habitée par des malfaiteurs chinois, au milieu desquels on les jeta pêle-mêle, mais en ayant soin de leur laisser leurs liens et de les assujettir au sol et au mur au moyen d'une chaîne et d'un carcan en fer.

Là commença, pour nos compatriotes, une série de souffrances patiemment supportées mais qu'ils désiraient bientôt voir se terminer par la mort. Ils n'espéraient plus, les malheureux!.. Un instant ils avaient cru à un heureux dénoûment de cette catastrophe. Pendant qu'on les conduisait dans les charrettes, ils avaient été

croisés par des cavaliers tartares fuyant au grand galop
et poussant des cris de terreur. M. d'Escayrac pensa
que c'étaient des cavaliers pressés par les nôtres,
et il se mit à crier de toutes ses forces, en anglais et en
français, pour appeler à lui du secours. Mais aux
premiers cris qu'il jeta, il fut roué de coups par les
gens qui l'escortaient, et d'ailleurs les voitures firent
volte-face et prirent une direction différente de. celle
qu'on avait suivie jusqu'à ce moment.

Ce fut là le seul instant pendant lequel ils entre-
virent une lueur d'espoir.

On les laissa pendant quelque temps en prison, sans
leur donner de nourriture, sans relâcher leurs chaînes,
dans l'état le plus révoltant qu'on puisse imaginer.

Heureusement, les Chinois qui partageaient avec eux
ce séjour de misères prirent pitié d'eux, et s'épuisèrent
en généreuses tentatives pour soulager un peu ces
hôtes nouveaux. Étrange solidarité que ces criminels
s'attribuaient avec ceux qui, dans leurs idées chinoises,
étaient si inférieurs à eux ! La communauté des souffrances et de l'abjection avait réveillé chez ces assassins
et chez ces malfaiteurs des sentiments de compassion
et de bienveillance, que les Chinois qui n'étaient pas en
prison — et qu'on appelait pour cela des honnêtes gens,
— se seraient bien gardés de concevoir pour nos compatriotes.

Toujours est-il que ce fut à leurs compagnons de chaînes que M. d'Escayrac et les autres Français durent de ne

pas mourir de faim et de douleurs. Les forçats chinois, criminels philanthropes, si je peux m'exprimer ainsi, partageaient avec eux les pommes, le riz et le thé qui formaient leur maigre pitance journalière ; et jusqu'aux pipes et au tabac, ils avaient fait part de tout ce qu'ils possédaient à leurs voisins barbus. Eux, qui n'étaient pas enchaînés, s'approchaient de nos camarades pour soutenir leurs fers et les aider à changer de position leur corps endolori. Enfin, lorsque la rapacité de leurs geôliers les eut dépouillés des vêtements européens qu'ils portaient, ce fut encore à la générosité de ces convicts du Céleste-Empire, écume de la population d'une capitale, qu'ils durent les quelques loques qui les couvraient lorsqu'ils reparurent parmi nous.

Mais au bout de quelques jours, M. d'Escayrac quitta momentanément sa prison pour paraître devant un haut personnage. Il fut traité là avec assez de bienveillance, etc'est alors qu'on lui fit signer la lettre transmise aux ambassadeurs, on se le rappelle, pendant notre séjour à Pa-li-kiao.

Au retour de cet interrogatoire, on adoucit envers lui et ses compagnons le système de rigueurs dont on ne s'était pas départi à leur égard depuis leur entrée en prison. On leur ôta leurs carcans pendant quelques heures de la journée, on leur distribua quelques bribes de nourriture, et les adoucissements au système primitif s'augmentèrent de jour en jour. C'est qu'à ce moment les mandarins se trouvaient dans une situation plus précaire que jamais. Les circonstances qu'ils avaient compté exploiter auprès de nous, en leur faveur, avaient mis, au contraire, le gouvernement chinois dans le voisinage de sa ruine; et tout ce qu'ils avaient exercé de représailles contre les prisonniers tombés entre leurs mains, n'avait servi qu'à augmenter le péril de leur propre situation.

Ce furent ces considérations qui les portèrent à ne pas différer la remise de ceux qui restaient vivants dans les prisons, aussitôt que l'arrivée des alliés devant Pé-kin ne leur permit plus de conserver de doutes sur la sincérité des intentions manifestées par les ambassadeurs dans leurs dépêches.

Quant aux prisonniers anglais rendus à la liberté, il y en avait un que son énergie indomptable, sa noble fierté d'Anglais, et sa connaissance parfaite des affaires et de la langue chinoises, avaient sauvé des mauvais traitements, lui et son compagnon de captivité, M. Locke. J'ai nommé l'honorable et courageux M. Parkes. On se souvient de ce qu'il avait dit à un membre de notre ambassade, le 18, lorsqu'il le rencontra au milieu de l'armée ennemie. Tout ce qu'il avait annoncé devoir faire, fut exécuté consciencieusement. Il avait couru chez le prince de I, qu'il avait accablé de menaces et de reproches. Mais il n'avait pas retrouvé ses compatriotes, et on l'avait traîné en prison, en compagnie de M. Locke et de quelques sickhs qui l'escortaient.

Pendant tout le temps que dura sa captivité, il était conduit chaque jour devant des personnages des plus importants, et tous il les bravait et les défiait, leur faisant comprendre que l'honneur et la dignité de la nation anglaise exigeaient qu'on l'abandonnât à son sort, quelque malheureux qu'il pût être ; mais qu'il lui était indifférent qu'on le traitât de telle ou telle façon, car il savait que le châtiment serait prompt et terrible.

Un jour entre autres, il fut amené devant San-ko-lin-sin. Le prince tartare lui ordonna de s'agenouiller et de se prosterner neuf fois devant lui. Il refusa fièrement, mais huit satellites du prince se précipitèrent sur sa personne, et lui firent exécuter les prostrations auxquelles il s'était refusé. Ce fut surtout à ce personnage que M. Parkes fit entendre les paroles les plus menaçantes, et qu'il témoigna le plus de mépris pour le gouvernement chinois.

Cette virile et noble conduite, jointe à la logique des événements qui devenaient inquiétants, ébranlèrent le cabinet de Pé-kin, et les derniers jours de la captivité ne furent pas trop cruels pour les deux gentlemen.

C'est en vain cependant qu'Anglais et Français essayèrent d'avoir des renseignements sur le sort de leurs autres compagnons d'infortune. Les mandarins se refusèrent constamment à toute communication de ce genre. On ne sut ce qui s'était passé que lorsque les sickhs pris en compagnie de Nordman, Bowlby et Henderson, furent rendus à la liberté.

Ces robustes enfants de l'Inde, que leur obscurité et leur rang infime préservaient de la dangereuse attention des mandarins, avaient presque tous résisté aux souffrances de la prison. Mais il n'en avait pas été de même de leurs chefs qui, moins endurcis peut-être, mais certainement plus maltraités, n'échappèrent pas à une mort cruelle et ignominieuse.

Pour ceux-là on n'avait épargné aucune torture. Je ne citerai qu'un raffinement de la cruauté chinoise. — Dans le but de rendre leurs liens plus douloureux, chaque jour on les humectait d'eau fraîche, de façon que le chanvre, en se desséchant, se resserrât davantage. Aussi les blessures faites aux poignets de ces malheureux devenaient-elles plus graves de jour en jour. La gangrène se mit à leurs plaies, et tous les trois périrent dans d'atroces souffrances, livrés, avant la mort, à la corruption cadavérique.

Bowlby, le premier, démoralisé et délicat, rendit le dernier soupir. Nordman, vigoureux et tenace, résista plus longtemps; mais à la fin il expira, rongé par les vers qu'engendraient les plaies putrides dont son corps était couvert. Il paraît qu'avant de mourir, ne pouvant plus supporter la souffrance, il conjura un des sickhs qui se trouvaient là, de venir couper avec ses dents les cordes enfoncées dans sa chair. Celui-ci se rendit à la prière de son chef, et en mâchant les liens, il allait réussir à les couper : mais, au milieu de sa triste opération, il fut surpris par un des gardiens de la prison. Peu s'en fallut, à ce moment, qu'il n'expirât lui-même sous les coups de rotin qu'on lui distribua, pour le détourner, à l'avenir, de rendre de pareils services.

Quant à Dubut et à Grandchamp, au Père Deluc et à Brabanson, on ne savait rien sur leur compte ; et pour ce qui était du sort de M. Adair, il avait dû être massacré par les Tartares qui l'avaient arrêté en même temps que le colonel Rose. La dépêche chinoise qui avait précédé la mise en liberté des autres captifs, ne faisait aucune mention de ces cinq victimes. Cependant le docteur L*** et M. J*** ont appris au quartier général anglais que, parmi les objets qui frappèrent les yeux lorsqu'on entra dans la salle du trône, on distingua une selle anglaise, une paire d'épaulettes et un caban qui furent reconnus comme ayant appartenu au colonel Grandchamp ; et aussi un revolver un carnet de poche que l'intendant Dubut portait avec lui. A ces indices devait-on conclure que les infortunés avaient été conduits au palais pour être montrés à l'Empereur? ou bien, qu'après leur mort, on avait envoyé à la cour ces tristes dépouilles comme des objets de haute curiosité? Ce ne fut que plus tard qu'on put se former une opinion à cet égard.

Telles étaient les nouvelles que nous rapportaient ces Messieurs. On peut juger que l'impression qu'elles nous laissèrent était triste et lugubre. Devant de tels

crimes, on ne trouvait pas que la punition infligée par
la prise de la résidence impériale fût suffisante. L'indignation s'exhalait de toutes les poitrines en même
temps que de sombres menaces que l'on verra mises
bientôt à exécution par les Anglais, plus impitoyables
que nous.

CHAPITRE VIII

Départ de la Briqueterie. — Arrivée à la
Lamaserie devant Pé-kin.

8 *octobre*. Nous quitterons donc cette maudite briqueterie où nous sommes restés loin des événements les
plus importants, sans nouvelles, sans communications,
passant à chaque instant d'une hypothèse à l'autre sur
les évolutions probables de l'armée. Ce matin, avant
trois heures, est arrivé le capitaine d'état major Forster : il apporte à l'ambassadeur une invitation du général en chef de venir le rejoindre au bivouac qu'il
occupe depuis hier, jour où il a abandonné le palais.
Nous sommes tous préparés à partir ; malheureusement
il n'en était pas de même des nombreux bagages qui
doivent nous suivre ; et ce n'est que vers neuf heures
du matin que notre impatience se voit contentée, lorsqu'on donne le signal du départ.

Le capitaine Forster, qui est attaché à la brigade
topographique, a en main un excellent plan de Pé-kin
et de ses environs, qu'il a copié sur la carte levée et

dessinée par le général Ignatieff, officier d'état-major, lui aussi. J'avais déjà vu cet admirable travail, qui se recommande aux géographes par son exactitude et les détails curieux qu'il contient sur Pé-kin et le pays d'alentour à cinq lieues à la ronde, — en même temps qu'il charme les yeux des connaisseurs par la remarquable exécution du dessin topographique.— Avec de si précieux documents, nous ne ferons pas fausse route, en dépit des innombrables sentiers qui se croisent autour de nous. Toute autre colonne se fût perdue dans ce pays coupé et inextricable : et c'est précisément ce qui est arrivé à une compagnie de chasseurs à pied que le général en chef a envoyée au-devant de nous pour éclairer et escorter notre marche. Nous la rencontrons à moitié chemin, tout près de l'angle N.-E. de Pé-kin, dans un champ où elle a bivouaqué cette nuit. A ce moment nous nous trouvons au nord de la ville, et la route que nous suivons court parallèlement à la face nord des murs de la cité tartare. De plus, elle est bordée par une forte levée en terre, espèce de vallum, qui sert d'ouvrage avancé pour la défense de la ville. Cette ligne continue de retranchements est à environ un kilomètre de Pé-kin, et l'espace qui règne entre elle et les murs est occupé par des cimetières tartares et des cantonnements de cavalerie, abandonnés pour le moment.

Arrivés à hauteur du milieu de la face nord du rectangle des fortifications, nous suivons une nouvelle route, celle de Tartarie, qui conduit de Pé-kin à Mougden. On voit bien que ce chemin est souvent parcouru par l'Empereur et les princes de sa famille : il est bien ferré, planté d'ormes séculaires, et la chaussée, bombée en dos d'âne, est bordée d'accotements de 10 mètres de largeur, où l'on a pratiqué un fossé non interrompu pour l'écoulement des eaux.

C'est sur cette route et à 2 kilomètres de Pé-kin, que se trouve le petit hameau (en France un gros village), où le général en chef a assis le camp de son corps d'armée.

Le général demeure dans une maigre pagode. Pour nous, en arrivant, nous n'avons pour nous loger qu'une ferme de misérable apparence, avec quelques bâtiments d'habitation y attenants. Et tout cela est dans un tel état de désordre et de ruine, que nous hésitons à entreprendre le déblayement de ces cases dévastées.

Il faut pourtant songer à se créer un asile et surtout s'occuper de déjeuner ; car les trois heures que nous avons employées à faire la route, nous ont mis en grand appétit. On installe un buffet sur la route même, et nous prenons notre repas en véritables voyageurs.

Une multitude de Chinois, habitants de Pé-kin et rôdeurs suspects, se sont groupés autour de nous pour nous contempler dans l'accomplissement de nos fonctions gastronomiques. En un clin d'œil je les fais entourer par les hommes de l'escorte, et voilà mes ba-

8.

dauds poussés par les épaules dans notre nouveau domicile. Après quelques coups de bâton libéralement distribués, ils finissent par comprendre qu'on les a amenés là pour enlever les débris de toute sorte qui encombrent le logement.

La besogne, grâce à leur assistance involontaire, est bientôt terminée. Mais, hélas! profitant du désordre causé par ces bruyants travailleurs, un filou s'est glissé près de notre table, et pendant que nous faisons honneur aux mets de campagne qui la couvrent, il a enlevé un panier contenant tout le linge de table, nappes et serviettes. Qu'on me permette de faire remarquer ici que si quelque part se trouvent de hardis voleurs, de consommés et d'adroits filous, c'est bien en Chine, et principalement dans les grandes villes maritimes ouvertes aux Européens. Si je n'avais pas été moi-même victime de leur perfide adresse, je n'aurais jamais voulu ajouter foi à tout ce que j'ai entendu débiter sur les proueses accomplies par les *pick-pockets* de Hong-kong et de Canton.

Aussitôt après avoir terminé notre installation, nous courons au camp voir nos amis et les trésors qu'ils ont rapportés. Chacun nous dit mystérieusement qu'il a trouvé pour plus de cent mille francs d'objets précieux dans le palais enchanté de l'Aladin chinois. On n'entend parler que de millions et de lingots, d'émeraudes et de perles, de cloisonnés et de jades.

Les soldats, embarrassés de ce qu'ils ont apporté

avec eux jusqu'ici, ne demandent pas mieux que de les vendre, à nous autres déshérités qui n'aurons qu'à prix d'argent ce que l'armée dédaignait de ramasser.

Quand on a entendu décrire par chacun les merveilles que renfermait cet Eldorado, merveilles grossies, il est vrai, par toute l'ardeur et tout l'enthousiasme du moment, on se prend à regretter que les nécessités de la guerre n'aient pas permis d'empêcher le gaspillage de ces richesses plus ou moins considérables..... Mais pouvait-on faire autrement? pouvait-on faire l'inventaire de tout ce que contenaient ces palais disséminés sur une étendue de quatre lieues carrées, pour les partager ensuite entre chaque armée et entre chaque individu proportionnellement à son grade? Non, mille fois non!

On était alors dans un de ces moments où il faut tout presser. Il y avait une ville à prendre, peut-être, de force; un traité à conclure après des négociations qui certainement dureraient longtemps; il y avait encore des armées tartares qu'il faudrait probablement attaquer. Toutes ces éventualités qui pouvaient se produire l'une après l'autre étaient loin de permettre aux généraux de procéder à un partage dans les règles.

Et puis, le plus pressé c'était de s'emparer de la capitale, car l'hiver s'approchait de cette contrée, où il arrive vers le 1er novembre; et il fallait, avant cette époque, avoir obtenu un résultat, et être de retour à Tien-tsin et à Shang-haï, pour y prendre les quartiers d'hiver. On le voit, ce n'était pas dans un pareil moment que l'on pouvait s'occuper de régler le partage d'une prise de cette importance.

On fit donc ce qu'on pouvait et non ce qu'on voulait. Chacun choisit les objets qui lui convenaient et qu'il voulait emporter, choix facile dans cette agglomération de palais remplis de curiosités et de richesses de tous les genres.

Le trésor de l'Empereur ne put pas être découvert : on ne trouva que quelques lingots d'or et d'argent pour une somme de 400,000 francs, probablement la monnaie courante des menus plaisirs de Sa Majesté chinoise ; et ce fut cette somme qui, partagée entre les deux armées, composa les parts de prise distribuées aux soldats et aux officiers.

Un seul homme s'abstint de conserver le moindre souvenir de la prise que le hasard avait mise sous la main de son armée ; un seul homme refusa sa part de prise, quelques milliers de francs, je crois. C'est le général en chef.

Il s'occupa seulement de faire faire un choix, au milieu de ces merveilles, de ce qu'il y avait de curiosités les plus remarquables : c'était la part du souverain et celle de la France.

Malheureusement, le temps manqua pour rendre cette collection aussi magnifique et aussi complète que tous l'auraient désiré ; et puis, dans le pêle-mêle, résultat inévitable de pareilles circonstances, on ne pouvait pas rencontrer les spécimens les plus beaux de chaque genre de curiosités et d'objets précieux.

Mais, au milieu de la bagarre, qu'est devenu l'empereur Hien-fung? Telle est la question que nous adressons à nos amis de l'armée..... — Il paraît qu'il est parti par les derrières du palais au moment où nous y entrions. Il a bien fallu qu'il se rendît à l'évidence. A cet instant suprême, ses courtisans n'ont pas craint de lui dire la vérité qu'ils lui avaient cachée jusqu'alors.

— Auparavant, en effet, si quelqu'un de ses familiers était venu le prévenir que les barbares faisaient mine de marcher sur la capitale et sur le palais, il aurait été décapité pour crime de lèse-majesté. Mais maintenant que, si on n'avertit pas le prince, on risque, ou bien d'être accusé d'avoir laissé le danger s'approcher de Sa Majesté sans la prévenir, ou bien d'être fait prisonnier avec elle par les étrangers, on n'a pas hésité à divulguer au Fils du Ciel la terrible nouvelle.

Hien-fung, perdu de débauches et perclus déjà des deux jambes, n'a eu que le temps de fuir, déguisé en marchand colporteur, pour la ville de Ge-hol, en Tartarie, à soixante lieues au delà de la grande muraille. Mais il paraît qu'il n'a pas voulu laisser passer cette occasion de se débarrasser de ses femmes légitimes. Il a en effet abandonné les deux impératrices épouses et l'impératrice douairière, et n'a emmené que deux favorites prises parmi les trois cents concubines qui composent son harem.

Quant à ces trois princesses, elles sont restées avec les autres femmes, enfermées dans le palais qui abrite les amours du Fils du Ciel. Une reconnaissance, dirigée par le commandant Blot du 101ᵉ, a poussé jusqu'à ces habitations qui, protégées par de solides murailles, sont situées sur les bords d'un lac magnifique, au milieu duquel la jonque impériale est à l'ancre et où, comme nous l'avons su plus tard, les gens du palais ont jeté, pour les reprendre ensuite, les objets les plus précieux que contenait Huyen-mi-nu-hien.

Chemin faisant, les soldats ont aperçu deux eunuques pendus à des arbres, autour du harem. — L'officier qui commandait la reconnaissance, n'ayant mission que de fouiller le pays, pour chercher si quelque camp tartare n'y était pas embusqué, a respecté l'asile de ces femmes, qui toutes ont conservé la vie, leurs biens et leur honneur.

9 *octobre*. Une dépêche a été envoyée au prince Kong par les ambassadeurs : les Chinois, dit-on, sont mis en demeure de rendre la ville de Pé-kin sans condition, en livrant, le 14 à midi, la porte nord de la ville. Moyennant l'acceptation de cet *ultimatum*, on promet l'inviolabilité du palais impérial d'hiver et le respect de toutes les propriétés particulières.

Le prince Kong est tenu également de faire remettre aux alliés les corps de tous les prisonniers qui ont succombé.

Ce n'est qu'après ces conditions remplies que l'on

consentira à négocier avec le gouvernement chinois. En attendant, comme l'on pourrait fort bien recevoir une réponse négative, il a été décidé que l'on ouvrirait la tranchée devant la capitale de la Chine et que chacune des deux armées construirait une batterie de brèche.

On a déjà désigné, dans notre petite armée, le major et les aides de tranchée. — La batterie sera composée de 8 pièces de 12. Les Anglais traîneront 4 armstrong, 4 pièces de 68 de marine et 2 mortiers à plaque de 50. Notre artillerie a, de plus, en réserve 1,000 fusées incendiaires, et son parc de siége contient plus de 6,000 projectiles.

Dans la journée, les deux généraux en chef, accompagnés des chefs de l'artillerie et du génie, ont été reconnaître l'emplacement des batteries. Une foule de Chinois bien inoffensifs ont assisté du haut des remparts à cette reconnaissance ; et, chose étrange et unique peut-être dans les fastes de la guerre de siége, les officiers désignés *ad hoc* ont pu aller jusqu'aux remparts en mesurer la hauteur et en déterminer la nature et la résistance.

Les batteries seront ouvertes à 60 mètres des murs : une batterie spéciale contrebattra la porte de la ville, et empêchera que du haut de sa plate-forme on puisse prendre en flanc les batteries de brèche.

Derrière la tranchée se trouve un des quatre grands temples situés aux environs de Pé-kin et consacrés aux éléments. Celui qui sert de magasin et de dépôt de tranchée est le temple consacré au soleil.

Quant aux travaux, ils ont commencé aujourd'hui à quatre heures, et les Anglais s'occupent de charroyer leur immense matériel. Dans tous les cas, on n'aura là qu'un siége à l'eau de rose, et l'on pourra, à bon droit, faire jouer les violons quand la tranchée s'ouvrira.

Nous avons été reconnaître aujourd'hui une lamaserie magnifique, lamaserie située en face de Pé-kin, à droite de la route de Tartarie et à un kilomètre de la porte centre de la ville. C'est le colonel russe de Balusek qui, familiarisé avec les lieux, nous a conduits dans ce confortable couvent et nous a engagés à y faire élection de domicile.

Maintenant, en effet, que les avant-postes alliés et les tranchées sont à 60 mètres de Pé-kin, nous pouvons sans danger nous rapprocher de la ville et quitter la triste ferme où nous avons habité pendant quelques jours.

Après cette visite, M. de Balusek nous a fait voir un cimetière russe, où sont enterrés les membres de la mission religieuse, établie depuis un siècle à Pé-kin. Les sépultures ont été religieusement respectées par les Chinois qui, jusqu'ici, n'ont exercé aucun mauvais traitement contre les popes et les savants russes restés dans la capitale. Seulement on leur a interdit la correspondance avec l'extérieur; ce qui n'a pas empêché M. de Balusek d'en apprendre la nouvelle, au moyen

d'un message secret que lui a fait parvenir l'archi-
dandrite Jacobus, supérieur de la mission.

10 *octobre*. Nous voici installés, depuis ce matin,
dans la lamaserie dont je viens de parler. C'est un séjour tout nouveau et partant fort intéressant pour
nous ; car nous sommes en plein culte boudhique et au
sein d'une communauté puissante et considerée, pa-
rait-il, de la population. Cet ordre de lamas dépend
uniquement de l'Empereur, destiné qu'il est à offrir des
prières pour la santé et la félicité du souverain.

Ce couvent ou cette lamaserie, comme on voudra
l'appeler, est habité par trente-six bonzes, ayant à leur
tête un supérieur. A côté de leur monastère s'en trouvent deux autres de même importance et d'une composition analogue.

Au moment de notre arrivée, dont elle était prévenue
depuis la veille, toute la communauté, au milieu de laquelle nous allons séjourner en attendant les événements, s'est rendue processionnellement à la grande
porte du couvent pour nous y recevoir.

Le chef de ces bonzes, coiffé d'une mitre assez semblable à celle de nos évêques et, tenant également à la
main une baguette pastorale en guise de crosse, représente assez bien par sa corpulence, son visage épanoui
et sa gaie physionomie, les prieurs du moyen âge, dont
Walter Scott nous a laissé d'impérissables portraits. Il a
la tête complétement rasée, ainsi que le visage, et porte
une sorte de dalmatique en soie jaune, avec un grand

rabat violet, qui se croise, comme un fichu, sur le devant de sa poitrine. Sa robe est retenue sur les hanches par une ceinture en soie jaune, et ses pieds sont chaussés de pantoufles de même couleur. C'est à leur qualité de chapelains de l'Empereur que ces lamas doivent de porter les vêtements de la couleur reservée aux souverain.

Quant aux bonzes qui vivent sous l'obéissance de ce prélat boudhiste, rasés comme lui, et vêtus, eux aussi, de robes jaunes avec un rabat bleu, ils sont loin de jouir d'une mine aussi avenante que celle de leur chef. Leurs visages abrutis bien plus par la débauche que par l'ascétisme, leurs costumes malpropres, leur air de servilité enfin, contrastent singulièrement avec l'air intelligent et l'élégance du chef du couvent.

Celui-ci, jaloux de nous faire une convenable réception, s'épuise en compliments et en *tchin-tchin* (salut chinois) à l'égard de l'ambassadeur et lui fait entendre, dans sa harangue, que la présence d'un hôte aussi illustre dans la lamaserie, est bien faite pour le convaincre que les lieux que Son Excellence habitera seront préservés de la ruine et de la dévastation qui menacent les autres monastères. L'ambassadeur, avec l'aménité et la bienveillance qu'il apporte toujours dans ses rapports avec les Chinois marquants, fait répondre que, sans aucun doute, les propriétés de la communauté seront respectées pendant et après le séjour qu'il va y faire.

Ces paroles rassurantes prononcées, le bon lama, dont le visage s'est épanoui d'aise en les entendant, nous fait parcourir en grands détails son monastère, s'épuisant en complaisances et en obséquiosités comme un cicerone à gages.

Nous pénétrons d'abord dans la cour d'entrée, vaste parallélogramme planté d'abres séculaires, dans laquelle on nous fait voir deux kiosques fort élevés et à plusieurs étages, sous lesquels sont dressés des monolithes en marbre, que supportent deux chimères de même matière, absolument comme dans le monument impérial de Pa-li-kiao. Ces deux pierres, couvertes chacune d'une longue inscription, identique dans chacun des marbres, ont pour objet de perpétuer la mémoire de la fondation du couvent qui remonte à l'année 1640 environ, et qui fut construit par conséquent sous la dynastie des Ming.

Au fond de la cour, entre les kiosques, se trouve un autel consacré aux génies protecteurs de la maison. Ce sont douze divinités représentées sous des formes différentes, avec des têtes de chiens ou de loups et des masques terribles, tenant à la main des armes et des instruments de torture, sans doute pour terrifier les malfaiteurs qui en voudraient à la communauté. Les pauvres bonzes ! ils n'ont pas hélas ! grande confiance dans ces épouvantails sacrés, pour détourner de leurs richesses les barbares dont ils redoutent les visites intéressées ! Il leur faut bien, aujourd'hui, douter de leur mythologie, si tant est, ce que je ne crois pas, qu'ils l'aient jamais prise au sérieux.

De cette cour, on parvient dans une seconde enceinte, ombragée encore par de magnifiques arbres séculaires et dans laquelle se trouve le temple principal. Le bâtiment qui renferme le sanctuaire révéré est à deux étages. Il est construit entièrement en bois ; le faîte de la toiture est orné d'une foule d'animaux symboliques en pierre, et les boiseries sont peintes et sculptées d'une manière qui peut passer, en Chine, pour gracieuse. Le sol de l'édifice est élevé, au-dessus du terrain, d'une hauteur d'environ deux mètres ; et un magnifique perron sert de communication pour y parvenir.

Ce perron se compose de deux escaliers parallèles, en marbre, éloignés de cinq mètres l'un de l'autre, et garnis d'une balustrade richement travaillée, qui continue à régner tout le long de l'édifice, dont elle entoure le parvis. Entre les deux escaliers se trouve une rampe sans marche, également garnie d'une balustrade en marbre, et formée d'une pierre de granit de dimensions colossales : dix mètres de long sur trois mètres de large. Des inscriptions mantchoues couvrent cette pierre, sur laquelle l'Empereur et les princes de sa famille ont seuls le droit de poser les pieds.

A quelques mètres en avant de ce perron, au milieu de la cour, nous admirons un immense vase en bronze, vieux bronze celui-là, comme nous en avons déjà remarqué dans certains temples : sa hauteur est de trois mètres, et il sert à faire brûler des parfums les jours de grande cérémonie.

Nous voici arrivés au bâtiment de la pagode. Un parvis dallé en marbre entoure cet édifice rectangulaire, et forme à cet endroit un portique recouvert par la saillie du toit qui est soutenu par des piliers en marbre scellés dans la balustrade qui clôt cette galerie extérieure.

On apporte un trousseau d'énormes clefs, et un bonze remplissant l'office de portier ouvre les deux battants d'une porte latérale, pendant que le supérieur nous explique que la porte centrale étant réservée à l'Empereur, nous lui éviterions un grand chagrin, si nous consentions à ne pas violer ce rit respectable.

En pénétrant dans le sanctuaire, nous sommes frappés de la richesse des décorations et de la splendeur des objets destinés au culte. Un immense rideau formé par des pièces de soie découpées, de toutes les couleurs, encadre, comme une scène, tout l'intérieur de la pagode. Ce rideau dépassé, nous nous trouvons en face de l'autel principal sur lequel sont dressés trois Boudha gigantesques, assis sur leurs jambes repliées, les mains et les bras ramenés sur leurs genoux. Ces idoles sont d'une hauteur de 20 pieds, d'un volume proportionnel, et faites de bois doré. Elles sont toutes les trois identiques, et leur visage, aux traits indous, respire une douceur et une bonhomie satisfaisantes.

Au-dessous d'elles sont placées dans de petites niches

ou chapelles en émail cloisonné et fermées par des vitres, de petits dieux et déesses de même figure, mais de dimensions exiguës. Les uns sont en cuivre doré, les autres en bronze, quelques-uns, nous assure le prieur, en argent doré : on voit que de pareilles curiosités étaient de nature à appeler la convoitise des pillards.

Sur l'autel de ces trois Boudha, on a placé trois garnitures de pagode, gigantesques comme les trois divinités, et bien propres, par leur antiquité et leur riche ciselure, à faire pâmer d'aise les amateurs de bronzes d'art. En avant de l'autel, au milieu du temple, s'élève une gigantesque tour de cuivre doré, haute de plus de dix mètres, avec une circonférence de quatre mètres de diamètre à la base, et comptant douze étages. C'est une copie réduite de la fameuse tour en porcelaine de Nankin. A chacun des étages de cette tour, qui affecte la forme d'un cône tronqué surmonté d'une toiture à clochettes, on a placé dans de gracieuses petites niches une divinité différente. Et comme il y a douze niches à chaque étage, cela donne un total de cent quarante-quatre dieux ou déesses de la mythologie boudhique. A droite et à gauche de l'autel sont les stalles pour les bonzes ; devant elles sont rangés les instruments du culte. Je dis instruments, car ce sont des tambours, des tam-tam et des cymbales d'un volume de plusieurs mètres cubes sur lesquels on ne peut frapper qu'en se perchant sur un haut marche-pied, puis enfin des trompettes aux tuyaux de dix mètres de long, se rentrant les uns dans les autres comme les tubes d'une longue-vue.

Notre cicerone, voyant combien nous nous intéressons à l'examen de ces objets, pousse la complaisance jusqu'à nous donner une représentation des cérémonies qui servent à célébrer le culte. Sur son ordre, les bonzes font les préparatifs, allument les flambeaux et les bâtonnets parfumés, et se munissent de cahiers reliés qui ressemblent à des livres de prière. Puis, se coiffant d'un bonnet jaune à forme conique, ils déroulent les tubes des trompettes, grimpent sur les tam-tam, et s'apprêtent à faire retentir les gongs.

Le supérieur se prosterne devant l'autel, et à ce signal, la musique commence. Comment rendre ce charivari grotesque, accompagné du récitatif traînant et nasillard des trente-six bonzes ? Si nous osions, nous nous boucherions les oreilles, mais par égard pour l'intention complaisante qui nous a régalés de cette audition, nous nous laissons tympaniser jusqu'à la fin.

Tout à coup, un des lamas apporte à l'officiant une boule en bois creux, parsemée de caractères cabalistiques. Celui-ci, après l'avoir élevée vers les dieux, la jette en l'air trois fois, et trois fois examine soigneusement quels sont les caractères qui se trouvent en contact avec le sol, lorsque l'instrument divinatoire est retombé.

Nous nous enquérons du but de cette cérémonie : et

le grand bonze nous annonce qu'il vient de consulter Boudha sur le sort et la destinée de Kô-ta-gen.

« Et qu'a dit Boudha? demandons-nous? — Il prédit à Kô-ta-gen et à ceux qui l'accompagnent, la santé et le bonheur qu'il réserve pour tous ceux qui respectent ses temples et ses ministres. »

Tel était l'horoscope, et nous ne pouvons nous empêcher de sourire de cette transparente allusion à la modération qu'on attend du vainqueur, dans le monastère.

Pour échapper cependant aux éclats retentissants de cette religieuse musique et aux voix glapissantes des bonzes qui nous rappellent les chantres de nos campagnes, nous demandons à visiter l'étage supérieur de la pagode. Le supérieur des lamas y consent, mais à regret cependant, comme l'indiquent la contraction et le rembrunissement subits de sa physionomie.

Nous gravissons un escalier tournant, raide et difficile, et nous pénétrons dans la partie supérieure : c'est une galerie quadrangulaire, contournant le périmètre du bâtiment, dont la partie centrale est ménagée en forme de coupole, pour laisser passer le sommet de la tour qui se trouve dans le bas.

Or, voici ce qui faisait froncer les sourcils de notre bonze, à la demande que nous avions formulée. Toute la galerie était tapissée de panneaux de vieux laque rouge de Pé-kin, de la plus grande valeur, représentant, à ce qu'on nous dit, la vie et les incarnations de

Boudha ; et le bon lama craignait que la vue de cette riche collection ne fût une trop forte tentation pour des barbares, même désintéressés comme nous avions fait profession de l'être. De plus, de distance en distance, dans la galerie, nous passons devant des autels sur lesquels des groupes assez hideux et peu en rapport avec ce que tolèrent nos mœurs, représentent l'un des principaux mystères de la religion boudhiste, l'union de Wishnou et de Siva. Le grand bonze, eu égard à cette particularité, avait peut-être craint que nous n'en tirassions des conséquences malignes sur la moralité de son monastère.

Là encore se voient de petites idoles en bronze, jouant auprès des grandes divinités le rôle de satellites, et devant chaque idole des brûle-parfum et des vases indous tellement remarquables que notre guide, inquiet de l'admiration que nous témoignons, nous invite incontinent à descendre pour aller visiter nos logements.

En nous y conduisant, le prélat chinois annonce à l'ambassadeur qu'il lui a réservé l'appartement qu'occupe le Lama vivant, c'est-à-dire le grand pontife de leur religion et de leur ordre, lorsqu'il vint de L'assa, dans le Thibet, faire sa visite pastorale en Tartarie et en Chine. C'est un honneur inappréciable, paraît-il, que l'on fait là au baron Gros ; et nous autres, membres de l'ambassade, nous devons aussi nous glorifier que l'on ait bien voulu nous loger dans les chambres qu'occupe la suite du Lama vivant.

9.

En fait, ce sont de fort élégantes pièces, bien meublées et confortablement ornées de riches bibelots.

Pour ce qui est de l'appartement qu'occupera le baron Gros, il est difficile d'en décrire la magnificence. Partout des tentures de soie jaune, des laques, des porcelaines antiques, des bronzes et des japoneries à profusion. Une magnifique horloge Louis XV, avec des personnages mécaniques exécutant des mouvements assez lascifs, malheureusement, égaye l'appartement. A côté se trouve un oratoire fort coquet où l'on remarque un diminutif ingénieux de la grande pagode que nous venons de visiter. Une petite châsse, ressemblant fort à un reliquaire, est placée vis-à-vis du somptueux lit où le lama vivant doit dormir, si toutefois un aussi céleste personnage vit comme le reste des humains. Elle est divisée en une centaine de petites cases vitrées, renfermant des divinités microscopiques en bronze, d'un fini et d'une délicatesse de fouillis qui font l'admiration de l'ambassadeur, artiste, on le sait, autant que diplomate.

Nous avons été fort embarrassés pour loger nos coolies cantonais, de façon à les empêcher le plus possible de pénétrer dans ces riches sanctuaires, où leur avidité et leurs convoitises, flairant le pillage comme un chien flaire le gibier, brûlent d'aller se satisfaire. Nous n'avons pas trouvé d'autre moyen que celui de les parquer dans une grande cour vide de bâtiments. Les murs en sont assez élevés, et la seule porte qui permet de sortir de cet espace, sera toujours gardée par un matelot de planton.

Le supérieur, qui nous avait témoigné toute ses craintes à la vue des enfants du Chan-toung (province dont Canton est la principale ville), paraît assez satisfait des mesures que nous avons prises à leur égard et renouvelle ses protestations humbles et chaleureuses de reconnaissance et de dévoûment.

CHAPITRE IX

11 octobre. Il paraît que l'armée anglaise ne s'est pas contentée de la part de prise qu'elle avait ramassée au palais d'été. On vient de monter, au camp anglais, une vaste expédition pour aller recueillir les objets que l'armée française n'a pas pu emporter et que les Chinois de la bande noire, heureux coquins qu'ils sont, ont commencé à piller après le départ de nos troupes.

Cette expédition se compose de 1,200 cavaliers, et d'un régiment d'infanterie, accompagnés d'un grand nombre de touristes. Elle traîne avec elle près de mille voitures et toutes les bêtes de somme de l'armée.

La razzia doit durer toute une journée ; et il paraît qu'une fois terminée, les Anglais, exaspérés par la mort de leurs compagnons dans les prisons de Pé-kin, doivent raser, jusqu'à la dernière pierre, la résidence du chef de ce barbare gouvernement.

J'ai été, aujourd'hui, visiter les tranchées. Elles sont tout à fait achevées ; et les Chinois ne cessent de couronner les murailles pour contempler les barbares, préparant leurs engins de guerre contre les remparts de la capitale. Pour arriver aux tranchées, j'ai dû passer par le temple du soleil. Il est loin d'être curieux et de présenter le même intérêt que les pagodes de la lamaserie qui nous abrite. Il se compose de nombreuses terrasses, au milieu desquelles s'élève un vaste parallélipipède en marbre, sur lequel l'Empereur, aux jours consacrés et prescrits par les rits, offre des sacrifices et des prières à l'astre du jour.

Les habitations des bonzes desservants de ce temple en plein air servent de logement aux troupes anglaises, et de dépôts et de magasins pour les tranchées. On a percé aussi les murs du temple pour établir des communications. Mais le soleil, qui brille d'un vif éclat, ne s'est pas voilé la face devant cette profanation du sanctuaire qui lui est consacré.

Dans la matinée de ce jour, les troupes françaises ont changé de bivouac et se sont rapprochées à un kilomètre de Pé-kin. Elles occupent de vastes cantonnements qui servaient de quartiers d'hiver à la cavalerie tartare et aux bannières de la garde de l'Empereur : cela suffit pour faire comprendre à combien de nettoyages et d'expurgations ont dû se livrer nos soldats avant d'entrer dans les quartiers de nos malpropres ennemis.

Il est heureux, du reste, que les hommes commencent à coucher autre part que sous la tente-abri. Les

nuits sont plus que piquantes et les chevaux japonais,
surtout, ne peuvent plus, sous peine de succomber, en-
durer les rigueurs de la température nocturne.

12 *octobre*. J'ai rendu aujourd'hui un grand service
aux bonzes de notre communauté et à partir de ce moment, j'ai conquis l'estime et l'affection du supérieur;
voici ce qui s'est passé :

Une bande de cipayes, venus des avant-postes anglais qui sont dans le voisinage, a pénétré dans un des
monastères voisins du nôtre et, renversant et assom-
mant les bonzes qui veulent s'opposer à leur invasion,
ils ont fait sauter les portes d'une pagode qu'ils s'occupent de débarrasser de tout ce qu'elle contient de précieux.

Les malheureux lamas ont donné l'alarme à leurs
confrères voisins ; et de pagode en pagode, de monastère en monastère, le bruit de cette sécularisation à la
mode indienne est venu jusqu'à notre ami le supérieur.

Celui-ci s'empresse d'accourir près de moi, et, en
l'absence de tout interprète, il me fait comprendre, par
une mimique effarée, de quoi il est question. Tout en
le suivant, avec quelques matelots que j'ai trouvés sous
ma main, je cherche à savoir de quelle nation sont les
pillards contre lesquels je dirige cette expédition. En portant sa ceinture à la tête, et en l'enroulant plusieurs fois
sur elle-même, Kien-tao, c'est le nom de notre hôte, me
fait comprendre qu'ils portent le turban, et partant qu'ils

sont indiens. Ce renseignement me rassure : car tout disposé que je sois à faire respecter les propriétés des bonzes chinois, je n'aurais pas voulu exercer ce rôle de gendarme contre des Anglais, tellement je suis convaincu que si j'avais affaire à des Européens, il pourrait suffire de cette prise en flagrant délit pour éveiller les susceptibilités britanniques et faire naître des difficultés avec le quartier-général anglais. J'aimerais mieux voir saccager cent pagodes que de donner lieu, par une intervention spontanée, au moindre désaccord entre nous et nos alliés. Mais comme je sais que la dignité anglaise ne s'effarouchera pas d'une faute commise par des Indiens, je consens à prêter ma toute-puissante protection aux lamas : et me voilà, courant à travers les temples, les escaliers, les cellules, jusqu'au théâtre de cette expropriation pour cause de convoitises particulières.

A mon approche, les cipayes quittent le temple et s'esquivent par une brèche qu'ils avaient pratiquée dans un mur d'enceinte. Les bonzes, devenus hardis, depuis qu'ils se sentent soutenus, les poursuivent à coups de pierre. Pour moi, sachant qu'un poste anglais se trouve dans le voisinage, je me borne à courir sur les talons des maraudeurs à qui les sentinelles d'un régiment de la Reine barrent le passage. Mes cipayes sont tous arrêtés : on leur fait rendre les vases précieux et les émaux qu'ils emportaient. Je les laisse alors entre les mains d'un *colour-sergeant*, qui trousse déjà les manches de sa vareuse rouge pour administrer aux coupables une distribution de coups de fouet.

Après un si beau résultat, je méritais les honneurs du triomphe : ils me sont décernés, en effet, et les trois communautés m'accompagnent processionnellement jusqu'à la maison de Kien-tao, où, de compagnie avec les deux autres supérieurs ses collègues, on me sert une collation composée de fruits et de pâtisseries, avec des tasses d'un thé délicieusement parfumé, au sujet duquel je témoigne toute ma satisfaction. Or, ne pouvant parler, je me servis d'un geste chinois fort employé en pareil cas, et qui consiste à élever le pouce de la main droite fermée, en portant les yeux au ciel. Je suppose que la pensée explicative de ce singulier geste signifie que l'objet que l'on vante est digne des dieux.

Mes hôtes, enchantés de me voir priser comme eux ce breuvage exquis, prennent congé de moi, et lorsque nous avons quitté la table, Kien-tao me fait visiter son appartement.

Tout y est d'un confortable qui me rassure sur les pratiques de la vie monacale en Chine. L'oratoire du Grand bonze est garni de petits reliquaires, comme ceux que j'avais observés dans l'appartement du Lama vivant. Dans un élan de reconnaissance, Kien-tao me fait cadeau d'une fort jolie divinité en bronze que j'avais admirée entre toutes les autres.

En me reconduisant, une nichée de petits chiens de cette race pékinoise qui ressemble tant aux plus jolis king's-charles, vient japper entre mes jambes : Kien-tao choisit le plus joli d'entre eux et me le mettant entre les mains, il me fait signe qu'il est à moi.

Enfin, comme dernier témoignage de reconnaissance, il me fait visiter les appartements des frères lamas.

Le parfum d'opium qui y règne et quelques gravures collées aux murs, dont le sujet ne rentre pas précisément dans l'ordre des idées de mortification, me font présumer que les simples mortels, en Chine, n'ont rien à envier à leurs bonzes sous le rapport de la dépravation et du vice. A chacune des cellules que je traverse, je fais cadeau de quelques cigares et je me dérobe à l'amitié naissante de ces personnages dont la familiarité serait peut-être dangereuse pour mon épiderme.

13 *octobre*. L'expédition anglaise envoyée au palais vient de rentrer ce matin, ramenant, chargées de butin, les mille voitures et les bêtes de somme qu'elle conduisait avec elle. Les Anglais avaient trouvé le feu déjà mis par les indigènes aux parties du palais qu'eux et nous avions déjà visitées : ils ont alors poussé leurs recherches jusqu'au fond de cette vaste étendue de terrain couverte de somptueuses demeures et de palais presque aussi riches que celui de l'Empereur. C'est dans ces contrées, inexplorées jusqu'ici, qu'ils ont fait cet immense butin.

Ils ont trouvé, dans l'intérieur du parc impérial, un

château en miniature construit et meublé dans le style
Louis XIV, et sans doute l'ouvrage des jésuites qui florissaient en Chine au XVIIe siècle. Ce petit château,
Trianon du palais de Huyen-mi-nu-hien, joue dans ce
parc le même rôle que les kiosques chinois dans les
jardins anglais.

Avant de se retirer, les Anglais ont mis le feu à tous
les palais qu'ils avaient visités et à tous les parcs et
jardins qui les entourent; ce sera pour ce soir, disent-
ils, un très-beau (*very nice*) spectacle.

On a remarqué, dans les environs de la salle du
trône, une pyramide de houille à laquelle des mains
étrangères ont mis le feu. C'est maintenant un foyer
incandescent et qu'il serait impossible d'éteindre. Les
commentateurs ont aussitôt trouvé une explication à
ce fait : C'est, disent-ils, que les Tartares du palais
ont voulu dissimuler l'entrée des souterrains où sont
entassés les trésors de l'Empereur.—Il est impossible,
en effet, que les quelques centaines de mille francs dé-
couverts dans le palais constituent à eux seuls la fortune du potentat.

Le soir, suivant la prédiction britannique, lorsque le
jour a commencé à disparaître, des lueurs d'un rouge
vif ont illuminé les contre-forts des monts de Tartarie,
au pied desquels est Huyen-mi-nu-hien. On dirait que
le soleil se relève, aussitôt après son coucher et dore des
feux d'une aube naissante les crêtes de ces montagnes
pelées, dont la cîme commence à se couvrir de neige.

Le disque de la lune apparaît de son côté et sa lumière blafarde fait pâlir ces lueurs un instant éclatantes et dont le reflet éclairait toute la plaine. De temps en temps, un éclair surgit au milieu de ces teintes jaunâtres du ciel et des montagnes; des gerbes d'étincelles s'éparpillent dans l'espace pour s'éteindre rapidement. Un bruit sourd de bâtiments qui s'écroulent, vient, dans le silence de la nuit, frapper nos oreilles. Le châtiment est consommé, on a appliqué aux Chinois la peine du talion.

J'ai oublié de mentionner que l'ambassadeur a reçu, dans le milieu de la journée, une députation envoyée par les chrétiens de Pé-kin. Un prêtre chinois, nommé Liou, a porté la parole au nom de ses coréligionnaires, qui supplient les Européens de les épargner dans le cas où la ville serait livrée aux extrémités d'une prise d'assaut. A quoi l'ambassadeur répond qu'on respectera dans tous les cas les propriétés privées et l'existence des habitants, car on ne fait pas la guerre au peuple, mais au gouvernement chinois.

Liou nous apprend que la population veut qu'on rende la ville, et que, quelques jours avant, il y a eu une émeute pendant laquelle on a égorgé les mandarins du parti de la résistance, parmi lesquels se trouvait le gouverneur de la ville. Cette manifestation populaire a donné des forces au parti de la paix, et il pense bien que demain la porte du nord sera remise entre nos mains.

En nous quittant, les chrétiens de cette députation offrent à l'ambassadeur une superbe boîte en laque de Pé-kin, avec des ornements en jade, et ils se retirent pour aller en porter une semblable au général de Montauban.

14 *octobre*. Cette nuit, les bonzes ont été constamment en éveil et sur pied : ils craignent toujours les maraudeurs; mais grâce à nos sentinelles et aux patrouilles que l'on a faites pendant la nuit, rien n'a été entrepris contre les richesses de leurs pagodes.

Dès le matin, le soleil était obscurci par une épaisse colonne de fumée noire qui s'élève du palais d'été et qui, poussée par le vent du nord, se répand sur tout l'horizon. Toute la journée, on n'a eu que la lumière jaune que répand le soleil lorsque, dans une éclipse, il est occulté par le disque de la lune.

C'est aujourd'hui, à midi, qu'expire le délai fixé au gouvernement chinois pour la reddition de Pé-kin et la remise, entre nos mains, de la porte située au milieu de la face nord. Dans le camp de nos alliés, on se flatte tout haut que les Chinois, irrésolus et désorganisés, laisseront passer l'heure fatale de la reddition, sans y procéder; et, dans ce cas, on se promet la curée du palais d'hiver, où cette fois on n'arrivera pas en retard.

Mais ces espérances sont trompées. Ainsi que le prêtre Liou nous l'avait fait prévoir, nous recevons, à neuf heures, une dépêche du prince Kong, annonçant qu'à midi, suivant les conditions et délais fixés dans la note précédemment adressée au gouvernement chinois, le mandarin gouverneur des neuf portes de la ville tartare nous rendra celle du nord.

Le prince ajoute qu'il est tout prêt à renouer les conférences pour le rétablissement de la paix et laisse entrevoir, dans cette dépêche, qu'il est fort peiné de ce qui s'est passé à Huyen-mi-nu-hien.

Le baron Gros, ayant communiqué cette dépêche au général en chef, celui-ci a désigné les officiers et commandé le détachement qui iront prendre possession de la porte de la capitale. Les Anglais, qui ont été prévenus en même temps que nous par une dépêche du prince Kong, sont, eux aussi, un peu avant midi, devant les remparts dont nous allons recevoir les clefs.

En effet, à midi, une des poternes latérales de la porte est ouverte, et un mandarin à bouton rouge, sans doute le gouverneur des neuf portes de la ville tartare, comme la dépêche l'avait annoncé, remet aux officiers alliés trois cadenas en fer, faisant l'office de clefs pour ouvrir les deux poternes extérieures et la poterne intérieure.

Les détachements entrent aussitôt, musique en tête et enseignes déployées, dans la cour carrée que dessinent, en forme de tambour, les remparts et la porte. Des soldats, portant les pavillons des deux puissances alliées, grimpent, par une rampe étroite et raide qui mène au haut des remparts, jusqu'à la plate-forme de

la porte ; et les couleurs européennes flottent sur la nouvelle capitale , que les deux armées ont conquise,
sur la capitale de la Chine.... sur Pé-kin !

Lorsqu'un jour nos neveux liront l'histoire du
XIX⁰ siècle, pour nous si prodigieuse, pour eux peut-
être si incolore ; en pensant à la poignée d'hommes qui
conquit alors la capitale d'un empire de 400 millions
d'habitants, ils se diront que, le jour où on planta les ai-
gles françaises sur ces remparts restés jusque-là fermés
aux Européens, un noble sentiment d'orgueil et de légi-
time enthousiasme dut s'emparer de cette petite troupe
qui assistait, en ce moment, à l'accomplissement d'un
des faits les plus saillants de l'histoire de son siècle. Je
dis un des plus saillants, car je suis certain qu'en
même temps que l'on énumerera, dans les époques fu-
tures, les grandes découvertes, les grands progrès qui
ont signalé le XIX⁰ siècle, l'on dira aussi : « C'est alors
que les Français entrèrent à Pé-kin. »

De nos jours, en apprenant cette étonnante nouvelle,
on s'est peut-être dit qu'après tant de travaux, tant de fatigues, qu'après un voyage de six mille lieues, entrepris
dans l'incertitude de revoir la mère-patrie, les soldats de
l'expédition de Chine durent sentir battre leur cœur en
cet instant solennel, car ils trouvaient la plus glo-
rieuse des récompenses, celle d'assister à la consécra-
tion d'un fait qui devait immortaliser leur souvenir
dans l'histoire.

Je suis forcé, observateur impartial et témoin oculaire, de refuser, à moi à et mes collègues, ce sentiment qu'on nous a prêté déjà et que l'on nous prêtera encore, je le suppose. Non, l'homme, toujours préoccupé des intérêts matériels du moment, ne peut pas élever sa pensée et ses désirs à un but aussi impersonnel, à une gloire aussi immatérielle que le souvenir de l'histoire, surtout lorsque sa participation, et non son individualité, est seule attachée à cet impérissable souvenir.

Et n'a-t-il pas raison, en fait? On nous a appris que Xénophon dirigea les Dix mille dans leur si fameuse retraite. — Nous savons que Léonidas et trois cents Spartiates défendirent les Thermopyles contre toute une armée persane ; mais qui connaît un seul des soldats grecs qui traversèrent l'Asie-Mineure et une partie de l'Europe après la mort de Cyrus? Qui pourrait dire qu'un seul de ces Lacédémoniens qui succombèrent autour de leur roi, a laissé la moindre trace de son existence?

De même on dira un jour que le général de Montauban, à la tête de cinq mille Français, conquit la capitale de Chine : mais on oubliera de parler de ceux qu'il commandait à cette expédition, et qui assistèrent à ce fait d'armes. — Il faut donc que les hommes pour qui la gloire n'a pas de couronnes, tournent les yeux vers des récompenses plus sensibles. Et c'est seulement lorsque ce but personnel a été atteint par eux, qu'ils sentent leur cœur battre et l'enthousiasme leur monter au cerveau......

Mais revenons aux événements. — Un bataillon français et un régiment anglais, ce qui fait un effectif égal de troupes des deux côtés, s'installent dans la cour comprise entre les remparts, sur la plate-forme des portes et des murs, et enfin dans l'espèce de caserne qui, à Pé-kin, comme dans quelques autres grandes villes chinoises, surmonte les portes de la ville.

Les Chinois ont l'habitude de percer ces édifices carrés de quarante-huit fenêtres sur chaque face. — Chaque fenêtre a la forme d'une embrasure de batterie, et de loin l'on voit la gueule des canons araser ces formidables ouvertures.

Mais admirez le stratagème ! — Ces canons n'existent qu'en peinture sur le volet qui ferme la fenêtre : de façon qu'à chaque instant, le volet s'ouvre, la fenêtre reste, et le canon s'évanouit.

C'est ainsi qu'à Ta-kou, où ils avaient garni les embrasures réelles cette fois de leurs formidables canons en fonte, avec des mantelets en peaux de bœufs, ils avaient essayé, toujours amateurs de grossiers stratagèmes, de faire croire à l'existence d'un nombre double d'embrasures, en plaçant des mantelets de même espèce sur les parties pleines du parapet. Ils espéraient sans doute, grâce à cette ruse, détourner des embrasures réelles une partie de nos boulets, en les envoyant sur les fausses ouvertures, où ils ne devaient causer aucun effet nuisible. Mais ils n'avaient pas réfléchi, en véritables Chinois qu'ils étaient, que ces faux mantelets ne s'ouvrant jamais pour laisser passer le classique nuage de fumée, on ne pointerait sur eux aucune de nos pièces.

18 *octobre*. On a porté aujourd'hui aux deux quartiers généraux, les dépouilles mortelles des prisonniers qui avaient succombé : sauf celles des deux captifs qui manquent toujours, M. Brabanson et le Père Deluc.

Les cadavres des gentlemen anglais étaient tellement décomposés et dénaturés, que l'on a pu craindre qu'après leur mort, ils n'aient été, dans les rues, exposés aux profanations et aux morsures des chiens errants qui pullulent à Pé-kin.

Quant aux nôtres, nous les avons tous facilement reconnus. La mort de Dubut et de Grandchamp doit remonter à un mois environ, par conséquent au 18 septembre. La tête de Grandchamp et l'épaule de Dubut portent des traces certaines de blessures profondes faites avec une arme tranchante. Adair a tout le corps couvert de blessures de la même nature, ainsi que le chasseur à pied, son ordonnance, qui l'accompagnait et qui se défendit si courageusement, au dire du colonel Rose.

Ces tristes dépouilles ont été rendues dans des cercueils chinois d'assez belle apparence, qu'on a renfermés immédiatement dans une maison placée auprès du camp et transformée en chapelle ardente, avec une garde d'honneur, destinée à rendre les honneurs militaires à ces victimes.

Aussitôt la remise des corps, les deux ambassadeurs ont eu une conférence à la suite de laquelle ils ont envoyé à Pé-kin une note identique exigeant une indemnité pécuniaire pour les victimes de la trahison de Tong-Tcheou. Cette indemnité doit être payée préalablement à tous pourparlers pour la paix et en sera une condition *sine qua non*.

Le chiffre de l'indemnité réclamée par les Anglais est de deux millions deux cent mille francs. Les Français n'ont exigé que un million six cent mille francs. Ces deux sommes, dans leur différence, sont proportionnelles au chiffre des prisonniers qui, de notre côté, étaient moins nombreux.

Maintenant que tout est à peu près connu sur ce qui s'est passé à l'égard de nos prisonniers, on peut asseoir un jugement sur ce qui s'est passé à Tong-Tcheou, le 18 septembre.

A mon avis, il y a eu certainement guet-apens, et ce guet-apens se trouve de fait constitué par le changement de position de l'armée tartare, ayant eu lieu dans la journée du 17 et la matinée du 18, et surtout par la construction et la direction de ces batteries, dont les feux convergeaient sur la route que nous devions suivre pour aller à Tong-Tcheou. Cette trahison avait été ourdie par San-kô-lin-sin, le général en chef de cette armée, qui avait certainement à cœur de venger l'échec des troupes chinoises à Ta-kou, et d'empêcher notre entrée à Pé-kin, qui, eût-elle été effectuée en amis et après la paix, n'en restait pas moins blessante pour l'orgueil tartare, dont le Senn-wang est une des personnifications. De plus, le Senn-wang San-ko-lin-sin est gendre de I-tsin-wann, et à eux deux ils ont dû combiner tous les éléments du piége dans lequel devaient tomber ces deux petits corps d'armée de mille hommes chacun, dont les Chinois, à la suite des conférences de Tien-tsin, connaissaient le petit nombre. Mais il est loin de m'être prouvé que la prise des Européens qui s'étaient rendus le 17 au soir à Tong-Tcheou et avaient passé la nuit dans cette grande ville, entrât dans le plan des deux personnages. Le décousu et le manque d'unité de leurs arrestations, le départ des diplomates de l'ambassade française que l'on avait laissés quitter Tong-Tcheou en toute sûreté, viennent à l'appui de mon opinion, que je ne donne d'ailleurs que comme m'étant complétement personnelle. Dans tous les cas, je crois avoir assez exposé toutes les phases et toutes les circonstances de cette affaire qui, en définitive, a amené tous nos succès, pour que les lecteurs qui voudront la juger trouvent des éléments suffisants pour asseoir leur opinion.

19 *octobre.* Le général Ignatieff a quitté Tong-Tcheou et a effectué, vers une heure assez avancée de la journée, sa rentrée à Pé-kin. Tout le monde, dans les deux camps, rend hommage à la conduite habile et pleine de dignité de l'ambassadeur de Russie qui, ne pouvant

s'associer aux hostilités contre le gouvernement chinois, mais tenant à se séparer de la politique du cabinet de Pé-kin, a quitté la capitale avant le commencement des hostilités et nous a toujours suivis pas à pas, attendant, pour reprendre sa résidence, que les armées alliées fussent maîtresses de la ville. C'était le seul joint possible entre l'amitié que la Russie cultive soigneusement à l'égard de la Chine, et la nécessité de conserver sa dignité de nation européenne, en présence du conflit de la civilisation et du Céleste-Empire.

Il est encore sévèrement interdit de franchir la porte de la ville. M. de M*** est le premier qui ait eu l'honneur de parcourir Pé-kin, pour porter un message à Heng-ki, qui est le second du prince Kong dans les conférences. Il a traversé la ville tartare en toute sécurité, avec une petite escorte de dix cavaliers.

CHAPITRE X

Suite du séjour à la Lamaserie.

20 octobre. J'ai reçu l'ordre de l'ambassadeur d'aller dans la journée à Pé-kin, visiter un établissement religieux que le mandarin Heng-ki nous a offert d'habiter pendant le séjour que nous comptons faire dans la capitale, lorsque la paix, qui devient de jour en jour plus probable, aura été signée.

Je pars en compagnie de M. de M*** qui, hier, a déjà fait connaissance avec notre futur logement, et un capitaine du 104ᵉ, chargé de faire le logement du bataillon et de l'état-major de ce régiment qui servira de garde d'honneur à l'ambassadeur, pendant le séjour à Pé-kin, s'il a lieu. Avant de franchir la porte, il nous faut exhiber la commission en vertu de laquelle nous sommes autorisés à pénétrer dans la ville. On se montre en effet très-sévère, et c'est bien juste, pour ces sortes de permission que tout le monde prendrait volontiers si l'on ne surveillait pas les allants et les venants.

Nous passons sous les deux poternes extérieure et

10.

intérieure, entre lesquelles se trouve le tambour ou cour
carrée dont j'ai parlé plus haut, et nous faisons retentir
les portes élevées et les dalles de ce passage sous les
pas de nos chevaux et de ceux des dix spahis qui nous
escortent ; puis nous entrons de fait dans la ville au
nom fantastique, sur les remparts de laquelle flottent
nos drapeaux.

La musique française joue sur l'esplanade qui s'étend
en face de la porte, à l'intérieur des remparts, et nos
yeux sont tout d'abord frappés du spectacle curieux
que nous offrent des milliers de Chinois accourus pour
entendre l'harmonie des barbares. Je ne puis pas
mieux comparer cette foule, agglomérée dans un espace trop restreint pour elle, qu'à un océan de têtes
humaines, têtes jaunes et brunes au crâne reluisant
sous le soleil, et dont on croit voir la houle se soulever
ou les vagues s'entrechoquer, quand une bousculade
produit une fluctuation dans tous les sens, au sein de
cette agglomération de la plèbe chinoise. On a bien
établi sur toute la largeur de l'esplanade une corde qui
marque aux curieux la limite qu'ils ne doivent pas dépasser ; mais Dieu sait si les badauds placés au premier
rang, et maintenus en deçà de la corde par une ligne
de factionnaires, ont de la peine à résister au courant
et à la presse qui tend à leur faire dépasser ce terrible
nec plus ultra.

Il nous faut cependant franchir cette mer humaine
mais nos chevaux, effrayés à la vue de cette multitude,

refusent de pénétrer au milieu d'elle. Enfin, après mille
hésitations, nous nous engageons dans ce passage difficultueux. Mais, ô miracle! à peine y avons-nous fait le
premier pas, inquiets sur la durée probable du trajet,
que la foule, mue des deux côtés comme par un res-
sort, s'écarte subitement, et, comme les flots de la
mer Rouge sous les pas des Hébreux, nous trace un
sentier où nous pouvons passer deux cavaliers de
front.

Comment firent-ils pour arriver à ce résultat aussi
prompt qu'inattendu? quel fut l'aiguillon puissant qui
les pressait de se ranger avec tant d'ensemble? Je crois
que c'est l'habitude qu'a la foule, en Chine, de s'effacer
devant les mandarins, qui, dans les rues étroites des
villes chinoises, se font toujours précéder de coureurs
armés de fouets, pour qu'on leur fasse rapidement
place.

Une fois sortis de ce défilé d'un nouveau genre, nous
respirons plus à l'aise, nous mettons nos chevaux au
petit trot, et nous pouvons considérer à notre aise le
spectacle et les particularités de la capitale du nord,
dans laquelle nous faisons notre entrée solennelle.

D'abord, nous cheminons sur une artère qui s'étend
devant nous et sur une ligne exactement droite jusqu'à
perte de vue. Cette voie de communication est très-
large, plus large même que nos boulevards parisiens,
et elle est macadamisée, hélas! avec des fragments de
houille; de sorte que la sécheresse la couvre d'une

poussière de charbon noire et épaisse ; et que la pluie,
pour peu qu'elle dure quelques heures, fait de l'avenue
un immense bourbier noirâtre où les chevaux enfon-
cent, par places, jusqu'aux genoux.

Les trottoirs sont aussi d'une dimension respectable,
mais on a oublié de les daller ou de les caillouter, de
façon que les eaux y ont creusé des trous et des fon-
drières où l'on est forcé de marcher aussi précautieuse-
ment qu'un touriste explorant un glacier, lorsqu'on veut
pénétrer dans les boutiques. Celles-ci, par exemple, sont
bien faites pour vous dédommager du déplaisir et des
préoccupations que vous cause le manque de soins de
l'édilité pé-kinoise. Leurs façades dorées, leurs ornementations en boiseries aux enchevêtrements bizarres
et grotesques, leurs enseignes allégoriques d'une plai-
sante tournure, enfin les mâts surmontés de banderoles flottantes qui s'élèvent des deux côtés de la porte,
tout cela offre un coup d'œil agréable et varié, où l'ensemble charme et le détail attire le regard, et que la
photographie seule pourrait retracer exactement. Ces
fouillis tourmentés de boiseries, ces animaux inconce-
vables, ces inscriptions en lettres d'or, défieraient le
pinceau le plus minutieux. Van Eick, Dürer, les grands
maîtres de la peinture exacte, — auteurs, l'un, de ces
tableaux si soignés où, dans une ville, on voit les tuiles
de tous les toits, les découpures de tous les balcons ;
l'autre, de ces figures de vieillards où la trame de l'é-
toffe, les rides et les accidents de la peau sont si ad-

mirables d'imitation,—Van Eick et Daner, dis-je, transportés à Pé-kin, jetteraient leur pinceau de dépit de ne
pouvoir rendre ces finesses de détail, ces rencontres
inattendues des lignes qui caractérisent l'ornementation architecturale dans le goût chinois.

Mais nous sommes dans la ville tartare, par conséquent dans la partie la moins commerçante de Pé-kin ;
aussi les boutiques ne se suivent-elles pas sans interruption, tout le long des deux côtés de cette longue avenue.
A chaque pas, un jardin ou un parc, dépendant d'une
grande habitation, vient interrompre la ligne des façades magiques de tous ces magasins.

Ici, la population est moins dense, elle vit moins en-
tassée ; car le Tartare, venu des déserts de la Mongolie
et de la Mantchourie, ne pourrait s'habituer à l'exiguïté
d'espace dont les Chinois s'accommodent si bien pour
leurs habitations. Aussi la population de la cité chinoise, plus petite en superficie que l'agglomération
tartare, est-elle plus nombreuse, deux fois au moins,
que celle formée par la race conquérante. Tout à l'heure
j'avais laissé échapper un blâme à l'égard de l'édilité
pé-kinoise ; je reconnais qu'il me faut revenir un peu
sur cette allégation. Je viens en effet de passer devant
un puits où deux hommes plongent continuellement de
profondes corbeilles d'osier qui reviennent à moitié
pleines d'eau et dont ils déversent le contenu dans une
rangée d'auges en pierre établies le long des trottoirs, et
où les conducteurs des voitures et des bêtes de somme

font boire leurs animaux qu'étrangle cette maudite poussière de charbon de terre. Un peu plus loin est un autre
puits, et de celui-là on retire l'eau pour en remplir des
voitures d'arrosage qui parcourent la voie en laissant
tomber une pluie de gouttelettes destinées à abattre les
molécules de houille prêtes à se soulever sous les pas
des chevaux. Dans cette avenue, que nous suivons déjà
depuis près d'une heure sans en voir la fin, la circulation est des plus actives; ce ne sont que voitures et
charrettes, chevaux et mulets, cavaliers et piétons. De
plus, et c'est là un spectacle nouveau pour nous, nous
rencontrons à chaque instant de longues files de chameaux au poil fauve et abondant, qui, attachés à la file
les uns des autres et agitant par le mouvement houleux de leur long cou les clochettes qui y sont attachées, transportent les balles de marchandises de la
Tartarie à Pé-kin et *vice versa*, en passant à travers le
désert de Gobi. Nos chevaux, à la vue de ces quadru-
pèdes inconnus pour eux, s'effrayent et se cabrent, tandis que l'animal à la bosse, sérieux et indifférent à ce
qui l'entoure, continue majestueusement sa route sans
prendre garde au trouble qu'il excite.

A mesure que nous passons devant les maisons, nous
en voyons les habitants accourir sur le devant des
portes pour contempler ces barbares grotesques et
barbus qui, chose bien inaccoutumée, foulent le maca-
dam de la grande capitale. Les femmes se groupent au
fond des ruelles qui donnent dans la grande rue, les

vieilles en avant, les jeunes derrière et se cachant la figure entre les mains pour voir sans être vues.

Si l'un de nous tente de se rapprocher de ce groupe féminin, c'est un sauve-qui-peut général, et toutes les belles se réfugient dans leur maison respective comme des souris surprises par un matou. Cependant, qu'on se rassure, la coquetterie devait exister chez les femmes tartares aussi bien que chez nos femmes françaises : elle est de toutes les latitudes. Nous remarquons en effet certaines jeunes filles qui écartent l'éventail ou la main lorsqu'on les considère, et veulent bien nous laisser voir que si la beauté dans leur race est une qualité absente pour nos yeux européens, du moins il se trouve parmi elles quelques minois frais et vermeils, quelques yeux pétillants d'espièglerie et de malice ; de plus, les femmes tartares n'ont pas de petits pieds : elles ne subissent pas cette mutilation qui est un signe de distinction chez les Chinoises du sud, aussi leur allure n'est-elle pas boiteuse et déhanchée comme celle des habitantes de Canton et de Shang-haï.

Enfin le sang tartare me paraît plus beau, plus riche, et les formes des Pé-kinoises me paraissent plus féminines et moins dépourvues de contour que celles des Cantonaises, par exemple.

Quant aux vieilles femmes, la philosophie paraît avoir répandu chez elles ses enseignements. Convaincues que leurs attraits sont trop passés pour attirer les yeux, même ceux d'un barbare, elles laissent voir volontiers leurs figures ridées et grimaçantes, leurs cheveux grisonnants et leurs bouches édentées ; et comme le sage qui se soucie peu de ceux qui l'entourent, elles détournent à peine les yeux et continuent à savourer le tabac opiacé qu'elles fument dans leurs longues pipes à tuyau de bambou.

Les hommes, eux, vous considèrent attentivement et amènent leurs enfants pour jouir du spectacle. Accroupis sur leurs talons, — c'est la posture familière des Tartares, — ils se montrent du doigt nos traits et nos accoutrements ridicules, et leurs éclats de rire peu dissimulés nous prouvent qu'ils n'ont qu'une médiocre opinion de notre extérieur.

Tous les détails de notre équipement les enchantent ; mon lorgnon à lui seul a eu les honneurs de la journée. Cette impertinente curiosité venant d'autres individus aurait de quoi nous blesser ; mais nous nous calmons en pensant à l'accueil plus défavorable encore que fait la population parisienne aux costumes étrangers qu'elle voit paraître dans ses rues et sur ses boulevards.

N'étaient ces rires et ces gorges chaudes qui éclatent sur notre passage, nous pourrions nous croire de véritables triomphateurs. Nous avons fait une lieue dans Pé-kin, et déjà nous avons passé sous douze arcs de triomphe en bois peint et doré, mais tombant de vétusté et étayés par des poutres déjà vermoulues elles-mêmes. Ces arcs de triomphe datent des commencements de la conquête tartare. A chaque victoire des conquérants, les citoyens de Pé-kin élevaient sans doute ces trop périssables souvenirs des succès de leurs monarques. L'aspect de ces grands portiques détraqués, de ces poutres branlantes, fait mieux ressortir l'absence de constructions neuves dans Pé-kin. Partout des maisons vieilles et délabrées, sinon en ruine ; point de monuments nouvellement édifiés, ni de travaux en cours de construction. La Chine s'est tellement immobilisée au physique et au moral, qu'elle ne relève même pas les pans de murs en ruine qui supportent les fastueuses habitations d'il y a mille ans.

Enfin, nous sommes au bout de la grande rue que nous parcourons, c'est-à-dire que nous voilà parvenus à un coude brusque et étroit qu'elle fait à gauche, étranglée par un des angles de l'enceinte de la ville impériale.

Pé-kin est tellement connu depuis les voyages et les descriptions des missionnaires anglais et français, notamment Milnes et le regrettable Père Huc, que j'aurais mauvaise grâce à vouloir apprendre à mes lecteurs que la cité tartare renferme la ville impériale habitée par les fonctionnaires et les employés de la cour, et au centre laquelle est situé le palais d'hiver de l'empereur.

Je passe sur cette particularité bien connue, — et je continue mon chemin le long des murs de cette ville impériale, simples murs de clôture, qui ne se distinguent des murailles environnantes que par le revêtement de tuiles jaunes qui les surmontent.

Arrivés à l'extrémité de cette enceinte dont nous avons longé une des faces, notre avenue est coupée par une autre grande artère, aussi large, aussi mal macadamisée, bordée également de rares boutiques et de nombreux murs de jardins. Cette rue est sur le petit axe du rectangle de la cité tartare, et coupe, non loin du centre de la ville, l'avenue que nous suivons. Elle aboutit aux deux portes est et ouest, tandis que notre route de tout à l'heure reliait la porte nord à la porte sud.

Quatre artères secondaires joignent les autres portes de l'enceinte tartare deux à deux, et ces six grandes avenues constituent, avec les deux autres, le principal réseau des rues de Pé-kin, qui toutes se coupent à angle droit comme les fils d'un canevas. La ville impériale intercepte, il est vrai, une partie de ce réseau et en gêne la direction, mais assez peu cependant pour que les grands boulevards dont je viens de parler ne dévient pas trop de la ligne droite.

Au croisement des boulevards, quatre arcs de triomphe sont placés se joignant les uns aux autres. Cette ornementation constitue, par l'imminence de sa chute, un tel danger que, dociles à l'exemple donné par les Chinois, nous suivons les accotements de la rue, au lieu de passer sous ces ais détraqués.

Enfin, nous arrivons à hauteur de l'édifice qu'on

nous a destiné. Nous traversons, pour y parvenir, un canal à sec dans en ce moment : c'est le déversoir des eaux des étangs du parc impérial, dont on aperçoit d'ici les collines et les kiosques ; nous prenons à gauche, en nous enfonçant dans un pâté de maisons, au milieu duquel nous découvrons aussi les arbres et la verdure de notre parc futur.

Nous sommes devant la porte et nous mettons pied à terre : deux mâts d'énorme hauteur, plantés de chaque côté, et les fresques grossières à fond rouge du mur d'enceinte, indiquent à tous les yeux l'importance de l'édifice et des gens qui l'occupent.

C'est, en effet, nous apprend M. de M***, le siége du tribunal religieux supérieur, aréopage vénéré composé de sept membres nommés à vie, et devant lesquels sont déférés les bonzes prévenus de crimes et délits ainsi que les contestations relatives au culte, aux doctrines, aux propriétés religieuses, etc.

En entrant, nous apercevons les cours de ce palais remplies de Chinois qui procédent au déménagement complet de tout le mobilier garnissant l'appartement. Les sept grands juges ont-ils eu peur que leurs meubles et bibelots ne courussent des dangers entre nos mains, ou bien, comme nous l'affirme un de ces vénérables personnages, ne vide-t-on le local que pour le garnir à nouveau avec des meubles sortant des magasins de la couronne ? Nous ne pouvons le décider, — mais nous constatons que partout la plus grande activité préside aux réparations et à l'appropriation des bâtiments.

Le prince Kong, jaloux de témoigner sa bonne volonté, a envoyé un mandarin de quatrième classe avec quatre mandarineaux de septième ordre et un nombreux personnel de domestiques de sa maison, le tout avec mission de se mettre à nos ordres et de fournir tout ce que nous exigerons. Dans ce but le prince a ouvert un crédit illimité à son mandataire à globule bleu, gros Chinois joufflu, que sa science et le grand nombre de caractères qu'il sait lire et écrire a fait parvenir de bonne heure à un haut grade, celui de préfet, dans ce pays où tous les emplois se donnent à l'examen.

Pendant que le capitaine du 101ᵉ examine le casernement futur de son bataillon, et que M. de M*** donne des ordres aux mandarins pour hâter l'avancement de la besogne, je vais droit au local où se tenaient les séances du vénérable tribunal. — On a déjà commencé à déménager une partie du mobilier de cette pièce, mais je suis arrivé assez à temps pour voir le prétoire et les siéges des sept juges, magnifiques fauteuils en ébène, où l'artiste chinois a épuisé ses [combinaisons les plus étranges et ses fouillis les plus patients. Des bancs sont rangés sur le devant, et au fond, derrière les magistrats, se trouve un autel sans idole, avec une garniture en porcelaine de la plus grande richesse. Le dieu de la justice, celui sans doute auquel on a dû élever un autel dans le prétoire des juges, est-il donc si inconnu en Chine, que l'*anthropomorphisme* grossier de la religion du pays n'ait pu parvenir à lui trouver une figure plus ou moins emblématique?

Cette salle servira de salon de réception à l'ambassadeur qui, pendant son séjour à Pé-kin, recevra sans doute des visites officielles. — Le matin et le soir elle sera convertie en salle à manger. Les habitations des juges, composant un logis séparé pour chacun, recevront l'ambassadeur, sa suite et les officiers de la garde d'honneur, dont les soldats occupent les dépendances du tribunal et les bâtiments voisins.

— Il est déjà cinq heures du soir quand nous remontons à cheval pour regagner la porte de Pé-kin. Nous remarquons, en le quittant, que notre palais est tout près de la face sud de l'enceinte tartare. Nous mettons près d'une heure, au grand trot de nos bêtes, pour aller de nos futurs domiciles à la porte du nord, et d'après cela nous calculons que la longueur de la ville tartare doit être de plus d'une lieue et demie.

Arrivés de nuit à la porte, nous la trouvons fermée et il faut une heure pour nous l'ouvrir. Avant de rentrer à la lamaserie, nous avons encore à traverser le Champ de Mars, où s'exercent, à différentes époques de l'année prescrites par les rits, les huit bannières tartares. Le souverain assiste aux manœuvres, sous une tente splendide dressée au sommet d'un monticule

artificiel qui domine tout le terrain d'exercice. — La
lune n'est pas encore levée, et nous risquons fort de
nous perdre dansce vaste espace dépourvu de toute espèce de points de repère; heureusement qu'un incendie se déclare dans le voisinage, et, grâce à sa lueur,
nous retrouvons le chemin de la bonzerie impériale.

En même temps que nous arrivons à l'ambassade,
M. l'abbé Trégaro, aumônier en chef de l'expédition,
vient rendre compte au général en chef, dont le quartier général est voisin de notre habitation, d'une mission dont il a été chargé, et qu'il a accomplie dans la
journée.

Il s'agissait de visiter l'ancienne cathédrale de Pé-
kin, bâtie par les jésuites portugais au xviie siècle, et
de voir quels travaux d'appropriation il serait nécessaire d'y exécuter pour la mettre en un état décent.
On se propose, en effet, d'y célébrer l'office solennel
pour les victimes de Tong-Tcheou et le *Te Deum*
officiel.

L'abbé Trégaro, accompagné de plusieurs officiers
de l'état-major et du génie, a parcouru la partie sud-est
de la ville tartare, où se trouve cette église et l'a re-
trouvée en bon état, quant à l'extérieur. Pour y pénétrer,
il a fallu démolir la maçonnerie qui murait les portes
principales; et l'on n'a trouvé d'intact, dans l'intérieur,
que les fresques et quelques dalles en marbre du pavé
du sanctuaire. La toiture était en partie enlevée, ainsi
que tous les vitraux des fenêtres. Une compagnie du

génie ira, dès demain, sous la direction de l'aumônier, procéder aux réparations et à l'érection de la
croix sur le sommet de la cathédrale.

21 octobre. Depuis deux ou trois jours, les dépêches
s'échangent entre les ambassades et les plénipotentiaires chinois. Le prince Kong a admis le payement
de l'indemnité, d'après les chiffres qui lui ont été fixés.
De notre côté, on est heureux de voir une solution
pacifique se préparer; mais il n'en est pas de même
chez nos alliés. Il semble qu'ils fassent tout ce qui est en
leur pouvoir pour empêcher cette solution de se produire. Quant au général Ignatieff, depuis qu'il est
rentré à Pé-kin, il n'a cessé de donner de sages conseils
dans le sens de la paix aux mandarins, qui ont en lui
une grande confiance.

Dans le camp on parle beaucoup politique. Chauvin
est inquiet d'un bruit qui court : les rebelles, dit-on,
s'étant avancés de notre côté et n'étant plus qu'à dix
jours de marche, le général de Montauban aurait
déclaré à son collègue d'Angleterre que, si les Taï-
pings (nom que portent les rebelles) se rapprochaient
davantage, il était tout disposé, avec les forces placées sous son commandement, à traiter les insurgés
qui ont insulté notre drapeau et nos nationaux à
Shang-Haï, absolument comme les Tartares des milices
impériales.

A ce propos, Chauvin prétend qu'il a parfaitement
deviné le plan des Anglais. Ils voudraient, dit-il, pous-

ser à bout les Chinois et faire évanouir les chances de paix. L'hiver survenant, nous serions bien obligés d'aller prendre nos quartiers dans le sud ; et pendant ce temps-là, les rebelles qui ne craignent pas la neige, auraient bientôt fait de s'emparer de la capitale du nord et de donner le coup de grâce à la dynastie tartare. Pour rétablir un peu d'ordre et enrayer les dévastations des rebelles, on mettrait un de leurs chefs sur le trône, et on transporterait le siége du gouvernement à Nan-kin.

. « Et en quoi, lui demande Dumanet, son confident politique, tout cela pourrait-il favoriser les Anglais ?

— En ce qu'ils s'arrogeraient un protectorat sur la dynastie nouvelle qui leur devrait son avénement ; en ce que la capitale se trouverait sur le Yang-tsé-kiang, fleuve dans lequel les Anglais peuvent faire remonter des frégates à vapeur jusqu'à Nan-kin ; enfin, en ce que la dynastie tartare étant renversée, ils auraient fait échec et mat aux Russes qui en sont les protecteurs et les amis, et qui donnent la main à la Chine par la ligne de navigation et de commerce de l'Amour.

— Et qu'est-ce que nous ferions, nous autres Français, au milieu de tout cela ?

— Dame ! nous finirions par nous ennuyer et nous en aller..... »

Que Chauvin ait tort ou raison dans ses aperçus politiques, il n'en est pas moins constant qu'un échange incessant de dépêches a lieu entre l'ambassade française et l'ambassade russe. J'ai dû, aujourd'hui même, me rendre à Pé-kin pour porter un pli au général Ignatieff.

Le chemin est le même qu'hier; seulement, après avoir dépassé le point où j'ai quitté le boulevard nord-sud pour gagner le tribunal des rits, j'ai continué à suivre ce même boulevard jusqu'à l'enceinte commune aux deux cités chinoise et tartare, et tournant à droite, en traversant le canal dont j'ai déjà parlé, je me suis trouvé immédiatement devant l'hôtel occupé par la mission russe religieuse et la légation diplomatique. Indépendamment du plaisir que j'éprouve à me trouver au milieu de ces Messieurs de l'ambassade de Russie, je dois avouer qu'en entrant chez eux, je suis tout charmé de retrouver les habitudes et les usages de l'Europe dans toute leur plénitude. Les bâtiments autrefois chinois de l'hôtel ont été transformés conformément aux idées architecturales des nations civilisées de l'Occident; le mobilier, transporté de Russie par l'amiral Putiatine, prédécesseur de l'ambassadeur actuel, est digne des salons les plus aristocratiques de Pétersbourg; un billard, un piano, un harmonium : voilà plus qu'il n'en faut pour nous faire oublier que nous sommes au cœur de la Chine, à plus de six mille lieues de notre pays. Une chapelle grecque, surtout, où nous conduisent l'archimandrite et les popes de la mission religieuse, fait vibrer en nous ce souvenir du pays natal que la messe du dimanche, toujours célébrée à l'ambassade, évoque à un si haut degré.

11.

On nous présente un artiste polonais, attaché à la mission scientifique. Son atelier est rempli d'études de paysages, d'intérieurs et de portraits, ainsi que de clichés photographiques d'une remarquable réussite.

Bref, rien ne manque à ces Messieurs : destinés à passer plusieurs années au milieu des Chinois, ils se sont installés le plus confortablement possible pour passer ces années d'exil. Dans les cours, des Cosaques d'Oren-bourg montent la garde, la lance au poing, le revolver à la ceinture et le bonnet fourré sur la tête : on se croi-rait dans une forteresse russe, n'étaient les serviteurs chinois qui circulent dans la maison et dont la présence ici détruit l'illusion qui nous charmait.

Le général Ignatieff est fort inquiet. Il vient d'ap-prendre que les Anglais, par une imprudence ou une bravade bien inutile, ont failli arriver à ce qu'on leur prête comme but, à rendre la paix impos-sible.

Ils ont envoyé une grande reconnaissance de cava-lerie faire le tour de la ville, sous le commandement d'un colonel, sir Probine. Celui-ci a rencontré, chemin faisant, un camp de soldats chinois pouvant renfermer cinq à six mille hommes au plus, et près duquel le prince Kong a fixé sa résidence, dans une villa appar-tenant à un des premiers ministres. Le colonel Probine a pénétré dans ce camp, dont les soldats se sont enfuis à son approche, et il a mis la main sur un mandarin de rang élevé, accouru pour parlementer. Le mandarin n'a pas tardé à être mis en liberté, mais le prince Kong, effrayé de cette apparition des troupes anglaises, et craignant que cette manifestation militaire ne fût dirigée contre sa personne, s'est enfui rapidement à plus de seize kilomètres de Pé-kin.

Voilà donc l'issue des négociations peut-être compromise, car si le jeune frère de l'empereur ne revient pas, rien ne sera fait cette année. Le général Ignatieff va envoyer immédiatement un courrier au prince Kong pour le rassurer et le décider à revenir.

L'honorable général nous apprend aussi que les commissaires anglais ont reçu du mandarin Heng-ki l'avis que demain on tiendra à leur disposition l'indemnité réclamée pour les victimes anglaises de l'affaire de Tong-tcheou. Elle monte à une somme de deux millions quatre cent mille francs, dont l'acquittement intégral est une condition *sine qua non* de la paix.

22 *octobre*. Je me suis lié de plus en plus avec Kien-Tao; pour entretenir cette amitié naissante, il m'a fait cadeau d'un arc et de flèches tartares destinées à la chasse; car, pour compléter la ressemblance que j'ai déjà indiquée entre lui et les abbés de Walter Scott, je dois dire qu'il chasse parfois le daim et le chevreuil dans les parcs et les bois qui se trouvent près du palais d'été. Il m'apprend avec sollicitude l'art de bander les arcs à l'aide de la bague en jade que l'on porte au pouce de la main droite, et dont je me suis orné le doigt comme un véritable tartare.

Les nombreux pigeons qui vivent sur les toits et les arbres de la lamaserie, sans aucun souci de la présence des hommes, on ne les mange pas en Chine, voilà le but que les premières leçons m'enseignent à atteindre. Plus tard, ce sera le tour des chiens errants qui infestent la Chine, aussi nombreux, aussi agressifs, aussi faméliques que leurs célèbres collègues de Constantinople. Ces animaux vagabonds attristent toute la nuit nos campements par leurs hurlements sinistres et continuels. Il est vrai que tous ceux que l'on trouvait à Peh-Tang, pendant les premiers jours du débarquement, étaient dépecés et bouillaient dans la marmite des soldats ; et peut-être est-ce depuis cette époque qu'ils nous poursuivent de leurs aboiements vengeurs.

Je pars, aujourd'hui encore, accompagner M. de B***, le premier secrétaire, qui va faire à Pé-king avec Heng-ki ce qu'il avait fait à Tien-tsin avec Koueï-liang, à Tong-Tcheou avec I-Tsinn-wang, procéder à la discussion définitive de la convention et régler les détails de la signature du traité et de l'échange des ratifications.

En arrivant en ville, nous avons toutes les peines du monde à nous frayer un passage au milieu des voitures qui sont venues chercher les caisses de lingots d'argent affectés au payement de l'indemnité anglaise ; la somme totale a été, en effet, intégralement payée aux commissaires anglais, et tout marche vers la solution pacifique.

Ce n'est qu'avec beaucoup de peine que nous découvrons enfin le *yamoun* du célèbre Heng-ki, avec lequel doit avoir lieu la conférence dont j'ai parlé plus haut. Cette séance importante devant être empreinte aux yeux des Chinois d'un calme imposant pour les frapper, nous avons emmené avec nous une nombreuse escorte de cavalerie et d'infanterie.

Nous pénétrons jusqu'au fond du *yamoun* toujours montés sur nos chevaux, et l'infanterie forme la haie sur notre passage. On place des sentinelles d'honneur à toutes les portes et devant l'appartement où les deux diplomates entrent en conférences. Pour moi, sachant combien Heng-ki est prolixe dans ses discussions et aime à ergoter sur les moindres détails, je me doute bien que la séance ne sera point levée avant plusieurs heures, et je profite du temps que j'ai devant moi pour aller donner un coup d'œil à l'installation de nos appartements.

23 *octobre*. On a envoyé du camp tous les caissons d'artillerie, veufs de leur contenu habituel, les projectiles rayés, pour chercher les seize cent mille francs qui doivent nous être payés. La remise de la somme a eu lieu par-devant M. de M***, désigné *ad hoc* par l'ambassadeur. Quittance est donnée à Heng-ki de cette somme, que le baron Gros verse entre les mains du payeur en chef de l'armée, pour être envoyée en France où une commission spéciale statuera sur la répartition qui doit en être faite entre les parents des victimes et les prisonniers survivants.

J'ai dit que les renseignements avaient jusqu'ici manqué au sujet du sort du Père Deluc et de M. de Brabanson. C'est aujourd'hui seulement qu'on est parvenu à savoir quelque chose sur leur compte.

L'ambassadeur a, en effet, reçu la visite de l'évêque du Pe-tché-li, Mgr Mouly, et de son coadjuteur, Mgr Annouilh. Les deux prélats, avant la guerre, se tenaient soigneusement cachés, dans le fond de Pé-kin et dans les villages environnants, chez les chrétiens; depuis que nous avons pénétré dans la province et que nous avons dépassé Tien-tsin, ils peuvent lever la tête et ils ne craignent plus de se montrer.

Ils sont tous deux vêtus à la chinoise, c'est-à-dire qu'ils portent une robe de satin violet de la forme du pays, une toque de velours noir avec des effilés de soie rouge, et leur queue, qu'ils ont laissée pousser depuis plus de trente ans, descend du sommet de la tête jusqu'aux talons. Mgr Mouly paraît fatigué par la vie périlleuse de l'apostolat; Mgr Annouilh est gascon, il est vif, gai, rempli d'entrain et ne se sent pas de joie de se retrouver au milieu de ses compatriotes. Ils viennent remercier l'ambassadeur des avantages qu'il a obtenus en faveur de la religion catholique pour les ministres de laquelle tout a bien changé de face, car les deux prélats, appelés devant le prince Kong, ont été reçus avec beaucoup de bienveillance; il leur a promis de protéger la religion chrétienne de la façon la plus efficace, leur demandant en retour de s'entremettre, au nom de la religion, entre la Chine et leurs compatriotes, pour rendre facile la paix qui va se signer entre les deux pays.

Enfin, ont-ils dit, des chrétiens de Pé-kin incorporés de force dans la milice chinoise et qui avaient assisté au combat de Pa-li-kiao, ont raconté que depuis la veille de ce combat, le général en chef Tchem-Pao avait avec lui deux étrangers prisonniers qu'il paraissait traiter avec assez de douceur. Le signalement qu'ils donnent de ces deux étrangers est de nature à confirmer l'hypothèse qu'ils n'étaient autres que le missionnaire et le capitaine anglais. Mais, ont-ils ajouté, le jour du combat, blessé au bras et voyant son armée en déroute, Tchem-Pao devenu furieux fit amener les deux prisonniers devant lui, sur le pont, et leur fit trancher la tête. Les cadavres des suppliciés auraient été, d'après ces Chinois, enterrés dans un endroit qu'ils se font fort de reconnaître. En conséquence, on va les envoyer avec quelques soldats du génie à Pa-li-kiao, pour faire des recherches qui, peut-être, amèneront la découverte des restes des deux malheureux et fourniront la preuve certaine de leur mort, qui n'existait pas virtuellement pour nous.

Demain la journée sera fertile en événements. L'ambassadeur ira prendre possession de son hôtel à Pé-kin et les Anglais signeront leur traité à deux heures. — Partout on se prépare à donner à ces cérémonies un vif éclat; rien ne sera épargné pour inculquer aux Chinois une imposante idée de notre puissance.

A l'ambassade, tout le monde travaille à copier des exemplaires de la convention de 1860, du traité de 1858 et du procès-verbal de l'échange des ratifications. Il faut, en effet, préparer douze expéditions de chacun de ces instruments diplomatiques.

Voici maintenant quelles sont les principales clauses de cette convention de 1860, identiques pour les deux nations.

1° Rétablissement de la paix entre les deux empires.

2° Payement d'une indemnité de guerre de 62,000,000 de francs, dont une partie sera payable en argent immédiatement; et le reste prélevé sur les recettes des douanes chinoises établies dans les ports ouverts ; — les deux cinquièmes seulement de ces recettes pouvant être retenus pour cet usage et partagés entre les puissances européennes contractantes.

3° Ouverture du port de Tien-tsin au commerce des nations étrangères, qui pourront y établir des consuls.

4° Liberté de circulation et de transaction, droit d'acquérir et de posséder dans toute la Chine, pour les citoyens des deux nations européennes.

5° Liberté des cultes chrétiens et protection efficace accordée aux ministres des religions chrétiennes.

Restitution des édifices et des terrains ayant servi jadis au culte ou ayant appartenu à l'Église catholique, dans toute la Chine.

6° Révision des tarifs de douane.

7° Évacuation des îles Chu-sang par les forces alliées.

8° Droit des alliés à hiverner en Chine, dans des lieux à leur choix, et à conserver des garnisons à Ta-Kou, Tien-tsin, Shang-Haï, Canton, jusqu'à entier payement de l'indemnité.

9° Résidence à Pé-kin des ministres plénipotentiaires des deux nations, qui traiteront dès lors directement des affaires avec les premiers ministres de l'Empereur, sans aucun autre intermédiaire.

(Dans le traité de l'Angleterre, un article additionnel concédait à cette nation un territoire de quelques lieues carrées d'étendue, en face de Hon-Kong et que les Anglais, qui y avaient établi un camp, louaient jusqu'ici aux mandarins gouverneurs du district, au prix de quelques milliers de piastres.)

C'est ainsi que les avantages de la convention et les résultats de la guerre étaient identiquement les mêmes pour les deux pays. Et cependant, quand l'on songe à la disproportion des forces engagées en Chine par chacune des puissances européennes, on s'étonne que nous ayons réussi à nous maintenir à la hauteur de nos puissants et exigeants alliés. Nous n'étions venus en Chine qu'avec soixante bâtiments et six mille hommes au plus : —les Anglais avaient amené de l'Europe et de l'Inde dix mille Européens et au moins dix mille Indiens embarqués sur une flotte de plus de deux cent trente voiles ; ils avaient une nombreuse cavalerie, — nous n'avions qu'un peloton d'escorte ; ils avaient pour traîner leur imposante artillerie ces magnifiques chevaux de l'Inde et de l'Australie ; — nous n'avions, pour franchir les marais et les mauvais chemins, que de petits chevaux chinois et quelques japonais efflanqués ; plus de six mille coolies cantonais suivaient leur armée et en faisaient le gros ouvrage ; — nous n'en avions qu'un millier pour le même objet. Et cependant, toujours nous marchâmes de pair avec eux, souvent un heureux hasard nous fit aborder l'ennemi les premiers et mit entre nos mains le succès des combats. L'attitude de notre ambassadeur et de notre général en chef empêcha que dans le traité nos alliés se réservassent une part léonine.

On a beaucoup parlé depuis quelque temps de cette cession de territoire faite aux Anglais par la convention de 1860. On a crié à l'infériorité des résultats obtenus par nous dans les négociations diplomatiques, on a vu tout de suite les Anglais maîtres d'un territoire étendu, d'une province populeuse et commerçante ; on s'est demandé pourquoi, nous autres Français, nous n'avions pas stipulé le même avantage en notre faveur.

On est heureux lorsqu'on veut réfuter les assertions légères de ces gens qui jugent tout de leur cabinet, on est heureux, dis-je, d'avoir été témoin oculaire et de pouvoir baser ses arguments sur ce que l'on a vu de ses propres yeux.

J'ai parcouru en tous sens, pendant mon séjour à Hong-Kong, ce terrain dont la concession aux Anglais a excité tant de murmures. Ce n'est, hélas! qu'une plaine aride de quelques lieues carrées d'étendue, sans maisons, sans population, sans routes aucunes, et de plus située dans une des parties les plus désertes des côtes de la Chine.

On me demandera pourquoi les Anglais exigeaient alors cette concession. Ils l'ont fait pour deux raisons : d'abord parce que cette langue de terre est indispensable pour la défense de la rade de Hong-Kong, ensuite parce que Hong-kong n'étant qu'un rocher, ils manqüaient d'espace pour loger leurs troupes de cavalerie et créer un terrain de manœuvre à leurs soldats.

Cet incident réduit à ses justes proportions, n'ai-je pas le droit de dire comme le grand dramaturge anglais :

Much ado about for nothing.

CHAPITRE XI

Entrée à Pé-kin. — Signature du traité. —
Cérémonies.

24 octobre. A neuf heures le personnel de l'ambassade, en grande tenue et au grand complet, a quitté la lamaserie où, sur l'insistance du bonze Kien-tao, on a laissé une compagnie pour préserver du pillage ce riche établissement.

L'ambassadeur et le premier secrétaire sont en chaises et portés chacun par huit coolies revêtus d'uniformes tout neufs : souliers de satin noir, pantalon de cotonnade grise, jaquette de la même étoffe avec des liserés rouges et toques de feutre noir avec des effilés tricolores. Le reste de l'ambassade est à cheval près des portières des deux chaises. En avant du palanquin de l'ambassadeur marche le drapeau du 104e de ligne, et en avant de celui du premier secrétaire ; un pavillon français, porté par un quartier-maître du *Duchayla*, remplace le pavillon particulier du baron Gros, pavillon luxueux, qui est resté enseveli sous l'eau dans le naufrage du *Malabar*.

En tête du cortége marche la musique, l'état-major et un bataillon du 101e de ligne ; trente spahis dont le manteau rouge flotte au vent, et un peleton de matelots entourent les palanquins ; la marche est enfin fermée par le 2e bataillon du 101e de ligne.

Arrivés à la porte de Pé-kin, nous trouvons les deux bataillons de garde anglaise et française sous les armes, pour rendre les honneurs militaires à l'ambassadeur ; et les pièces placées sur les remparts, saluent son entrée dans la ville de dix-neuf coups de canon.

La porte franchie, un cortége de mandarins, ayant à leur tête Heng-Ki, vient complimenter l'ambassadeur. Tous ces personnages ont endossé la tenue de cérémonie : longue robe de satin violet, ornée sur le dos et sur la poitrine de plaques brodées, insignes de leur rang ; au milieu de cette plaque est un oiseau, sorte d'ibis pour les mandarins civils et un tigre ou un lion pour les mandarins militaires. Ils portent, en outre, la toque de cérémonie, surmontée d'un globule ou bouton, qui sert à faire connaître la classe à laquelle ils appartiennent. De ce globule se détache, par derrière, une queue en plumes de paon, dont les tuyaux s'agencent dans un tube de jade vert adhérent au bouton. Le sommet de la coiffure est, en outre, garni d'un large effilé de soie rouge qui retombe de tous côtés sur la calotte de ce chapeau. En été le costume est le même, seulement la coiffure consiste en un chapeau de paille exactement conique que surmontent le bouton et la plume de paon ; mais alors l'effilé de soie rouge est remplacé par un plumet en crins de la même couleur.

On sait que les mandarins se subdivisent en quatre classes. — La première, dont le bouton est de couleur rouge, comprend trois catégories dont la plus élevée a la nuance corail, celle qui vient ensuite la nuance vermillon, et enfin la dernière, la nuance ponceau. La deuxième classe comprend les globules bleus, qui se subdivisent en deux catégories ; la première avec le bouton bleu opaque (*lapis lazuli*), et la deuxième, bleu transparent (cristal bleu). La troisième classe est celle des boutons blancs, elle se subdivise aussi en deux séries, distinguées par le blanc porcelaine et le blanc transparent. Enfin la quatrième porte le bouton de cuivre doré.

Les boutons rouges sont les premiers ministres, les vice-rois, les généraux en chef. Les bleus sont les préfets, les généraux, les receveurs de l'impôt, les tao-taï ou gouverneurs des grandes villes. — Quant aux blancs et surtout aux dorés, ils se composent des employés subalternes, des petits officiers, des expéditionnaires des ministères.

Une fois la harangue de Heng-ki et la réponse de l'ambassadeur interprétées par M. de M***, nous nous dirigeons par l'avenue que, par une précaution bien entendue, on a arrosée depuis le matin de façon à nous éviter la poussière.

La curiosité des habitants est portée à son comble par l'apparition de ce cortége imposant et par les sons éclatants des tambours et de la musique : à mesure que les deux palanquins passent devant eux, les Chinois, avides de contempler les traits des grands personnages qu'ils soupçonnent y être assis, se baissent et dévorent des yeux le baron Gros et son premier secrétaire. Les femmes, elles-mêmes, de tout âge et de toute condition, laissent leur réserve habituelle de côté et ne sont pas les moins empressées à considérer ce spectacle si nouveau et si intéressant pour elles. Du reste, là comme ailleurs, la musique a le privilége d'attirer les badauds qui se précipitent à sa suite et l'accompagnent au loin.

Nous avons mis une heure et demie pour aller de la porte du nord au tribunal religieux, dans lequel nous faisons notre entrée solennelle, reçus à la porte par les mandarins que le prince Kong a attachés à l'ambassade pour la fournir de tout ce qui lui serait nécessaire.

L'ameublement et l'ornementation ont été achevés le matin même ; et nous regrettons vivement les réparations exécutées, car partout on a collé de nouveaux papiers de tenture avec un enduit, hélas ! si infect, que nous nous demandons s'il ne faudra pas ce soir coucher en plein air. On a installé l'appartement de l'ambassadeur avec des tentures en draps rouges : des tapis de feutre de la même couleur sont placés sur le sol, dont les dalles seraient trop froides pour la saison. Ce loge-

ment est surmonté, au premièr étage, d'une galerie
dont on a fait un fumoir, qu'on a garni de pipes et de
tabac trempé dans une dissolution d'opium.

On plante le pavillon de l'ambassadeur au sommet
de la porte d'entrée, et le mandarin, notre intendant,
enchanté de la satisfaction que le baron Gros a témoi-
gnée sur le zèle déployé pour lui préparer une habitation convenable, nous conduit à une collation qu'il a
fait servir à notre intention.

Ce lunch chinois se compose exclusivement de fruits
et de thé. Des pommes, des poires, des pêches, des
nèfles du Japon, sorte de tomates jaunes, et des raisins; puis des fruits secs, jujubes, pépins de pastèques, pommes et poires tapées, oranges et raisins
confits, forment le menu du repas. Les fruits secs et les
confitures sont servis sur des plats de belle porcelaine.
Les fruits de la saison, coupés en petits morceaux, paraissent sur des compotiers en porcelaine également.
Quant au service de chaque convive, il comprend une
soucoupe en guise d'assiette, un petit gobelet en argent
de la capacité d'un dé à coudre, pour boire le samchou,
d'une tasse de thé avec sa soucoupe d'argent et son
couvercle de porcelaine, enfin d'un couteau et d'une
fourchette à deux pointes, pour piquer et saisir les
parcelles de fruits que l'on a servies dans les compotiers.

Chacun des plats ou compotiers repose sur un pied
en racine sculptée; et quatre brûle-parfums, en émail

cloisonné, laissent s'échapper la fumée odorante des pastilles. Les serviteurs empressés changent la tasse de thé de chacun des convives, aussitôt que ceux-ci y ont porté les lèvres ; ils attendent aussi, mais en vain, le moment où nous aurons dégusté l'ignoble sam-chou pour en remplir de nouveau nos timbales microscopiques.

Quelques pâtisseries sont apportées pour terminer la collation. Elles sont toutes préparées au saindoux, qui ruisselle encore de leurs croûtes dorées. Nous remarquons, au milieu de tous ces gâteaux indescriptibles et qui excitent toute notre défiance, des puddings et des madeleines qui seules sont convenables pour nos palais européens.

Le festin est enfin couronné par l'arrivée inattendue d'un panier de bouteilles de limonade gazeuse que le digne intendant, jaloux de servir aux Européens des boissons de leur goût, s'est procuré chez quelque marchand anglais, lequel lui a persuadé que ce fade breuvage était l'ambroisie des barbares.

Ce soir, nous avons grand dîner gala. — On a déballé les paniers de porcelaines et de cristaux qui avaient fait la route sans qu'on pût les mettre en service, et cela en considération de nos marches et contremarches si nombreuses. — Les caisses de vins fins, les paniers de champagne, sortent des chariots où ils étaient restés intacts, pendant la route accidentée que nous avons faite de Tien-tsin jusqu'ici.

A-tsin, notre mandarin intendant, est convié au festin où, déjà sous le charme du champagne qu'il a consenti à goûter, à l'exclusion des autres vins, il est un des plus ardents à choquer son verre quand nous buvons à la France et à l'Empereur. Bien plus, lorsque la musique, qui a joué aux flambeaux, pendant ce repas d'un luxe inaccoutumé, se met à exécuter l'air impérial, ce gai convive se lève de table et veut à toute force nous donner une représentation chorégraphique dont il ne se dispense qu'après de nombreux efforts de notre part.

Les Anglais ont signé leur traité aujourd'hui, et toute leur armée assistait à la cérémonie. Le canon a été tiré au moment où le lord haut commissaire apposait sa signature au bas de l'instrument de paix. On nous a raconté que lord Elgin s'est montré plein de froideur et de dureté pour le jeune prince, dont tout le monde loue la bonne mine et la distinction. Le prince Kong se serait avancé, selon l'usage, au devant de lord Elgin qui descendait de son palanquin, vêtu du splendide costume de pair d'Angleterre; mais l'ambassadeur britannique, affectant de ne prendre pas garde à la démarche du frère de l'empereur, aurait pénétré dans la salle où devait avoir lieu la signature sans se retourner; il se serait assis ensuite à la place qui lui était réservée, sans avoir jusque-là adressé une seule parole au prince du sang chinois.

25 octobre. Encore une solennité aujourd'hui, et des plus fatigantes. — Heureusement que l'intérêt qu'elle doit présenter nous empêche de sentir toute la gêne que nous font éprouver nos uniformes européens, revêtus pour la première fois, depuis si longtemps que les tout-ronds [1] et les pantalons de flanelle bleue, avec les casques blancs de moelle d'aloès, composaient tout notre costume. Nous sommes partis de l'ambassade à huit heures du matin, absolument dans le même ordre et avec le même cérémonial que la veille ; et nous sommes sortis de la ville, toujours par la porte du nord, pour gagner le quartier-général, où le commandant en chef de l'armée offre un splendide déjeuner au baron Gros et à son ambassade. M. de Baluseck et les deux évêques du Pe-tche-li assistent à ce repas, auquel ont été invités les chefs de corps et de services de l'armée.

A onze heures, les troupes quittent leur cantonnement après avoir endossé les plus beaux uniformes qu'elles ont pu se créer, en réparant les désordres qu'un an de campagne et trois mois de bivouacs ont nécessairement causé à leurs habillements, dont les rechanges ont été brûlées naguère dans l'incendie de *la Reine des Clippers*.

Les officiers ont sorti de leurs cantines les épaulettes brillantes et les ceinturons dorés qui n'avaient pas vu le jour depuis les bals et les fêtes du Cap de Bonne-Espérance ; si bien qu'on se croirait à un jour de revue au Champ de Mars.

---

[1] Veste des matelots.

Le cortége se forme sur la route de Tartarie, en avant de la porte du nord, de la manière suivante :

Une avant-garde de cavalerie ;

Une musique ;

Un peloton de chacune des différentes armes représentées dans le corps expéditionnaire : génie, matelots, chasseurs à pied, infanterie de ligne, infanterie de marine et fuséens ;

Le bataillon de chasseurs à pied avec sa fanfare ;

Deux pelotons d'artillerie à cheval ;

Les officiers sans troupe à cheval ;

Le chef d'état-major ;

Les officiers d'état-major général et les officiers d'état-major de l'artillerie ;

Le général en chef, en grand uniforme de général de division, avec ses deux généraux de brigade ;

Les chefs de service et les chefs de corps ;

L'état-major particulier du général en chef ;

Les spahis et les chasseurs d'Afrique ;

La musique du 101ᵉ ;

Les trois drapeaux du 101ᵉ, du 102ᵉ et de l'infanterie de marine ;

Le traité de 1858, relié en velours bleu semé d'abeilles, garni de fermoirs dorés et muni du sceau impérial qu'enveloppe une boîte d'argent doré aux armes de l'Empereur. Cet instrument de paix, ratifié par l'Empereur des Français, est porté par quatre sous-officiers décorés de l'armée de terre ;

L'ambassadeur, en palanquin, ainsi que son premier secrétaire; et tous les autres membres de l'ambassade à cheval autour d'eux;

Deux pelotons d'artillerie à cheval;

Deux bataillons du 104e;

La haie, depuis la porte jusqu'aux environs du tribunal des rits, où a lieu la signature du traité, est formée par le 102e de ligne et le régiment d'infanterie de marine.

Au moment où l'ambassadeur franchit la porte, une salve d'artillerie ébranle l'air et fait retentir les remparts de cette capitale où les Européens n'étaient entrés jusqu'alors qu'au prix de sacrifices humiliants pour leur liberté et leur dignité.

L'ambassadeur, à son entrée dans la ville, est reçu par une cohorte de mandarins à la tête desquels Heng-Ki se trouve encore; et les félicitations et les harangues recommencent, comme la veille, entre les plénipotentiaires chinois et le haut commissaire français.

La haie des soldats suffit à peine à contenir la multitude avide de spectacle qui se presse sur les trottoirs de l'avenue pour contempler ce spectacle qu'il n'est donné que rarement à un peuple de considérer : celui des ennemis vainqueurs venant, en grande pompe, signer la paix dans une capitale conquise. Les Chinois, dont le patriotisme est trop faible pour que tout ce qu'il y a d'humiliant pour eux dans cette cérémonie contriste leurs cœurs et couvre de honte leurs visages, les Chinois

12.

ne songent qu'à examiner les étrangers et leurs uniformes, et à dévisager ces grands personnages dont les têtes avaient été mises à prix par leur souverain.

Si au milieu de ce triomphe et des sentiments de satisfaction qu'il nous inspire, la vue de cette indifférence de la population pour l'abaissement de son gouvernement et pour la constatation de sa faiblesse peut faire naître dans nos esprits un souvenir amer, c'est qu'il nous faut bien nous rappeler que, quarante-cinq ans auparavant, des triomphateurs, vainqueurs comme nous d'un grand empire et maîtres d'une capitale gigantesque, purent, comme nous aussi, constater la même indifférence chez un grand peuple dont nos pères faisaient partie et auquel nous appartenons. — De la nourriture et des spectacles, voilà ce qu'il faut pour la multitude. Que le grain qui les nourrit ait été engraissé par les cadavres de leurs concitoyens, que le spectacle auquel elle assiste soit celui de la dignité nationale abaissée, qu'importe! c'est du pain et des spectacles qu'il faudra toujours, en Chine comme partout ailleurs, pour les populations...

De la porte de la ville au tribunal des rits, il y a bien deux heures de route; et cette fois, soit que le soleil ait déjà desséché l'eau avec laquelle on avait arrosé la chaussée, soit que la municipalité de Pé-kin n'ait pas été aussi prévoyante que la veille, nous cheminons dans un nuage de poussière noire qui vient s'incruster dans nos habits et dans nos barbes, et qui, pénétrant dans la poitrine et dans les yeux, nous altère, nous oppresse et nous aveugle.

Nous longeons la face est et une partie de la face sud de l'enceinte de la ville impériale ; puis nous traversons un canal, à sec comme tous les autres, mais que la neige qui couvre déjà la crête des montagnes de Tartarie aura bientôt rempli en se fondant. Enfin, après avoir pénétré dans le quartier où se trouvent l'ambassade russe et les différents ministères chinois, nous nous trouvons en face du tribunal des rits, aux abords duquel la foule stationne, occupant le sol avoisinant et couvrant les toits des maisons environnantes.

Je voudrais faire comprendre à quel point la cohue qui stationnait là était immense ; je ne trouve, pour exprimer cet amas confus et houleux de têtes humaines, que cette comparaison triviale : une épingle qu'on aurait jetée en l'air n'aurait pas trouvé place pour tomber sur le sol.

La partie du cortége qui est en avant se prolonge dans la rue où se trouve le tribunal des rits ; arrivés en face de cet édifice, l'ambassadeur, le général en chef et les principaux officiers de l'armée mettent pied à terre ; puis le baron Gros, ayant à ses côtés le général de Montauban, derrière lui son personnel de l'ambassade et les états-majors, franchit les degrés qui mènent dans la cour où se trouve la salle destinée à contenir l'auguste assemblée.

Cette vaste cour est remplie de prétoriens chinois,

espèce de garde personnelle des mandarins et exécu-
teurs de leur justice qui, coiffés d'une toque sur laquelle pend une queue de renard et couverts d'une casaque de cotonnade bleue, à bordures rouges ou vertes,
remplissent l'espace, laissant libre un passage pour
les hauts personnages français.

Pendant que l'ambassadeur s'avance au milieu du
rassemblement des policemen chinois, le prince Kong,
entouré des plus illustres mandarins de la Chine, arrive au seuil de la salle et salue de nombreux tchin-
tchin celui qui a dicté la paix qu'on va signer et celui
dont l'épée l'a rendue possible. Les deux groupes
entrent alors dans la salle, et chacun prend la place qui
lui est réservée dans l'ordre suivant :

Au fond se trouvent deux estrades ; sur l'une est placé
le traité français, et le baron Gros y est assis ; sur
l'autre le traité chinois, et le prince Kong y a pris place.
— Tous les deux sont entourés, l'un de ses secrétaires
d'ambassade, l'autre de Heng-Ki et des mandarins de
sa suite. Entre ces estrades se tiennent M. de M*** et
le Père Delamarre, qui doivent interpréter la conversation entre les deux personnages et échanger les explications que les Chinois, toujours formalistes et minutieux, ne manqueront pas de demander.

A côté, on a placé deux autres estrades ; l'une, à
droite du prince Kong, qu'occupe le général Chem-
Pao ; l'autre, à gauche du baron Gros, qu'occupe le
énéral en chef.

Puis, sur les côtés de la salle, se trouvent de chaque côté deux longues tables se faisant face. A l'une sont assis dix à douze mandarins à boutons de corail, premiers ministres, généraux en chef et autres grands personnages du gouvernement chinois, qui, impassibles et majestueux, avec leur barbe blanche et leur figure ridée, rappellent les sénateurs romains attendant la mort sur leurs chaises curules. — A l'autre table se sont assis les deux généraux de brigade et les chefs de service de l'armée. — Pour compléter la description, ajoutez-y, d'un côté, une multitude de mandarins de tous grades; de l'autre, les officiers de l'armée française qui ont pu trouver place dans cette étroite enceinte.

Aussitôt assis, on apporte le thé aux deux plénipotentiaires et aux grands personnages de chaque nation : puis le prince Kong et le baron Gros se présentent réciproquement les principaux officiers et les principaux mandarins qui les accompagnent; après quoi l'on procède à l'accomplissement des formalités diplomatiques.

Pendant que l'on échange les exemplaires de la convention, que l'on vérifie les sceaux, que les Chinois enfin scrutent la copie chinoise de notre traité, pour en collationner le texte avec celle qu'a signée l'empereur Hien-fung, je peux considérer à mon aise le prince Kong, sur lequel se portent tous les regards. C'est un jeune homme de vingt-six ans, de taille moyenne et de

formes un peu grêles. — Sa physionomie intelligente
et sereine respire une grande douceur ; ses yeux sont
grands et vifs ; son teint d'une pâleur mate, qui ne
manque pas de distinction. Il a les mains d'une blancheur et d'une finesse tout à fait patriciennes, et à le
voir, on reste convaincu que c'est le rejeton d'une race
dans laquelle le luxe, la vie oisive et les jouissances
sont héréditaires : c'est, en un mot, un homme chez
lequel il y a du sang. — L'ensemble de tout cela constitue un fort joli garçon, gracieux de démarche et dis-
tingué de manières, qui, transporté en Europe, serait
le lion des salons de Paris et de Londres pendant tout
un hiver au moins.

On voit d'ailleurs que le sympathique respect que
lui témoignent les Français a rasséréné ce prince qui,
la veille, avait été rudement traité ; aussi avait-il le
sourire sur les lèvres à notre arrivée et a-t-il paru
charmé lorsqu'en l'abordant, le baron Gros lui a fait
dire par M. de M*** qu'il le priait d'agréer ses sentiments de respect pour l'Empereur son frère et pour
lui-même, et d'être convaincu du désir qui animait la
France et son souverain de vivre en paix avec le Céleste-Empire.

Quant à son costume de prince du sang chinois, il
est semblable à celui des mandarins : à cette particularité près, qu'au lieu des deux placards brodés que
portent ceux-ci, le prince a sur les épaules, sur le dos
et sur la poitrine quatre grands ronds, brodés égale-

ment, où se trouve le dragon aux cinq griffes, armoiries de la dynastie de Tsing. De plus, le prince ne porte pas de bouton à sa toque; elle est surmontée d'une énorme émeraude, pierre distinctive du prince du sang, l'œil de chat étant réservé à l'empereur et la perle aux impératrices. Enfin, il porte un collier de boules de corail et d'ambre jaune, ornement des grands jours de cérémonie qu'ont revêtu tous les autres mandarins : les grains dont se compose ce collier varient depuis l'ambre et le corail jusqu'au verre de couleur, en passant par le lapis-lazuli et la laque rouge, pour distinguer entre elles les places des fonctionnaires qui portent ce collier.

Pendant que je me livre à ces observations, les prétoriens rassemblés dans la cour se ruent sur la salle, cherchant à voir un peu la scène qui s'y joue : mais aussitôt les mandarins, même de rang élevé, se précipitent sur les curieux, et, armés de fouets, les font rétrograder en les frappant rudement des lanières de cet instrument. Généralement, le public français, témoin de cette scène comique, trouve que ce métier de constables n'est pas tout à fait digne du rang des grands officiers de la couronne chinoise.

Mais revenons au traité. Après mille confrontations opérées et mille explications demandées par les contractants chinois, le prince Kong et le baron Gros apposent leur signature et leur seing sur les exemplaires de la convention de 1860. A ce moment, un coup de

canon est tiré près du tribunal des rits et donne le
signal à la batterie placée sur la porte du nord de sa-
luer ce solennel événement. Les exemplaires de la convention signés et échangés, M. de B***, tenant le traité
de 1858 entre les mains, s'avance vers Heng-Ki qui tient
aussi le même traité en chinois et en mongol, écrit sur
des tablettes de bois doré et revêtu du sceau de l'Empereur. C'est là l'échange des ratifications. Mais, au
moment de se dessaisir des ratifications de leurs souverains respectifs, une hésitation de quelques secondes
retient le diplomate et le mandarin, qui ne veulent céder
l'un et l'autre que le dernier le traité qu'ils ont chacun
entre leurs mains. L'avantage reste cependant à notre
premier secrétaire, qui, se méfiant jusqu'au bout des
Chinois, et non sans raison, s'empare de leur exem-
plaire du traité, et consent alors seulement à livrer les
ratifications françaises à Heng-Ki. Puis on signe le procès-verbal de l'échange de ces ratifications, et on lève
la séance.

Avant de se retirer, le baron Gros fait présent au
prince Kong des portraits des trois membres de la famille souveraine de France, ainsi que d'une série des
monnaies françaises, depuis le centime jusqu'à la pièce
de cent francs.

Le baron Gros explique et excuse la modicité de ces
présents par son naufrage à Pointe-de-Galles ; à quoi
le prince lui répond mélancoliquement qu'il serait bien
plus empêché encore pour faire au représentant de la

France un cadeau digne de lui, car non pas l'eau mais bien le feu a consumé dernièrement tout ce qu'il possédait. Après cette allusion aux événements d'Huyen-mi-nu-hyen, le prince remercie l'ambassadeur et lui annonce que très-prochainement, il ira lui rendre visite, non pas en prince, mais en ami.

On se quitte sur cette bonne parole. Le prince adresse des paroles flatteuses au général de Montauban, félicitant la France de posséder un tel guerrier ; puis nous rentrons à notre hôtel.

Le soir réunit encore, à notre table, de nombreux convives français et russes, et l'on se donne rendez-vous pour le lendemain, à une cérémonie moins éclatante mais plus émouvante, à l'enterrement des prisonniers français morts pendant leur captivité.

26 *octobre*. Si nous avons pu hier clore l'ère de la guerre entre la France et la Chine et donner à cette question lointaine une solution qui menaçait d'être reculée à un avenir des plus éloignés, si enfin nous sommes entrés vainqueurs à Pé-kin, il faut y reconnaître uniquement le résultat de l'affaire de Tong-tcheou. Que le gouvernement chinois ou plutôt San-Ko-lin-Tsin et son armée eussent respecté la liberté de nos compatriotes ; que l'armée tartare n'eût pas essayé de nous barrer le passage le 18 septembre : les conférences avec I-Tsin-Wan aboutissaient à la paix.

Dès lors, c'eût été en amis, en alliés, que nous nous ussions rendus à Pé-kin ; les drapeaux européens, au lieu de flotter sur les remparts de la capitale, seraient restés au milieu des soldats qui les avaient suivis si glorieusement. La Chine se serait épargné la dernière des humiliations et nous aurait privés de la victoire et du triomphe.

Les gages de tous ces succès, faut-il le dire, ce sont donc les victimes du 18 septembre ; ce sont les malheureux qui ont souffert une captivité si dure, si atroce, que la plupart y ont succombé. Leur mort fut l'instrument de la victoire, car leurs souffrances ont appelé notre vengeance et par suite notre triomphe. Hier, c'était le jour où leurs bourreaux courbant la tête sous le poids de la punition, avaient envoyé le plus illustre d'entre eux pour signer cette convention de 1860, stigmate d'un empire abaissé et croulant ; hier, c'était le jour de l'expiation ; aujourd'hui, que ces mânes sont satisfaites, que la vengeance réclamée par le sang de ces malheureux a été obtenue dans toute sa plénitude, nous allons les quitter et confier à la terre ces funèbres dépouilles dont nous n'avions pas voulu nous séparer tant que la peine du talion n'aurait pas été appliquée à ceux qui avaient tranché ces nobles existences. Enfin, pour perpétuer le souvenir du crime et celui de son expiation, c'est aux pieds des murs mêmes de la capitale que leur supplice nous avait poussés à conquérir, que l'on va ensevelir nos camarades, en terre chrétienne et bénie, au milieu d'autres Européens ayant marqué leur place dans l'histoire de la Chine, mais de la

Chine civilisée, brillante, éclairée, de la Chine telle qu'elle était au commencement de la dynastie des Tsing. C'est, en effet, au cimetière des jésuites portugais et français, auprès de la sépulture des Ricci et des Verbiest que l'on a creusé la profonde tranchée..... Et de même que le peuple hébreu promenait l'arche sainte le long des murailles d'une ville ennemie, de même nous allons, nous, les représentants de l'Europe, promener, le long des murs de Pé-kin, les arches funèbres où gisent les victimes de la barbarie.

Toute l'armée et l'ambassade au complet se sont fait un devoir de faire partie du triste cortége. L'état-major et une foule d'officiers de l'armée anglaise ont pris leur place dans la file lugubre. L'ambassade anglaise seule n'est pas représentée. Quelques jours auparavant nos alliés ont rendu les derniers devoirs à leurs compatriotes décédés dans les prisons de Pé-kin. Mais l'avis de la cérémonie, avec l'invitation d'y prendre part, n'étant pas parvenu à l'ambassade française pour je ne sais quelles raisons, personne d'entre nous n'a, il est vrai, assisté à l'enterrement de ces gentlemen dont quelques-uns étaient nos amis. Les Anglais, toujours formalistes, ne nous ont pas pardonné cette absence; et l'ambassade de lord Elgin s'est abstenue de paraître là où nous n'avons pu nous rendre, en dépit de notre volonté et de nos désirs. L'ambassade russe, au grand complet, comble heureusement ce vide regrettable à tous égards.

En tête du cortége, qui part du quartier général,
s'avance la pompe religieuse, la croix en tête, fière
et triomphante, car depuis hier, la religion du Christ
a conquis de nouveau ses lettres de naturalisation en
Chine. Chose remarquable, on a donné à porter ce
symbole, qui partout éclaira et dessina notre marche,
à un jeune catéchiste chinois, que notre arrivée avait
arraché, à point nommé, au cimeterre du bourreau,
mais non aux tortures et aux supplices des prétoires.
C'est ce jour la première cérémonie religieuse, la première manifestation libre de la foi chrétienne qu'il
soit depuis longtemps donné à nos missionnaires et à
nos coreligionnaires chinois d'accomplir. Aussi, tous
se sont-ils donné rendez-vous ; et une foule de prê-
tres, de catéchistes et de fidèles chinois, les premiers en habits sacerdotaux, les autres avec des croix
blanches sur la poitrine, entourent-ils les deux prélats qui doivent prononcer les dernières prières sur
les tombes des soldats, martyrs de la civilisation, comme
eux ont été confesseurs de la foi.

Derrière ce nombreux clergé viennent les six cercueils, dont l'un est vide et figure en commémora-
tion du père Deluc, et les autres contiennent les corps
de Foulon de Grandchamps, de Dubut, d'Adair et de
deux soldats. On les a placés sur des caissons d'artillerie conduits par l'attelage ordinaire des pièces de
canon, avec les conducteurs à cheval. Ils sont morts
en braves, on les enterre en soldats.

Et à voir ces cercueils, remplaçant sur les voitures les projectiles et les canons, on se dit que mieux que tous engins de guerre, la mort des six infortunés a frappé au cœur la Chine et son gouvernement.

Après cette file morne et silencieuse, viennent l'ambassadeur et ses attachés ; le général Grant et le général de Montauban ; tous les officiers des états-majors et tous ceux des deux armées ; enfin, les soldats que le service n'a pas retenus au camp. — M. Parkes, malgré l'abstention de ses collègues diplomates, n'a pu manquer à l'accomplissement du pieux et douloureux devoir d'accompagner ses compagnons de captivité, moins heureux que lui ; et il chemine côte à côte avec nous, admirateurs déclarés de cet homme dont le caractère est un mélange de l'énergie romaine et de la constance anglaise.

On gagne, dans cet ordre, la porte du nord, et, en suivant le chemin qui côtoie le rempart, on défile jusqu'à l'angle nord-ouest de Pé-kin, au milieu d'un silence qu'entrecoupent, seuls, les airs funèbres des musiques et les roulements assourdis des tambours. — Puis on suit encore les murs de la face ouest jusqu'à la première porte qui s'ouvre de ce côté.

A cet endroit, on quitte les remparts et on s'engage dans un faubourg étroit et tortueux, habité par une population misérable, et que nous mettons une heure à traverser. — A la sortie de ces ruelles, bordées de

huttes abjectes, on entre dans la campagne ; et, au détour d'un chemin, on se trouve face à face avec la porte
du cimetière portugais.

L'espace de terre sainte, consacré aux ensevelisse-
ments, est à peu près en entier occupé par d'anciennes sépultures : il n'est resté que juste ce qu'il fut
de place pour ouvrir la sextuple fosse creusée avec les
pioches du génie, les mêmes qui ont ouvert la tranchée devant Pé-kin.

Chacune des voitures d'artillerie défile devant la fosse
et on place l'un à côté de l'autre ceux que la mort a
fait entrer dans la même famille, la famille des suppliciés. A cet instant solennel, les cœurs battent dans
les poitrines, les yeux se mouillent de larmes, les
regrets impriment une teinte de tristesse sur toutes
les physionomies. — Après avoir répandu de l'eau
bénite sur cette rangée de cercueils ; après avoir
chanté les litanies, les dernières prières, que le vénérable archevêque de Pé-kin psalmodie de sa voix
brisée, plus par l'émotion que par les fatigues d'un
périlleux apostolat, un prêtre, jeune par l'âge et le
cœur, mais vieux par l'expérience et le talent, et
surtout noble par sa bravoure et son dévoûment, un
prêtre apprécié et aimé de toute l'armée comme un
digne frère d'arme, l'abbé Trégaro, aumônier en
chef de l'expédition, prononce de touchantes et élo-
quentes paroles, comme un prêtre soldat peut seul
en rencontrer. Ai-je besoin de dire qu'elles vont droit

au cœur de tout l'auditoire militaire qui se presse autour du jeune orateur?

Après lui, le colonel d'artillerie, M. de Bentzmann, s'approche de la fosse et rappelle les qualités militaires et individuelles, la bravoure et l'aménité, les talents et la générosité du colonel Granchamps, son collègue, son camarade d'école, son compagnon de toute une vie militaire glorieusement suivie des deux côtés.

Puis, avant que tout soit fini, le général en chef dit le dernier adieu, au nom de l'armée, au nom du pays que nous représentons ici, aux braves dont nos rangs sont vides. Il y a dans les paroles du général de Montauban un sentiment d'amertume et d'indignation concentrée, qui, je puis l'affirmer, est dans les cœurs de tous les Français composant le corps expéditionnaire. Celui qui nous a conduits jusque-là, à travers les deux triomphes de Chang-kia-ouan et de Pa-li-kiao, sent son cœur bondir d'indignation contre les persécuteurs et les traîtres; contre ces mandarins, enfin, que les nécessités et les convenances de la politique mettent désormais à l'abri de notre haine surexcitée par les tristes circonstances que nous rappelait la cérémonie à laquelle nous assistons.

Après ce dernier adieu du général de Montauban, on recouvre les cercueils d'une terre chrétienne, il est vrai, mais terre étrangère, et sans doute plus lourde aux morts que la terre de la patrie.....

— Nous avons besoin de refouler les sentiments pénibles qui nous oppressent ; nous lançons nos chevaux sur la route qui conduit à la ville, et malheureux serait le Chinois à la tête rasée qui se trouverait sur notre chemin : nous ne dérangerions pas nos bêtes, tant les souvenirs tout à l'heure évoqués nous ont rendus farouches. Nous arrivons aux remparts de la ville et nous traversons la porte, non comme des amis pacifiques, mais plutôt comme des vainqueurs, faisant retentir les dalles et les voûtes des portes sous le sabot de nos chevaux. — Nous retrouvons là notre bataillon de garde d'honneur, venu tout entier à la cérémonie, et nous nous engageons avec lui, sans guide, dans la partie occidentale de la ville.

Nous passons devant une tour ruinée à demi, auprès de laquelle se trouve un piédestal supportant jadis un obélisque ; la tour contenait autrefois une clepsydre ; et le monolithe de granit, taillé en obélisque blanc, renfermait des reliques précieuses. Ces deux monuments sont l'ouvrage de Ku-pi-li, le fondateur de la capitale du nord (ou bien Koubilaï comme l'écrivent plusieurs de ces savants sinologues qui, sans avoir vu ni la Chine ni Pé-kin, vous en font les descriptions les plus enthousiastes et les plus circonstanciées [1]).

---

[1] J'ai sous les yeux quelques-unes de ces descriptions : une entre autres, intitulée *la Chine ouverte*, due à la plume d'un savant économiste et moraliste, membre de l'Institut. Avec toute mon humilité de voyageur jeune et d'observateur inexpérimenté, mais rapportant ce qu'il a vu, je dois dire que Pékin n'est plus ce

Quant au reliquaire dont parlent les savants, il n'en existe plus ni trace ni souvenir, à ce que nous dit un mandarin que nous avons rencontré en chemin, et que nous avons engagé à nous servir de *cicerone*.

Notre guide nous montre ensuite les toits d'un temple consacré à la littérature et à Fô ou Confucius, qui en fut la plus grande lumière. A côté de cette pagode, qui ne se distingue en rien des autres, il y a quelques masures habitées par des lettrés nécessiteux, sortes de boursiers que l'on instruit aux frais de l'empereur. Le palais de l'Université se trouve à côté; mais, en dépit de son nom, ce ne fut jamais qu'une caserne d'assez vilaine architecture. Notre mandarin, qui est Chinois, prétend que depuis l'avénement de la dynastie tartare, on n'est plus si exigeant pour la littérature nécessaire aux mandarins, et que la faveur du souverain sait élever au plus hauts grades le Tartare le plus illettré.

qu'on le fait, pas plus que l'Athènes moderne n'est l'Athènes de Périclès. — Déjà du temps où les Jésuites florissaient en Chine (leurs ouvrages et leurs relations sont les sources auxquelles on a puisé généralement pour écrire ces monographies), beaucoup de monuments dont on nous vante la magnificence, et des institutions dont on admire la sagesse, n'existaient plus.

Pour nous, nous n'avons vu que des ruines, et des ruines sans intérêt et sans pittoresque. La Chine perdra à avoir été ouverte, et surtout à avoir été visitée par tout ce monde, car la voix de la masse sera la voix de la vérité.

13.

Puis nous allons visiter un autre miao qui fut autrefois consacré à la sépulture des empereurs. — Depuis les Tsing, tous les souverains sont enterrés au palais de Huyen-mi-nu-hien, et le miao a été profané lors de l'entrée des Tartares à Pé-kin. Il ne présente plus, par conséquent, aucun intérêt, quoi qu'en disent les descriptions.

Mais il nous faut quitter l'avenue dans laquelle nous nous trouvons et qui est interrompue par le mur d'enceinte aux tuiles jaunes de la ville impériale, pour aller regagner la route de notre palais. En chemin, nous passons sous un autre de ces quadruples arcs de triomphe, qu'un savant comparait dernièrement à notre arc de l'Étoile. Comparer notre monument gigantesque à quatre échafaudages en bois, hauts d'une quinzaine de mètres et qui ne se distinguaient, alors qu'ils ne s'écroulaient pas, que par quelques ornementations dans le goût chinois et quelques bariolures grotesques ! voilà bien à quoi on est exposé en voyageant dans son fauteuil !

27 octobre. Le temps est devenu froid plus que jamais et le givre nous enveloppe de ses aiguilles cristallines, lorsque nous quittons l'ambassade pour nous rendre à l'église portugaise, devenue la cathédrale de Pé-kin.

Cette église est située dans l'angle sud-ouest de la ville tartare, près d'une des portes communes aux deux cités, et elle est bâtie sur les bords de l'avenue qui longe les remparts de la face sud. C'est un édifice de médiocre étendue, en forme de croix, et dont le portique, d'une architecture médiocre, est de cet ordre toscan que les jésuites ont adopté pour tous les monuments, églises et colléges qu'ils ont bâtis. En avant du portail se trouve une sorte de traverse en maçonnerie, percée de trois ouvertures et surmontée d'une sculpture en marbre, au milieu de laquelle se détachent les armes de la maison de Bragance. L'église appartenait autrefois aux jésuites portugais, qui l'édifièrent en l'an 1600.

La compagnie du génie, qui, depuis huit jours, y travaille, a réussi à masquer suffisamment sous des tentures le délabrement et la nudité de ce temple auquel, hier, on a restitué la croix de fer qui le surmontait, et que les Chinois avaient abattue et enfouie dans le sol.

Quant à la toiture, à peu près complétement absente, il a été difficile de remédier aux vides désastreux qui la sillonnaient et qui mettaient trop directement les fidèles en communication avec le ciel. Les fenêtres, veuves de leurs vitraux, laissent aussi passer mille souffles fort intempestifs.

Mais la pompe extérieure et intérieure ne laisse rien à désirer et, grâce au plaisir que l'on éprouve à se retrouver dans une église française, on oublie bien vite tous ces petits contre-temps, pour ne s'abandonner qu'à l'illusion que fait naître en nous cette religieuse cérémonie.

Une grande partie des troupes a été commandée pour
la solennité ; les unes, au dehors, sont rangées sous
les armes, aux abords du temple ; le reste forme la haie
dans l'église, dont la nef est remplie de fauteuils pour
les principaux assistants.

L'ambassadeur est reçu, à son arrivée, par le clergé ;
et, précédé de la croix, il fait son entrée au milieu des
accords de la musique qui joue l'air impérial, puis il va
prendre, près de l'autel, la place d'honneur qui lui est
réservée.

M. de Wolf, secrétaire de l'ambassade russe, délégué
par le général Ignatieff pour le représenter à la cérémonie, s'assied à une place d'honneur près du haut
commissaire français ; et le général de Montauban, arrivant à son tour, va se placer à côté de l'ambassadeur,
reçu comme ce dernier par le clergé et la musique.

La cérémonie commence alors. L'abbé de Séré, aumônier de l'armée, célèbre une messe des trépassés, en
mémoire de ceux dont on a béni hier la sépulture. Il
est assisté du même clergé que la veille, au milieu
duquel nous remarquons de jeunes garçons chinois,
portant le costume ecclésiastique et remplissant les
fonctions d'enfants de chœur avec la même assurance
que les élèves d'un séminaire.

Un catafalque avait été dressé dans le centre de la
nef : la messe terminée, l'évêque de Pé-kin procède à
l'absoute, faisant le tour du catafalque, en le bénis-
sant et le parfumant d'encens. Après quoi, l'on enlève

tout ce qu'il y avait de draperies noires dans l'Église, et le clergé va se revêtir de ses plus brillants ornements pour chanter le *Te Deum*. C'est à ce moment qu'un discours est prononcé par Mgr Mouly, évêque de Pé-kin.

Voici quel en était le texte : « *Istud a Deo factum est, et est mirabile in oculis nostris :* Tout ceci tient du prodige, et l'on y sent le doigt de Dieu. »

« Cette conquête rapide et les brillants résultats qui l'ont couronnée ; la religion, autrefois persécutée en Chine, et maintenant célébrant les pompes de son culte dans une cathédrale du haut de laquelle la croix plane sur la capitale la plus reculée de l'Asie ; les périls de l'entreprise ; le petit nombre de ceux qui l'ont menée à si bonne fin ; et surtout cette trahison des Chinois qui nous conduit à mettre le comble à leur défaite : tels sont les événements dont le merveilleux doit étonner, et que la toute-puissance de Dieu, qui sait, à l'heure qu'il a choisie, confondre les puissants et les impies pour ranimer la foi de ses fidèles, peut seule expliquer. » L'idée était juste et prêtait à une brillante exhortation : Mgr Mouly prononce en effet un fort beau discours que la pluie, tombant par la toiture sur les assistants, le force de restreindre quelque peu. Il ne faut pas non plus s'étonner si le bon évêque s'est brouillé avec les uniformes européens. Il a pris M. de Wolf pour un officier anglais ; et l'infortuné secrétaire de l'ambassade russe entend Monseigneur, dans sa période la plus ronflante, rappeler les beaux jours où les soldats anglais, unis aux soldats français, écrasaient le colosse russe sous les murs de Sébastopol. Il est vrai que la veille, dans un discours prononcé également par un orateur chrétien, on avait, en présence des Anglais, si nombreux à la cérémonie, remercié le ministre du même colosse russe de sa présence, et célébré la sympathie qui unissait la France et la Russie; mais on avait oublié de dire un seul mot flatteur pour les Anglais qui, depuis quatre ans, étaient nos frères d'armes sur le sol de la Chine. Il y a donc eu compensation : c'est là, pour le système d'Azaïs, un triomphe que le philosophe aveugle n'aurait jamais imaginé.

Ce sermon terminé, l'évêque de Pé-kin entonne le chant de triomphe et d'action de grâces, le *Te Deum*....

Il y avait un an à peine, j'étais dans la basilique de Paris, et alors on rendait des actions de grâces identiques pour une victoire remportée dans une guerre à laquelle le sort ne m'avait pas permis de prendre part. Mon tour était venu, et, si le triomphe avait été obtenu dans de moins grandes conditions, il avait au moins la particularité, sinon le mérite, d'avoir été obtenu à 6,000 lieues de la mèrepatrie.

CHAPITRE XII

Promenades dans Pé-kin.

Voici un chapitre que j'aurai de la peine à rendre assez intéressant, car je sais d'avance ce qu'il y aura de curiosité et d'attente amassées autour de lui, chez les lecteurs bienveillants qui voudront bien connaître ces quelques épisodes de la vie d'un inconnu.

Au risque d'être accusé de manquer des qualités qui font l'observateur, force m'est d'avouer que je n'ai que peu de descriptions à faire passer sous les yeux. — L'on me trouvera bien insuffisant à côté des sinologues qui ont décrit si complétement la Chine, pour laquelle ils ont joué le même rôle que les *Guides du voyageur* auprès des touristes européens.

Je sais que je n'ai pas tout vu : mais je m'en afflige peu, tellement ce qu'il m'a été donné de connaître me fait peu regretter ce que je n'ai pas examiné. Mais aussi j'avais la tête pleine de ces descriptions, de ces détails merveilleux que nous avions dévorés pendant

la traversée. Or, il en est de tout cela, par rapport à la
réalité, comme des vues panoramiques des grandes
villes : on ne retrouve jamais, après l'examen, ce qu'on
a lu dans les uns, ce qu'on a vu dans les autres. Et
alors la réalité défigure et atténue à un tel point ce qui
fait l'objet de vos observations, que vous en êtes porté
davantage à accuser les auteurs qui vous avaient tracé
un si attrayant tableau de ces merveilles disparues
depuis longtemps.

28 *octobre.* Quoi qu'il en soit, nous allons cesser
d'habiter en Mongolie, pour aller vivre en Chine toute
la journée. Quittant la ville tartare que nous commençons à connaître déjà assez pour ne pas nous y perdre,
nous irons faire une excursion dans la cité chinoise,
non pas tant dans le but de voir des monuments que
dans le dessein de visiter les nombreuses boutiques,
où des industriels, rusés et trompeurs, tiennent en
dépôt les curiosités et les bibelots dont il est de notre
devoir de faire ample collection.

Nous allons donc gagner une porte de la ville chinoise, la plus près de notre hôtel : c'est précisément la
porte du milieu du rempart qui, commun aux deux cités,
a ses défenses tournées contre la ville des Chinois.

Pour y arriver, nous passons une seconde fois devant
ce tribunal des rits où l'on signa la paix ; et, en le
voyant veuf de la foule qui l'encombrait et du cortége
qui défilait devant lui, nous sommes forcés de constater la décrépitude et le manque d'entretien d'un édifice

qui renferme le premier ministère de toute la Chine.

De là, en suivant la rue où se trouve l'hôtel de l'ambassade russe, nous parvenons à la porte dont j'ai parlé comme devant nous servir pour pénétrer dans la deuxième ville. — Mais, avant de la franchir, il nous faut faire halte un instant pour examiner un des points les plus curieux de la cité tartare.

Nous sommes ici sur l'axe des quatre villes dont se compose Pé-kin. Or, du point où nous sommes jusqu'à la porte sud de la ville impériale, porte qui se trouve également sur l'axe, il y a une distance de trois quarts de lieue. Le chemin qui mène du premier de ces points à l'autre, est spécialement réservé à l'empereur et à sa suite pour rentrer dans la capitale, lorsque, ayant quitté Huyen-mi-nu-hien, il va occuper le palais d'hiver pendant le premier mois de l'année.

Pour rendre cette rentrée plus solennelle et faire de ce chemin une sorte de voie sacrée, on l'a bordé, de chaque côté, d'un portique continu, soutenu par des colonnettes en bois, et l'on a placé, à cheval sur cette route, plusieurs arcs de triomphe en bois, ce qui fait que de loin on croit voir de superbes propylées, et que, de près, on ne trouve que de vieilles charpentes, assemblées là sans beaucoup de style, placage de luxe et de magnificence qu'ont célébré les Chinois, et que les descripteurs européens eux-mêmes ont comparé à la place de la Concorde, lui accordant même l'avantage sur cette dernière, dont les perspectives et l'entourage sont si bien faits cependant pour charmer les gens de goût.

La porte que nous traversons après cette halte, comme celle qui nous fut livrée le 14 octobre, est l'ensemble de trois poternes, s'ouvrant sur les faces d'un vaste tambour aussi élevé que les remparts.

Dans l'espèce de préau que les quatre murs enserrent, nous sommes frappés par la vue d'une centaine de voitures, rangées les unes à côté des autres. Ce sont des voitures de louage qui stationnent là, comme à toutes les portes intérieures, en attendant que quelque piéton affairé vienne les prendre à son service. Mais, malheureux le promeneur qui, dans un de ces chariots non suspendus, sera obligé de parcourir les rues de Pé-kin ! En dépit de tous les coussins qu'il a interposés entre lui et le fond de la voiture, l'infortuné voyageur, mille fois cahoté, n'arrivera au bout de sa course que brisé et moulu par toutes les parties du corps.

Peut-être quelqu'un désire-t-il connaître le tarif de ces locatis de l'Empire du milieu : j'en ai à cet effet conservé la traduction que voici.

Voiture de Chang-hi, de la ville chinoise.

Quiconque s'y fera transporter payera :

S'il traverse deux villes..... un quart de taël (2 francs).

S'il ne sort pas d'une même enceinte..... un sixième de taël (1 fr. 75 c.).

S'il en prend depuis le lever de la lune jusqu'à son coucher..... un taël (8 francs).

Les soldats des bannières et les bonzes ne payeront que la moitié du prix.

Règles : 1º Si plus de deux hommes montent dans la voiture, ils indemniseront Chang-hi de la nourriture de son cheval pendant la journée.

2º Partout où se trouvera un puits public, Chang-hi aura le droit de s'y arrêter pour y faire boire sa bête.

3º Et si, sur le passage d'un mandarin, la voiture ne se range pas promptement, Chang-hi recevra quinze coups de rotin et le voyageur dix coups.

Plus bas, le cachet du mandarin chargé de la voirie de Pékin.

Une fois la porte passée, nous entrons en pleine ville chinoise, et tout aussitôt la différence entre les deux cités se fait remarquer.

L'avenue qui se prolonge en avant de la porte, sur l'axe de la ville, est bien encore vaste et régulièrement percée. Mais, des deux côtés, toutes les routes qui y débouchent sont étroites, sans air et sans lumière. Et cependant, dans ces ruelles boueuses, tout circule librement, voitures, chameaux, chevaux et piétons. Tout cela se croise, se côtoie; et l'on ne voit nul accident arriver. — Mais, malheureux les voituriers qui arriveront l'un sur l'autre dans un étroit passage ! il leur faudra faire reculer leur voiture quelquefois pendant l'espace d'un quart de lieue, avant de trouver une place où leurs deux chars puissent passer.

Les boutiques, comme on peut le prévoir, sont ici nombreuses et bien garnies. — Mais, chose que nous n'avions pas encore remarquée, les industries de même nature sont toutes groupées les unes à côté des autres et dans une même portion de la ville. — Et, comme le quartier où demeurent les marchands de curiosités et de bibelots est celui que nous comptons visiter le plus souvent, nous avons prié l'un des membres de l'ambassade russe, qui nous accompagne, de nous le faire voir le premier. — Ces marchands sont heureusement assez rapprochés de la porte et ne sont pas éloignés de notre *yamoun* de plus d'une demi-lieue. Nous arrivons aux trois ou quatre rues qu'occupent leurs boutiques aux affriolants étalages, auprès desquelles d'autres petits marchands ont étalé en plein vent leurs curiosités à bon marché.

Une fois que nous avons ainsi pris bonne note de la situation de cette branche du commerce pé-kinois, nous continuons à parcourir la grande avenue placée sur l'axe de la ville.

Des deux côtés des boulevards, sur les trottoirs, une multitude de boutiques en plein air sont rangées, offrant au passant mille articles de consommation journalière et de ménage. Il y a surtout des cuisines économiques où, pour quelques sapèques, le Chinois parcimonieux ou peu renté trouve à faire son repas et cela sans interrompre sa route.

Entre deux de ces fourneaux économiques, providence de la classe pauvre dans tous les pays, un barbier a placé, lui aussi, sa boutique; boutique élémentaire, s'il en fut, car elle est composée de deux meubles qu'il porte de place en place, de rue en rue, en les fixant aux extrémités d'un bambou, qu'il charge sur son épaule.

Le premier de ces meubles, fait de bois peint en rouge, est une sellette sur laquelle prendra place l'opéré : l'autre est une sorte de trépied, contenant un tiroir dans lequel on enferme les rasoirs et les chiffons, et au-dessus duquel on place le plat à barbe en cuivre, avec son entaille en arc de cercle sur les bords, tout comme chez un figaro de nos campagnes. Quant au savon, il n'existe pas dans cet attirail. Mais je frémis surtout, en pensant à la couleur indescriptible de ces deux bouts de linge carrés, dont l'un sert à humecter la figure et le crâne avant de se servir du rasoir, et l'autre, à rendre nettes, après l'opération, la tête et la figure du client.

Les barbiers chinois montrent, du reste, une fort grande habileté dans la manipulation de leur rasoir qui est beaucoup plus court de lame, mais plus massif au dos que les nôtres et dont le fil est généralement fort coupant; ce n'est pas la première fois, du reste, que nous avons l'occasion d'observer que les Chinois savent parfaitement donner la trempe à leurs aciers.

Mais laissons ces industries se disputer l'attention et la bourse des passants, et entrons dans ce grand bâtiment dont deux mâts avec leurs banderoles attestent l'importance. C'est en effet la Sorbonne de Pé-kin. C'est là que les jeunes lettrés viennent passer les examens qui leur confèrent le premier des grades universitaires qui mènent ici à tous les emplois.

Depuis les événements de la guerre, les séances du docte aréopage qui examine les candidats au titre de docteur, sont entièrement suspendues, et là, comme ailleurs, nous ne visitons que des bâtiments vides. De l'autre côté de l'avenue, presque en face de ce temple, on nous mène voir un temple que la Chine a consacré à tous les hommes illustres qui ont honoré la terre des fleurs. C'est une sorte de Panthéon, où une foule de mortels divinisés, représentés tous dans la même attitude, encombrent les longs autels qui supportent leurs personnes de bois doré. — Ils sont tellement nombreux ces grands hommes, et la Chine est tellement pauvre ou si peu généreuse dans les honneurs qu'elle leur rend, qu'ils n'ont même pas une garniture d'autel qui leur appartienne en propre à chacun : un brûle-parfum sert pour deux grands hommes consécutifs. De sorte que l'artiste chinois qui va brûler trois bâtonnets devant la statue du fameux Lô, le maestro le plus célèbre de la Chine contemporaine, envoie aussi son encens au nez du savant Fâ-to, qui annonça la venue d'une comète quelque temps avant la chute de la dynastie des Ming.

Cette pagode de Pé-kin se trouve du reste reproduite

à Canton, dans un temple qu'on appelle la pagode des cinq cents génies. Là ce sont aussi les mêmes grands personnages des lettres, des sciences et des arts, qui brillèrent dans les siècles antérieurs de l'histoire chinoise, — et les hommes de bien et de vertu dont la tradition et les *morales en action* de la Chine ont gardé le souvenir.

Au milieu de ces derniers, on trouve un génie doré dont le costume est celui des jésuites au xviie siècle, et que l'on pense devoir représenter l'apôtre de la Chine et du Japon, saint François-Xavier. — Du reste, à Canton comme à Pé-kin, on a été parcimonieux à l'égard de ces génies qui sont entassés là comme dans une caserne, les uns sur les autres. Ceux de la province sont même moins bien partagés que ceux de la Capitale : ils n'ont qu'un petit pot de porcelaine commune devant leur statue.

Mais reprenons notre promenade; au bout de la longue avenue que nous suivons se trouve une des trois portes de la face sud de la ville chinoise. En la franchissant, on gagne une esplanade où se font les exécutions des condamnés à mort de la capitale. Il n'est pas besoin, pour les exécutions, en Chine, d'un grand appareil; — le bourreau et son cimeterre d'un côté, de l'autre les condamnés, accroupis sur leurs talons et attendant patiemment que leur tour arrive : voilà toute la mise en scène des expiations judiciaires dans ce pays.

Mais, sur un des coins de la place, et sans doute pour effrayer les gens à mauvaise nature et à instincts criminels, nous apercevons une centaine de piquets alignés sur un seul rang; chacun de ces piquets supporte une tête dont la décollation est de date plus ou moins fraîche, avec une étiquette pour signaler le crime dont la punition se trouve indiquée d'une façon aussi hideuse qu'explicite.

A mesure que les exécutions se succèdent, on procède à des permutations, et les têtes les plus desséchées, remplacées par de nouvelles et sanglantes dépouilles, s'en vont dans un charnier voisin former une pyramide de crânes dont les chiens errants vont la nuit se disputer la possession.

En dehors de la face sud de la ville chinoise se trouvent deux grands temples consacrés à l'eau et à la terre. Nous aurions désiré visiter ces sactuaires où l'Empereur va tous les ans sacrifier, accompagné de la cour, mais loin des regards profanes de son peuple qui ne jouit jamais, sous peine de mort, de la vue de son mystérieux souverain.

Notre excellent cicerone, à qui toutes ces curiosités sont familières, depuis cinq ans qu'il les parcourt, nous détourne de l'exécution de ce désir, alléguant que ce que nous verrions est trop peu différent des autres pagodes et miao de la Chine, pour valoir le temps d'une course lointaine.

Nous rentrons donc dans la ville chinoise, puis de là

dans la ville tartare, en suivant le chemin intérieur des remparts de la face est de la cité chinoise ; nous passons devant les deux portes qui s'ouvrent de ce côté, et nous arrivons ensuite à l'angle externe de la saillie formée par la ville chinoise sur la ville tartare. Cette saillie n'est pas très-étendue, car après avoir parcouru un détour de 500 mètres, nous doublons l'angle interne que font entre eux les remparts et nous entrons de l'une dans l'autre.

Dans l'ouverture de cet angle, se trouve, adossé aux murs des remparts, le fameux observatoire construit par les jésuites. C'est une vaste tour élevée de 30 mètres au-dessus des parapets, hauts eux-mêmes de 40 mètres, ce qui met la plate-forme de la tour à 70 mètres au-dessus du sol.

On parvient à cette plate-forme par un sentier tournant pratiqué dans la tour, et au pied de cette dernière par une rampe qui mène du sol au sommet du rempart.

Tous les instruments qui servaient aux observations des Pères sont en plein air. Ils sont en bronze et ont été coulés avec le plus grand soin. — Je ne sais si tous les principaux instruments qui composaient la collection sont encore là ; pour le moment, nous avons remarqué : une sphère céleste d'un diamètre de deux mètres, tournant en tous sens au moyen d'articulations et de genoux à coquilles, et sur laquelle les constellations sont gravées en relief et figurées suivant leur

14

grandeur; un équatorial gigantesque; puis un sextant haut de douze pieds, aux alidades duquel on arrive par un marche-pied de fer, glissant autour de l'instrument sur de petits rails qui permettent de placer les lunettes dans tel plan vertical que l'on veut; enfin, il y a une lunette parallactique et un cercle mural.

Toutes les lunettes et télescopes ont disparu de ces instruments et aussi de l'observatoire. Nous avons été étonnés de la beauté des ornements qui enrichissent les parties non scientifiques des instruments. Ce sont des dragons impériaux et des chimères, des fleurs de lis, des feuilles d'acanthe; toutes choses dont le dessin et le modelé n'a pu être exécuté que par des Européens.

Deux petites guérites, ou guettoires, se trouvent placées sur la plate-forme pour abriter les observateurs. Mais il est certain que, depuis l'expulsion des Pères de la compagnie de Jésus, les astronomes chinois qui pourraient mesurer le diamètre apparent du soleil, ou l'ascension droite d'une étoile, ne sont pas nombreux.

Aussi l'observatoire et les bâtiments qui en dépendent sont-ils abandonnés à un vieux gardien qui reste dépositaire des beaux instruments dont je viens de parler, et des catalogues d'étoiles et cartes du ciel dressés par les Pères, dont plusieurs armoires sont encombrées.

Ce gardien, que l'on soupçonnerait vraiment d'avoir

été démonstrateur dans un cabinet de figures de cire, tant il entend bien son métier, nous offre, au moment où nous allons partir, de nous montrer deux curiosités qu'il cache avec soin dans une armoire, nous faisant comprendre qu'il n'en fait l'exhibition qu'à son bénéfice personnel.

Notre homme, récompensé largement d'avance, va quérir les objets annoncés et nous montre d'abord un fort beau théodolite portant l'inscription que voici :

IVLIVS IERONYMVS VERBIESTVS [1].

CORISOPITENSIS

E.   S.   I.   MDCCVII.

Cette inscription signifiait que l'instrument en ques-tion avait appartenu au Père Verbiest, un des jésuites français les plus distingués parmi ceux qui florissaient sous le règne de Kang-hi, contemporain de Louis XIV. Ce fut ce religieux qui, suivant la tradition, fit exécuter par des Chinois, sous sa direction, tous les instruments que nous venons d'admirer.

Le second objet que nous montre le gardien de l'ob-servatoire est un atlas renfermant la carte de la Chine, par provinces, gravée sur bois et levée et dressée par les soins des Pères jésuites, en 1678. C'est un travail à la

---

[1] Jules-Jérôme Verbiest, de Quimper-Corentin, membre de la Société de Jésus, 1707.

Cassini, mais travail trop minutieux pour être exact; d'autant plus qu'il a été fait sans triangulation aucune et à une époque où le degré du méridien n'était qu'imparfaitement mesuré.

Cette visite à l'observatoire du Père Verbiest termine la promenade du jour. De retour à notre *yamoun*, nous nous préparons à un dîner gala donné par le général Ignatieff au baron Gros et à son ambassade.

30 *octobre*. Hier j'ai fait un rêve et je demande la permission de le raconter.

« ..... Nous avions quitté Pé-kin, la Chine. Nous nous retrouvions en Europe, sur les bords de la Néwa. Dans un parloir artistement meublé, chauffé par les calorifères qui répandaient partout leur tiède et uniforme chaleur, nous attendions en causant l'heure du repas; dans les cours, où la neige commençait à s'amasser, de grands cosaques d'Orenbourg, avec leur énorme bonnet de fourrures, montaient la garde devant les appartements.

« Il y avait là des diplomates, des militaires, des artistes, des hommes d'église; point de maîtresse de maison, car la générale-comtesse Maria-Invanovna Ignatielf était en France, voyageant pour sa santé. Mais son beau portrait semblait nous suivre encore et présider la réunion.

« Puis on passa dans une salle brillamment illuminée où était servi le banquet. Gibiers gros et menus, poissons exquis, vins à combler de joie un gourmet, surtout

de ces vins de Champagne comme on n'en boit qu'en
Russie : tout contribuait à rendre le festin complet et
brillant.

« Au dessert, on but au czar et à l'Empereur, à l'al-
liance franco-russe et à notre patrie absente. Après
quoi, l'on passa dans un splendide salon de réception.

« Pendant que les graves personnages faisaient un
whist, un artiste né au pays des Tchèques évoqua, sur
l'harmonium, les échos de ces mystérieuses rêveries,
comme on en peut faire sur les bords de l'Elbe ou dans
les gorges du Riesen-Gebirge; un enfant de l'Armo-
rique lui répondit, et son violon fit vibrer les ressouve-
nances de la patrie druidique : les chants fantastiques
des Korigans et les pétillantes ritournelles des son-
neurs. Puis, pour réveiller les auditeurs endormis sous
le charme des souvenirs, un Petit-Russien, plus Français que des Français, plus Parisien surtout que des
Parisiens, nous donna les spirituelles chansons des Na-
daud et des Bérat, *les Gendarmes* et *les Moutons de
Normandie.*

« On se quitta, puis on regagna son logis à la lueur des
torches qui se reflétaient dans les glaces de la Néwa, et,
après avoir traversé deux ou trois perspectives, chacun
rentra à son hôtel..... » Tel est le rêve que j'ai fait,
grâce au général comte Dmitri Sergovitch Ignatieff II,
ambassadeur de Russie à Pé-kin.

Mais ce matin, pour me rappeler à la chinoise réalité,
voici qu'un mandarin arrive suivi d'une file de coolies

14.

qui plient sous le poids des boîtes en laque rouge qu'ils apportent. Le chef de ce singulier cortége, après avoir fait déposer dans notre cour d'honneur tous ces récipients bariolés, est introduit auprès de l'ambassadeur, à qui il remet la carte du prince Kong, annonçant pour le lendemain la visite d'amitié qu'il avait promis de lui faire.

Quant aux boîtes de laque, elles contiennent et recèlent un magnifique festin que le prince, par une politesse des plus flatteuses au point de vue des usages chinois, envoie à son bon ami l'ambassadeur. Un pareil envoi était, paraît-il, fait en même temps au général en chef. On déballe les nombreux compotiers, les plats et les assiettes, tous en vieux chine, avec leurs pieds ou supports en racine sculptée ; puis des marmitons garnissent le tout des mets qu'ils ont apportés dans des bassines placées sur des réchauds.

Ignorants que nous sommes des usages culinaires chinois, et surtout incapables de discerner les différents plats, nous prions le mandarin de vouloir bien disposer le tout suivant les règles, ce qu'il fait de très-bonne grâce et de la manière suivante :

Premier service.

1° Pêches, poires, pommes, grenades, raisins blanc et noir, jujubes, nèfles du Japon.

2° Pépins de pastèque grillés, jujubes et abricots confits, pommes et poires tapées, amandes sèches ou grillées, raisins secs.

3° Pâtisseries de toutes espèces ; madeleines, babas, plum-puddings, gâteaux en forme de dragons ou de chauves-souris.

Deuxième service.

Œufs de serpents et de vanneaux, salades à l'huile de ricin.

Jaunes d'œufs dans du bouillon, plats d'herbes hachées.

Beignets soufflés, avec des hachis de viandes à l'intérieur.

Vermicelles longs et filandreux délayés dans des sauces inconnues.

Troisième service (service d'honneur).

Un plat de nids d'hirondelles.

Deux plats de nageoires de requins.

Deux plats de compotes d'olothurides.

Quatrième service.

Deux canards.	Des quartiers de mouton.	Un jambon.
Un poisson.	Un cochon de lait.	Un poisson.
Deux poulets.	Un quartier de chevreuil.	Deux oies.

Entre chaque service on fait circuler des pilules digestives.

Quant aux vins, on boit, avec les mets, du vin de riz, tiède et servi dans de petits gobelets en argent. Entre chaque service, on offre des tasses de sam-chou ou eau-de-vie de sorgho.

Je n'ai pas besoin de dire qu'à notre goût tout cela est détestable, et que la faim la plus aiguë excuserait seule l'Européen qui se laisserait aller de bonne foi à la tentation des nids d'hirondelles et des olothurides ou vers de mer. Les volailles et les pièces de viande sont couvertes d'un vernis jaune doré qui leur donne une fort belle apparence, mais qui les rend impossibles à manger, en raison des ingrédients inconnus, mais certainement de très-mauvais goût, qui composent cette jaunâtre gelée. Les confitures seules et les fruits sont jugés capables de figurer à notre dessert.

34 *octobre.* Il est temps que nous songions à commencer les achats que, nous autres déshérités du palais d'été, nous sommes forcés de faire à Pé-kin, pour rapporter quelques souvenirs de notre lointain voyage et surtout pour satisfaire les inexorables appétits des collectionneurs, nos parents et nos amis, qui n'attendent que notre retour pour exercer sur nous les représailles des contributions levées au Palais d'été sur les curiosités chinoises.

Nous nous sommes fait indiquer les marchands les plus renommés pour leur achalandage et leur conscience. C'est chez Ouen-Tsin, à l'enseigne de *la Montagne de jade*, et chez Sou-Tchao, à celle de *la Ville en porcelaine*, que nous concentrons et nos investigations et nos piastres.

Voici un aperçu des principaux bibelots que l'on trouve en Chine, et, à côté de chacun, je mettrai les prix qu'ils coûtent à Pé-kin, prix régulateur pour toutes les autres parties de l'Empire, de façon à édifier mes lecteurs sur les milliers de chinoiseries qui vont bientôt inonder la France.

Il y a lieu, d'abord, de distinguer la chinoiserie en plusieurs catégories. Ce sont : 1° le jade ; 2° les émaux ; 3° les laques ; 4° les porcelaines ; 5° les bronzes ; 6° les bois sculptés ; 7° les ouvrages en ivoire ; 8° enfin, les objets divers et ceux qui ne se rapportent à aucun des articles de cette classification.

En général, et je suis bien aise de faire ma déclaration de principes avant cette courte et insuffisante monographie sur le bibelot en Chine, je nie que l'idée et le goût artistiques, que le sentiment du beau, enfin, existent chez les Chinois.

Je n'en veux pour preuve que les porcelaines de Chine, si connues en France. Il se peut que les couleurs soient inimitables, que la pâte et le grain soient d'une forme et d'une blancheur particulières : tout cela peut faire le bonheur et l'admiration des amateurs de céramique ; mais, pour l'artiste et l'homme de goût, le moindre biscuit de Sèvres, la moindre figurine de Saxe, présentent des lignes harmonieuses et des contours gracieux que les tristes potiches n'ont jamais eu la prétention de posséder.

Non, la forme n'est rien pour les Chinois ; le prix de la matière première et le plus ou moins de difficulté que l'on peut avoir à la travailler, voilà ce qui constitue le mérite des objets. L'enchevêtrement, le fouillis, le heurté, tout ce qui répugne à l'œil d'un homme de goût, voilà ce qui séduit et enchante les hommes de cette race dépourvue des facultés phrénologiques dont la résultante est ce que l'on appelle le sentiment du beau, le goût artistique. On sait que Jean-Jacques définissait le goût : « le sentiment sur lequel tous les gens bien organisés sont d'accord. » — Eh bien! les Chinois ne font pas partie de cette heureuse phalange.

Chez eux, partout la patience de l'ouvrier tient lieu de la grâce et du fini. On creusera, dans une boule d'ivoire, trois ou quatre autres sphères creuses qui se meuvent indépendantes les unes des autres; — on réunira les ongles d'un millier de fourrures de martres, et, ajustant par un travail inouï de couture toutes ces parcelles de peau l'une à l'autre, l'on aura fait une fourrure tellement riche, tellement précieuse, que l'empereur seul peut la porter : voilà ce que les Chinois considèrent comme le criterium du beau, comme la merveille la plus digne d'admiration, voilà l'idée qu'ils se font de l'art, voilà le diapason de leur goût!

On comprend d'avance, ceci posé, que dans tout ce qui est incrustation, mosaïque, ciselure, leurs œuvres pourront acquérir une certaine valeur et un certain prix, même aux yeux de l'artiste. Mais, pour me résumer, je dirai hautement qu'en Chine je n'ai jamais rien vu qui approchât, comme beauté de forme, de la moindre poterie étrusque, de la plus simple coupelle antique trouvée aux environs d'Athènes, du dernier bronze recueilli dans les fouilles d'une ville d'Italie.

Je reviens maintenant aux diverses espèces de chinoiseries.

Commençons par le jade, qui forme, en Chine, la catégorie des objets les plus chers et les plus précieux. — Le jade est une pierre fort dure, non transparente, que les minéralogistes placent dans la catégorie des silicates de chaux. On ne la retire qu'en très-petite quantité des montagnes du Hu-Nan (province occidentale de la Chine), dont les carrières ne donnent presque plus de produits. Le travail de la pierre est, pour l'ouvrier, des plus difficultueux et le polissage ne se fait qu'à l'aide de sa propre poussière.

Quant aux variétés de jades, elles sont en assez grand nombre, mais se répartissent entre les deux couleurs principales dont les autres ne sont que des dérivations : ces deux couleurs sont le blanc et le vert. Parmi les jades blancs, on estime davantage ceux qui, laiteux et opalins, présentent à leur surface de petites marbrures couleur de feu qui partout ailleurs passeraient pour des défauts. Les verts sont d'autant plus prisés que leur nuance se rapproche de celle du vert-de-gris ou de la batine. Mais si, dans un jade blanc bien laiteux et couvert de quelques taches couleur de feu il y a quelques veines de cette couleur vert végétal, alors la pièce est d'une valeur considérable. C'est ainsi que j'ai vu un

Chinois payer quatre cents piastres (deux mille quatre
cents francs) un anneau en jade de cette nature, trouvé
dans le palais d'été.

Il me serait maintenant impossible d'énumérer la
quantité d'objets différents sous la forme desquels on
façonne le jade. La forme sous laquelle on le voit le
plus ordinairement travaillé, c'est celle d'une garniture
de cheminée ou de console, composée de trois pièces :
un vase pour brûler les parfums, un deuxième pour
placer les bâtonnets, un troisième qui a la forme d'une
cassolette. Ensuite il sert fréquemment à confectionner
des coupes, des sucriers, des boîtes à thé, des tasses
et des bâtons de souhaits.

A propos de ces bâtons de souhaits, emblèmes de
bonheur que les Chinois s'envoient au commencement
de l'année en guise de cadeaux, je dois ici relever une
erreur dans laquelle sont tombés beaucoup de Français
de l'expédition et beaucoup d'autres personnes. La
forme apparente de ces objets est celle d'un sceptre ;
on a imaginé dès lors, ignorant leur destination et leur
emploi, de les appeler des bâtons de commandement ;
et l'on a envoyé à Paris deux de ces bâtons, l'un en
jade, l'autre en bois, que l'on a décorés du titre de
sceptres et de bâtons de commandement de l'empereur
et des mandarins.

Rien n'est plus faux que ce titre cependant, et tout
Chinois, aux fêtes de l'année, peut envoyer de semblables objets à ses amis, qu'ils soient ou non man-

darins; ce qui le prouve du reste, c'est la chauve-souris, emblème du bonheur chez les Chinois, qui se trouve invariablement représentée sur l'une des extrémités de chacun de ces prétendus sceptres, tandis qu'à l'autre pendent des effilés de soie et des glands de corail.

Les marchands chinois sont fort bien fournis de jades de tous genres. Un groupe de trois vases pour cheminée se vend six cents francs; un vase de très-beau jade, une coupe, un baguier de la belle espèce verte atteignent la valeur de deux cents à cinq cents francs; puis on a des bâtons de souhaits, des animaux, des sujets de diverses catégories pour une somme de trente à cent francs. Une collection de six coupettes en jade vert opaque se vend cent vingt francs, mais il faut bien se garder de se laisser tromper par les marchands, qui tentent toujours de faire acheter aux Européens des objets en serpentine pour du jade vert opaque. Dans tous les cas, quelque riches que soient les collections de ces marchands, elles sont loin de renfermer un seul objet, tant précieux soit-il, qui puisse rivaliser avec les magnifiques morceaux de jade remplissant un énorme magasin, trouvés dans le palais d'été.

Viennent ensuite les émaux. Il y a de simples émaux sur cuivre et des émaux cloisonnés, ainsi appelés parce que la matière incrustée d'une nuance est toujours séparée de celle d'une autre couleur par un filet de cuivre. Les émaux simples sur cuivre sont fort nombreux et à

bas prix ; une douzaine de tasses à thé, avec les sou-
coupes, ne coûte pas plus de soixante francs.

Quant aux émaux cloisonnés, ils marchent de pair
avec les jades comme objets précieux aux yeux des
Chinois. On en fait aussi de charmantes garnitures de
cheminées, des garnitures d'autel, des flambeaux, des
plats, des coupes, etc. Un vase d'un pied de hauteur,
en cloisonné, se vend trois cents francs, une garniture
de même dimension coûtera douze cents francs.

Mais il faut examiner bien scrupuleusement ces ob-
jets-là avant de les acquérir : les Chinois, toujours arti-
ficieux, ont souvent entre les mains de vieux morceaux
dont l'émail est sorti de ses cloisons ; ils le remplacent
avec de la cire colorée, et l'habileté avec laquelle est
exécutée cette réparation ne permet pas à un œil inexpérimenté de découvrir la supercherie.

Les laques sont de trois espèces : laque de Canton,
laque de Pé-kin, laque de Fou-Tcheou. Le laque de
Canton, c'est le laque noir si connu en Europe, orné
de dessins d'une finesse et d'une inaltérabilité très-
remarquables, quand le laque est lui-même de bonne
qualité. Il sert à faire des coffrets, des boîtes, des paravents, des plateaux, des écrans, etc.

Le laque de Canton se fait avec un bois blanc recouvert d'un vernis noir, il entre en grande partie
dans la composition de la gomme laque, de l'arcan-
son et du noir de fumée. Mais le mélange de ces
substances est inconnu des Européens, et les propor-

tions dans lesquelles il doit être exécuté sont le secret
des fabricants chinois, dont le plus célèbre est le vieil
Hip-Kuah.

La couleur d'or s'applique de la manière suivante :
L'ouvrier trace, d'après un modèle et avec un pinceau
d'une grande finesse, les dessins qu'il veut représenter ; son pinceau est trempé dans une substance rouge
qu'on fait sécher sur le laque apposé le premier, et
dont le vernis est parfaitement sec. Quand l'application rouge est sèche, on passe sur le tout un tampon de
ouate qu'on a préalablement frotté sur la poussière mé-
tallique, qui, en vertu d'une action chimique, laquelle
est encore un secret des fabricants de laque, mord sur
les parties dessinées en rouge, et forme alors un composé inaltérable qui retient la poudre d'or fixée solide-
ment à sa surface.

Un coffret en laque de belle exécution et de grandeur
moyenne, une boîte pour ramasser les crépons, coûtent
de 120 à 150 francs.

Le laque de Pé-kin est rouge. — Il y en a de vieux et
de moderne. Dans le premier cas, c'est du stuc concassé
et mêlé, dans une essence *ad hoc*, avec de la cire et de
la matière colorante. Quand la pâte est encore assez
malléable, on la travaille à l'ébauchoir ; puis, après sa
dessiccation, qui lui donne la solidité d'un carton-
pierre, si l'on peut l'appeler ainsi, l'artiste finit de
fouiller les détails jusqu'alors grossièrement indiqués.

Ce laque ancien se distingue par son poids, qui est

celui de la pierre, et incomparablement plus lourd que dans le laque moderne.

Dans le premier, c'est le stuc qui domine; dans le second, c'est la cire qui est le composant le plus fort. Enfin, autre différence, le vieux laque est d'un rouge très-foncé, qui devient grenat au frottement; tandis que le jeune laque est encore tout resplendissant de son éclat vermillon.

On fait, avec ce laque de Pé-kin, des boîtes à ouvrage, des jardinières, des vases, des montants d'éventails, des étagères, etc.

Outre la couleur rouge, il admet aussi des portions colorées en vert et en jaune destinées, lorsque sur le couvercle d'une boîte à ouvrage, on veut dessiner un paysage, à représenter les flots et les arbres.

Deux panneaux de vieux laque, d'un mètre carré, coûtent 170 piastres (1,020 francs); une bonbonnière de toute petite dimension, en laque antique, pesant une livre, sous son petit volume, est du prix de 10 piastres. Une jardinière de laque moderne, pouvant contenir un pied ou deux de camélias, ne vaut par contre que 10 ou 12 piastres.

Quant au laque de Fou-Tcheou, c'est une composition grise, très-légère et qu'on ne rencontre pas souvent chez les marchands; mais, malgré sa rareté, il est peu estimé et ne s'emploie que pour la fabrication des menus objets.

Les porcelaines commencent à disparaître en Chine.

Les vieux vasés, les vieilles assiettes, qu'on fabriquait du temps des Mings, et qui portent le cachet de cette dynastie sous le fond de leur base, deviennent de plus en plus rares et se vendent des prix fous.

Par exemple, les porcelaines modernes, sorties des manufactures des environs de Canton, et dont les couleurs heurtées et choquantes s'enlèvent ou s'effacent avec tant de rapidité, encombrent les boutiques des marchands de bibelots. Parmi les vieilles porcelaines, on distingue les porcelaines à sujets, les craquelées et les céladons, espèces de vases avec des reliefs, et d'une nuance unie de ce vert qu'on appelle vert céladon. Quant aux porcelaines modernes, elles sont toutes peintes, et le rouge et le vert dominent dans la gamme des nuances qui en colorent les personnages. — L'or en est peu fixe, et leur bleu est bien loin de rappeler la belle couleur bleue du vieux chine, dont Sèvres a réussi à trouver les tons chauds et le vif éclat,

Une paire de vases de vieux chine, de 50 centimètres de hauteur, vaut 60 piastres. Un plat craquelé, 5 piastres. Une paire de grands vases céladon, de 5 pieds de haut, 60 piastres. A côté de ces objets, de grands vases modernes se vendront 20 ou 30 dollars la pièce; un service de toilette ne coûtera que 44 piastres, s'il est de premier choix, et 9 piastres, s'il est de deuxième choix. Ces porcelaines-là, du reste, courent les rues, et personne ne s'aviserait d'en remarquer la présence dans un étalage. Il en est de même un peu en France, où, parmi les gens de goût, nul ne se laisse prendre aux potiches des marchands de thé et de crépons.

C'est peut-être dans le travail du bronze que je reconnaîtrai aux artistes chinois le plus de talent et le moins d'éloignement des formes et des dessins que le goût européen peut approuver. — Voyez avec moi ces vases aux anses bien attachées, aux volutes régulières, au ventre rebondi et à la base mignonne et fine comme leur goulot. — Voyez les brûle-parfums, parfaitement ciselés ; les imitations de natures mortes, les animaux, les personnages de tous genres, bien imités, bien posés et quelquefois animés de quelque mouvement : tout cela se rapproche honorablement, pour des Chinois, des travaux similaires qu'exécutent les artistes européens.

Les vieux bronzes abondent dans les boutiques de Pé-kin. Mais, acheteur trop candide, défiez-vous et examinez : cherchez parmi les modèles qu'on vous présente, et vous en trouverez la moitié qui, couverts d'une cire verte mêlée à du vert-de-gris, imitant cette précieuse patine, ne sont que des bronzes, non pas ciselés, mais coulés d'hier, et qu'on vous donne comme antérieurs aux Mings.

Il y a encore un genre où les Chinois réussissent, c'est le niellé. Les filaments incrustés sont d'une ténuité et d'une variété de dessins fort appréciables. Je l'avais, du reste, déjà dit, tout ce qui est incrustation s'exécute à merveille chez les Chinois.

L'ivoire, venu du Cambodge, qui le reçoit de Siam, se travaille principalement à Canton. C'est là que se confectionnent les jeux d'échecs et de tric-trac, les jeux de casse-tête chinois, les sphères engagées l'une dans l'autre et creusées à la pointe du ciseau ; les boîtes à ouvrage, les carnets de visite, les pots à tabac, etc. On voit à l'énumération des objets façonnés en ivoire, que les fabricants de Canton, guidés par les négociants européens, font tout en vue de l'exportation. Tous les objets dont j'ai parlé sont en effet, destinés à nos goûts et à nos usages.

Mais il existe aussi quelques fabriques où l'on fouille l'ivoire pour en faire sortir quelque tuyau de pipe à opium, ou bien des chauves-souris que l'on colle sur un bâton de souhaits ; enfin, encore de quelque morceau irrégulier d'une dent d'éléphant, on fait un rocher accidenté d'anfractuosités de tous genres, sous lesquelles sont réfugiées des familles de pêcheurs.

Un beau jeu d'échecs, renfermé dans une boîte en laque, composé de personnages ciselés avec soin et montés sur des boules creuses concentriques, pour en augmenter le prix, se vend 30 piastres ; une boîte à ouvrage, d'un travail remarquable et de dimensions respectables, 50 piastres ; un carnet de visite, 6 piastres.

A cette industrie se rapporte celle de la confection des éventails. C'est encore Canton qui envoie ici ce genre de produits qui, à vrai dire, ne rentre pas dans le bibelot. Généralement le papier de l'éventail est

couvert de deux vignettes représentant des scènes de
la vie chinoise, dont les acteurs ont la tête en ivoire
peint. La carcasse est ordinairement en laque noir,
quelquefois en ivoire ou en bois de sandal. Dans l'un
et l'autre cas, un éventail très-convenable, renfermé
dans une boîte en laque, se vend de 15 à 20 piastres.

Toujours en vertu de cette même propension du
goût chinois à courir après le tourmenté et le fantastique, il va de soi que les bois sculptés ne manquent
pas d'un certain cachet, et présentent parfois un côté
artistique. Il est impossible, d'ailleurs, de se figurer le
parti qu'un sculpteur chinois sait tirer d'un morceau
de noueuse racine, d'une souche informe, d'une branche de chêne ou de tout autre bois.

Je vais, par une comparaison, essayer de donner une
idée de leur talent.

Quelques-uns de mes lecteurs auront sans doute vu,
au salon de 1861, le tableau d'un peintre bas-breton,
M. Ian Dargent, dont le sujet est fourni par une des
superstitions de la Bretagne, la croyance aux lavan-
dières de nuit. — S'ils ont bien examiné cette toile,
qui attire par sa singularité et dans laquelle le mérite
de la composition, le mouvement des groupes, et l'en-
tente des différents plans, luttent avec avantage contre
des faiblesses de pinceaux et des puérilités de détail,
distractions d'un poëte; si mes lecteurs, dis-je, ont
remarqué ce tableau, ils auront fait attention à un sentier bordé de souches et de troncs de chênes, dont les

lignes fantasques ont servi à l'artiste, dans cette scène
diabolique, à créer la silhouette de mille fantômes, de
mille diablotins moqueurs, de mille oiseaux de nuit
plus lugubres les uns que les autres. Eh bien ! montrez
cette création fantastique à un sculpteur chinois, don-
nez-lui les troncs rabougris et les souches noueuses de
chêne qui hérissent les fossés et les douves de l'Armo-
rique, et je me fais fort qu'il réalisera cette conception
du peintre avec une merveilleuse facilité. J'ai vu, sous
ce rapport, des prodiges exécutés par les curieux ouvriers de cette curieuse race ; chaque saillie, chaque
angle, chaque creux du morceau de bois, étaient toujours exploités.

Mais dans quelle catégorie ranger ces mille et une
fantaisies, filles du cerveau original des Chinois ; ces
écrans, ces boussoles en buis, ces astrolabes, ces
tasses, ces magots, ces groupes en miniature ; enfin
tous ces objets impossibles à classer, que le Chinois,
ne laissant rien se perdre, a créés avec un éclat de
jade, un morceau d'émail, ou un débris de racine.
Ce sont autant de bibelots pour remplir les étagères,
entre deux curiosités précieuses. C'est le menu fretin
parmi les morceaux de choix.

On comprend combien de tentations nous avons eues
à vaincre dans ces dangereuses boutiques pé-kinoises.
Comment choisir, comment se décider, et surtout comment mettre un frein à ses convoitises, au milieu des
étalages qui attirent l'œil inévitablement !

15.

Et puis, les honorables commerçants qui sont à la tête de ces établissements sont si mielleux, si adroits ! ils savent si bien amener l'acheteur à tomber dans leurs filets ! Quand vous leur demandez le prix d'un objet, ne vous avisez pas, par exemple, de prendre au sérieux le premier chiffre qu'ils vous donnent. C'est une entrée en matière : ils tâtent le terrain pour savoir si vous connaissez au juste la valeur du bibelot en question. Ne répondez pas à cette estimation fabuleuse, attendez qu'ils vous en demandent votre prix. — Ils n'y tarderont guère. — Mais ne rougissez pas d'en rabattre les deux tiers au moins. — Le marchand se récriera : — laissez-le dire. Il arrivera peu à peu à se rapprocher de votre estimation. — Gardez-vous pendant ce temps-là d'accorder une sapèque d'augmentation ; il croirait que vous tenez à l'objet, et sa retraite s'arrêterait par une rapide volte-face. Laissez-le glisser sur la pente des diminutions. Quand il sera arrivé à une différence de 5 piastres entre son prix et le vôtre, il s'arrêtera, il ira à ses boules et fera un calcul prolongé. Il reviendra alors vers vous et vous dira le sacramentel : *Cheu-kou-cheu, Pou-cheu?* Est-ce oui oui, ou non oui ? C'est l'alternative de notre : oui ou non ? A ce moment acceptez, si vous voulez l'objet, car autrement le commerçant ne s'en dessaisirait pas. Voilà comment il faut acheter en Chine...

Pendant que nous faisons nos emplettes chez un de nos deux fournisseurs, les officiers des deux armées qui

doivent commencer, à partir de demain, le mouvement
de retraite sur Tien-tsin, encombrent les boutiques
pour faire, eux aussi, des achats et en même temps des
échanges. Car il faut noter, en passant, que les marchands de curiosités, non contents de vendre, achètent
encore à qui le veut bien, les objets venus du palais
impérial, ou les échangent contre d'autres bibelots
contenus dans leurs magasins.

L'un d'eux m'a offert 500 piastres d'un vêtement de
l'Empereur, vêtement de brocart d'or, couvert de bro-
deries métalliques ayant un relief considérable, et de
dessins de soie tissés dans la trame des fils d'or. Je
l'avais acheté pour une bagatelle à un artilleur qui
avait fait une visite dans la garde robe de S. M. Hien-
Fung. Ces marchands nous ont avoué du reste que,
par ordre, ils étaient requis de racheter à tout prix
les objets qu'on leur présenterait comme venant du palais d'été. L'on dit même qu'il s'est formé une société
en commandite, parmi les commerçants pé-kinois, pour
le rachat de ces objets et leur vente au gouvernement;
opération qui promet de splendides bénéfices.

CHAPITRE XIII

Préparatifs de départ. — Dernières
promenades à Pé-kin.

1ᵉʳ novembre. Pourquoi donc cette activité dans notre
yamoun? Que signifient et ces tapis étalés dans les
cours, et ces soldats en grande tenue faisant la haie devant la porte; enfin, ces uniformes déployés par toute
l'ambassade? C'est qu'aujourd'hui le prince Kong, frère
de l'Empereur, nommé régent de l'empire par le souverain en fuite, pendant le temps que durera son voyage
forcé en Tartarie, doit faire au baron Gros, ambassadeur et haut commissaire français, une visite non pas
de prince, mais une visite d'ami, ainsi qu'il l'avait promis le jour de la signature de la paix.

Le tambour bat aux champs, l'ambassadeur et son
personnel se portent au-devant du jeune prince qui,
gracieux et affable, serre la main du baron Gros et nous
fait un amical tchin-tchin. Je ne puis m'empêcher, pour

ma part, en voyant cette figure sympathique et distinguée, de réfléchir que les tristes événements dont l'ini-
tiative peut-être, et la responsabilité, à coup sûr, ne remontent pas à ce jeune homme, commencent, à mesure
que les jours s'écoulent, à s'estomper, pour ainsi dire,
dans notre mémoire. Les persécuteurs, les bourreaux
commencent à s'évanouir pour faire place à une jeune
individualité, la première en Chine après celle du souverain, et destinée à voir de grandes choses s'accomplir probablement pendant sa régence : soit la chute de
sa dynastie, sous les coups des rebelles ; soit sa con-
solidation au moyen de l'appui européen, et au moyen
de l'initiation franchement entreprise de ce pays immense à notre civilisation et à nos progrès. Je ne
puis m'empêcher, en considérant le jeune prince, de
me demander si, en dernière analyse, cette tâche est
humaine, et s'il est temps encore d'arrêter la Chine sur
cette pente de l'affaissement, de la corruption, de la
profonde décadence. Et dans l'hypothèse de l'affirmative, je me demande encore si Kong est l'homme intelligent et énergique qu'il faudrait pour enrayer ces ten-
dances désastreuses.

Pendant ce temps-là, le prince et l'ambassadeur sont
entrés, et nous à leur suite, dans notre salle à manger
transformée, pour la circonstance, en salon de réception. Chacun des deux personnages a pris place à une
table où est servie une collation à l'européenne. Deux
autres tables plus grandes reçoivent, d'un côté, les

mandarins de la suite du prince, de l'autre, les membres de l'ambassade et les officiers du 101ᵉ de notre garde d'honneur.

Pendant que les mandarins n'hésitent pas à entasser sur leurs assiettes les tranches de foie gras et les truffes, et surtout à vider maintes et maintes fois leurs coupes remplies de champagne dont la mousse les met en belle humeur, le prince Kong et le baron Gros échangent une conversation des plus amicales sur les destinées de l'empire du Milieu, sur la puissance des nations européennes, sur la sympathie que le prince éprouve pour la France en particulier. Le baron Gros donne à son impérial interlocuteur des détails circonstanciés sur notre famille régnante, sur nos institutions, sur l'effectif de notre armée et de notre marine.

Le prince paraît goûter avec plaisir l'assurance qui lui est donnée du plaisir qu'on aurait, en Europe, à voir un agent diplomatique chinois de rang élevé, accrédité à Paris et à Londres.

Passant ensuite aux découvertes modernes, il se fait expliquer par l'ambassadeur ce que c'est que la photographie, la télégraphie électrique, les chemins de fer, etc., toutes choses qu'il espère voir s'implanter en Chine d'ici à peu d'années. Pendant ce temps-là, les mandarins écoutent ou font l'effet d'écouter, et boivent le champagne, qui leur paraît une des bonnes découvertes des barbares. Au moment de prendre congé de nous, le prince reçoit du baron Gros, à titre de curiosité, une fort jolie photographie que ce dernier venait de recevoir d'Europe, et qui n'était autre que le portrait de deux toutes jeunes filles, ses propres nièces.

Sa jeune Altesse termine là sa visite et prend congé de l'ambassadeur, lequel lui annonce sa visite pour le lendemain.

A la porte, on lui rend les honneurs militaires, et il monte dans son palanquin fastueux, porté par seize coolies, suivi de tous ses officiers, en chaise comme lui, et précédé de piqueurs à cheval qui font évacuer les rues par tous les curieux sur le passage du cortége.

Pendant que cette visite avait lieu, la dernière colonne de l'armée française quittait Pé-kin pour retourner à Tien-tsin. Le général en chef accompagnait les troupes ; et, comme nous devions rester seuls dans la capitale pendant encore sept ou huit jours, il nous laissait, pour grossir et fortifier notre bataillon d'escorte, une demi-batterie d'artillerie et un peloton de chasseurs d'Afrique, — confiant notre garde et le commandement de cette petite armée en miniature au commandant Blot du 101ᵉ ligne, qui est venu hier, avec son bataillon, s'installer dans notre *yamoun*, à la place qu'avait laissée vide le premier bataillon du même régiment, parti la veille avec la musique et l'état-major.

3 *novembre*. C'est aujourd'hui, sur le champ de Mars situé entre la ville et les lamaseries, que devait avoir

lieu la grande fête hippique donnée par l'armée anglaise qui, dit-on, part demain. Nous ne nous étions pas étonnés de recevoir l'avis d'une pareille fête ; nous savions trop bien que le turf et le sport étaient les distractions favorites de l'Anglo-Saxon, et que partout où il pose le pied en conquérant ou en colonisateur, son premier soin est d'installer un hippodrome et d'organiser des *races-courses*.

Il devait donc y avoir aujourd'hui réunion d'automne sur le turf de Pé-kin, et nous avions reçu un programme détaillé des quinze courses qui devaient avoir lieu, courses à pied, courses plates, handicaps et steeple-chases par les gentlemen de l'armée.

Nous étions donc arrivés sur le champ de Mars, ainsi que toute l'ambassade russe, montés sur nos meilleurs chevaux et parés de nos plus luxueuses fourrures ; mais là, nous apprîmes que, le départ de l'armée ayant été avancé d'un jour, les *races-courses* n'auraient pas lieu, vu le froid.

Nous nous apprêtons, bien confus, à reprendre le chemin du *yamoun* ; mais, le général Ignatieff, voulant nous ménager une compensation, nous offre de nous conduire jusqu'à la mission scientifique russe, que nous n'avions pas encore visitée et qu'il nous tardait de voir. Nous acceptons, et nous voilà galopant sur les remparts jusqu'à l'angle nord-est des fortifications, où se trouve l'établissement moscovite.

On sait que, sous le règne d'un des archiducs de

Russie, prédécesseurs de Pierre le Grand, deux siècles avant notre époque, une tribu d'Albazins, enlevée par les Tartares, fut transportée à Pé-kin, où on la cantonna. Par un traité, conclu entre Pierre le Grand et Kang-Ki, il fut stipulé qu'une mission religieuse serait établie à Pé-kin, au milieu de cette tribu, dont la religion était l'orthodoxie russe. Ce fut là l'origine de ce couvent et de cette mission scientifique que nous allons visiter.

Aujourd'hui, les maisons qui entourent l'édifice de la mission sont encore habitées par les descendants des Albazins. Mais bien peu d'entre eux ont conservé intact le sang primitif. Cependant, au milieu de cette population qui se tient sur ses portes pour nous voir passer, nous avons remarqué quelques types inconnus pour nous jusqu'ici, et surtout quelques femmes qui, si elles n'étaient pas peintes comme de véritables Chinoises, seraient les plus jolies créatures de l'autre sexe que nous ayons vues depuis quatre mois.

La mission aujourd'hui n'est habitée que par les savants russes : les popes ayant transporté leur couvent dans l'autre hôtel où l'amiral Putiatine et le général Ignatieff, son successeur, ont installé leur mission diplomatique, elle se compose : d'un astronome, M. Dolrokoff, qui y a établi son observatoire et y fait d'intéressantes recherches sur le magnétisme terrestre à cet endroit du globe ; d'un médecin, M. won Stroken ; enfin, d'un naturaliste, M. Tchernigoff, qui prépare les éléments d'un ouvrage fort important sur l'étude de la nature dans le nord de la Chine.

Une chapelle grecque est aussi construite dans l'enceinte de la mission ; mais elle est loin d'être grande et ornée comme celle du couvent.

Ces Messieurs nous font les honneurs de leur établissement, de ses collections et des instruments scientifiques. Ils sont restés, pendant l'absence du général, complétement cloîtrés et privés de toutes communications avec les religieux du couvent. Il paraît même que la défiance chinoise, à leur égard, a été jusqu'à creuser une vaste tranchée entre leurs maisons et les remparts, pendant que nous campions devant la capitale, pour les empêcher de pratiquer des mines et de nous livrer passage en faisant sauter un pan de muraille ou en pratiquant un souterrain. C'est du reste à ces seuls actes que s'est bornée la méfiance des mandarins.

Nous quittons la mission et les aimables savants qui l'occupent après avoir fait l'inspection d'une vaste école où l'un d'eux, assisté d'un jeune pope, donne l'instruction première, russe et chinoise, à plus de deux cents garçons pris dans les familles albazines.

4 novembre. Accompagnés par notre obligeant ami, M. de Wolff, nous sommes retournés aujourd'hui à la ville chinoise, et cette fois, pour compléter notre collection, nous nous faisons conduire chez les marchands d'estampes.

Ainsi que les marchands de bibelots, les marchands d'estampes et de gravures chinoises forment une sorte de confrérie et se trouvent réunis dans le même quartier. Ils sont presque aussi nombreux, du reste, que leurs confrères les négociants en jades et en émaux.

J'ai déjà dit quelle était l'énorme quantité de rouleaux de dessins et de sentences qui ornent les murs de la plupart des appartements chinois : c'est précisément dans les magasins que nous visitons que l'on peut s'en approvisionner.

Cette disposition de rouleaux, très-longs et très-étroits, est très-commode pour y écrire des sentences en écriture chinoise, c'est-à-dire du haut en bas, sur deux ou trois colonnes verticales; mais, en même temps, elle a l'inconvénient de gêner singulièrement l'artiste, qui est alors forcé de disposer ses paysages ou ses scènes d'intérieurs en spirale, de sorte que les premiers ressemblent toujours à des labyrinthes et que les autres ne ressemblent à rien du tout.

Nous avons cependant choisi quelques paysages à l'encre de Chine, où les roches et les bambous sont bien exprimés, toute perspective à part. On sait qu'en Chine les plans de la perspective aérienne ou terrestre ne sont pas connus, pas plus que les dégradations de teintes, les valeurs et les oppositions de lumière, pas plus, enfin, que les ombres. Puis nous avons acheté quelques panneaux au fond rouge ou bleu, au milieu desquels se trouve une gracieuse figure de femme, avec ces

lèvres pincées, ces yeux obliques, ces mentons fuyants
et ces bustes plats qui sont, en Chine, l'idéal de la
beauté féminine, idéal dont les Chinoises de la vie
réelle ne se rapprochent pas plus que nos femmes
ne ressemblent aux sylphes et aux poupées des gravures de mode.

On nous a fait voir des séries de huit rouleaux représentant chacune la vie d'un empereur chinois de la
dynastie des Ming : c'est l'histoire illustrée de la Chine.
Nous avons acquis également deux tableaux charmants
d'intérieur, qui peignent les mœurs des Chinois. Le
premier représente le ménage d'un mandarin; le
deuxième, une fête donnée par un mandarin à sa
famille. Dans ce dessin on voit des ballerines tartares dont les écarts chorégraphiques ne seraient pas
déplacés dans nos temples de Terpsichore même les
plus avancés.

Puis un fort joli dessin représentant une école pendant l'absence du maître ; ce serait le cas de répéter
ici : *nil novi sub sole*, car les écoliers chinois, en l'absence de leur pédagogue, n'en font ni plus ni moins
que les élèves ensabotés d'un de nos villages, pendant
que l'instituteur communal a tourné le dos.

Enfin, pour achever notre collection, nous nous
sommes approvisionnés des caricatures faites par les Chinois sur les Européens, et surtout de celles composées
au sujet de la signature de la paix à Tien-tsin en 1858. Le
marchand chez lequel nous faisons ces emplettes nous

annonce que, dans une quinzaine de jours, un Chinois nommé Pi-fang, le *Cham* du Céleste-Empire, va lui livrer une série de dessins représentant l'expédition actuelle et les cérémonies célébrées dans la capitale. Malheureusement, le terme où ces précieuses images seront livrées est trop reculé pour nous ; à cette époque nous serons déjà loin de Pé-kin.

Ce qui abonde le plus, dans les rayons et les étalages des marchands d'estampes, ce sont les albums et les gravures obscènes. Il paraît, nous dit M. de Wolf, qu'il s'en fait en Chine un débit considérable. — C'est un des mille traits caractéristiques de cette corruption, facile à suivre et à observer, qui a rendu la nation chinoise si caduque et l'Empire du Milieu si croulant.

Il y a encore une autre spécialité pour les marchands d'estampes, c'est la vente des lanternes, ces objets d'une si grande consommation en Chine.

Les lanternes, ornées ou simples, de prix ou à bon marché, se retrouvent dans toutes les circonstances de la vie des Chinois. Elles ornent les pagodes ; elles sont le seul mode de luminaire employé pour éclairer les appartements des grands et des petits ; le soir, elles éclairent les rues et surtout les devantures des boutiques ; portées par des domestiques ou par le particulier lui-même, elles éclairent et précèdent invariablement sa marche, dans les promenades du soir à travers la ville, et, disons-le, ce n'est pas là un des plus indifférents spectacles, dans les villes populeuses et commerçantes, que de voir, depuis la tombée de la nuit, toutes ces lanternes rasant le sol, se croisant et se rencontrant de ci, de là, comme de véritables feux follets. Et puis, enfin, la Chine est le pays des illuminations et des feux d'artifices; le pays où les fêtes publiques se célèbrent avec le plus de solennité et d'entrain de la part des habitants, car les fêtes sont un précepte des rits, et jamais peuple ne fut plus exact observateur des us et coutumes que le peuple formaliste de la Chine.

Ces considérations une fois émises, on conçoit que les lanternes soient, comme les estampes, une des grandes branches du commerce de la capitale et des grandes villes. — Les plus simples, formées de quatre panneaux en toile peinte, réunis entre eux intérieurement par quatre bambous qui supportent le luminaire, ne coûtent que 4 piastres la douzaine. D'autres lanternes sphériques, faites en colle de poisson et couvertes également de dessins ou de sentences, coûteront une piastre chacune.

Viennent ensuite les lanternes riches et fantaisistes que l'on croirait faites exprès pour orner les vestibules et les éclairer, les lanternes formées par des carreaux enchâssés dans d'élégantes boiseries découpées et ornées de tout ce que l'imagination chinoise a pu inventer de pendeloques et de franges; chose curieuse, ce qui fait, dans ces objets, le principal mérite aux yeux des

Chinois, ce sont les vitres destinées à préserver la lumière du souffle de l'air.

Avant de nous laisser partir, l'estimable négociant chez qui nous avons fait nos achats, reconnaissant de nos nombreuses commandes, a voulu nous faire jouir, nous barbares, d'un usage établi entre vendeurs et acheteurs chinois : il nous a offert un *kam-cha* (cadeau) représentant pour chacun de nous la dixième partie de la somme totale de nos emplettes.

Ce *kam-cha*, consistant en plusieurs exemplaires du plan de Pé-kin, dressé et dessiné par un topographe indigène, et de la carte de l'Empire du Milieu, avec les royaumes tributaires, dressée par un géographe du crû, et destinée à servir, dans les universités, à l'enseignement de la géographie aux jeunes lettrés. Enfin, dernière faveur, chacun de nous a été gratifié d'un portrait de l'empereur Hien-Fung, dessiné, nous dit le marchand, d'après nature, par un artiste qui avait entrevu Sa Majesté au péril de sa vie.

5 *novembre*. L'ambassadeur a été aujourd'hui rendre au prince Kong la visite qu'il en avait reçue. Je ne donnerai pas de détails sur cette entrevue qui d'ailleurs n'a présenté, m'a-t-on dit, aucune autre circonstance particulière que le salut fait, à l'arrivée et au départ du baron Gros, au moyen d'une vingtaine de gros pétards, bien modeste contrefaçon de nos salves d'artillerie. — Les deux personnages ont continué à échanger les paroles les plus amicales et les idées les plus con-

ciliantes. Le prince Kong a surtout promis de veiller
à ce que toutes les facilités désirables fussent données
aux Français pour l'installation du palais que M. de
Bourboulon, notre ministre plénipotentiaire, doit habiter tout près de l'ambassade russe, lorsqu'au printemps il fera son entrée à Pé-kin avec toute sa légation.
— Le prince a promis de plus au baron Gros d'aller
lui dire un dernier adieu le jour de son départ.

6 *novembre.* Une bande de menuisiers et d'embal-
leurs chinois, ces derniers si renommés pour leur
adresse, occupent depuis ce matin nos cours et nos
appartements, faisant retentir la hache et le marteau,
et emplissant de solides caisses avec nos bibelots,
qu'ils emballent soigneusement dans du son et des
rognures de papier.

C'est qu'en effet l'ordre de départ est donné pour
le 9, et ce n'est pas trop tôt, en dépit de notre curiosité,
car le froid devient tellement vif, que, d'ici à quelques
jours, le fleuve sera pris et la navigation deviendra impossible. Or, nous comptons bien, cette fois-ci, non-
seulement parcourir plus rapidement cette route de
Tien-tsin à Pé-kin, qui compte 30 lieues et que nous
avons mis 35 jours à faire, mais encore descendre en
sampans les 40 lieues du cours d'eau, depuis Tong-
Tcheou jusqu'à Tien-tsin, pour éviter de chercher peut-
être en vain un abri dans les villages naguère si floris-
sants, maintenant ruinés, qui forment les étapes de
cette route trop connue.

Cependant, comme il n'existe pas, pour nous rendre d'ici à Tong-Tcheou, d'autres moyens de communication que la route dallée ou la route de Tartarie, nous sommes obligés de faire la réquisition de quarante nouveaux chariots, pour traîner avec nous notre matériel, si fort accru comme on le sait, pendant notre séjour à Pé-kin.

Du reste, la seule chose qui pût retarder encore notre départ de la capitale ayant été exécutée, rien ne nous retiendra plus. Je veux parler de l'affichage, fait dans la capitale, de la convention de 1860 conclue entre la France et la Chine. J'ai accompagné M. de M*** dans une inspection qu'il a faite des affiches placées sur les remparts. Partout une énorme foule stationnait devant elles, les lettrés les lisaient attentivement et les expliquaient au peuple. — Personne n'avait l'air de se plaindre : la fibre commerciale, à défaut d'autre, vibrera toujours chez les Chinois, à mesure que leur gouvernement consacrera la légalité du négoce entre eux et les barbares.

7 *novembre*. Tout ce qui par son antiquité, son importance ou son cachet de curiosité était digne d'être vu dans la capitale du Nord, avait été l'objet de nos visites et de celles de toute l'armée. Un seul sanctuaire était resté fermé à tous les yeux, soit que nos regards dussent le profaner, soit que l'affaire du palais d'été eût rendu prudents les Chinois, en ce qui concernait du moins les demeures impériales et les

16

palais. Je veux parler de la ville impériale et du palais
d'hiver.

Une communication du prince Kong à nos deux ambassadeurs nous a fait savoir ce matin que ceux d'entre
nous qui voudraient visiter l'Éden de l'autocrate tartare seraient attendus à une heure donnée, à la porte
sud de la ville impériale, et reçus par des mandarins
qui seraient chargés de leur faire visiter les merveilles
créées par Ku-pi-li, d'illustre mémoire.

Comme on le devine aisément, on fut exact et nombreux au rendez-vous, où l'on trouva Heng-ki chargé
de nous servir de guide dans cette intéressante excursion. Mais ce qui diminua bien notre joie, à nous surtout qui n'avions pas vu le palais d'été, ce fut la nouvelle que nous annonça Heng-ki en nous recevant. Les
deux impératrices légitimes et l'impératrice douairière,
 emmes et mère de l'Empereur Hien-Fung, étant venues demeurer dans le palais d'hiver, il n'était pas
possible de nous en faire voir les appartements, et lui,
Heng-ki, avait ordre seulement de nous promener dasn
les jardins, les cours et les parcs de la demeure du
Fils du Ciel.

Cette restriction, on le conçoit, était faite pour nous
affliger ; mais ce qui restait encore était bien digne
d'exciter notre curiosité et notre ardeur, surtout en
considération du petit nombre d'élus auxquels cette
faveur était réservée.

Nous voilà donc partis, précédés par notre ami

Heng-ki et groupés autour de lord Elgin, auquel le mandarin donne les explications.

Tout d'abord, nous entrons par la porte sud de la ville impériale, qui est presque inhabitée dans ce moment. Nous nous attendions à ne trouver que des palais et de somptueux hôtels : mais que cette ville, autrefois splendide, nous dit-on, a changé d'aspect ! *Quantum mutatus ab illo !*... Les boutiques chinoises ont pris la place des palais, les familles des serviteurs les plus infimes du palais ont établi leurs abjectes masures sur ces places que traversaient autrefois les princes du sang et les principaux ministres de la couronne, suivis d'éblouissants cortéges.

En continuant notre chemin à travers cette ville impériale, nous arrivons à la grande porte de l'enceinte du palais, de l'enceinte sacrée. Avant de pénétrer sous cette porte, un canal se présente ; parallèle à l'enceinte à laquelle il sert de fossé, paraît-il, c'est celui qui traverse toute la ville pour aller déboucher dans le canal de Tong-Tcheou. Sept ponts en marbre, dont deux seulement ont conservé leur lustre, offrent le moyen de traverser le lit, à sec en ce moment, de ce canal qui reçoit les eaux des petites rivières descendant des montagnes.

En avant se trouve la porte monumentale qui donne accès dans la quatrième ville, dans le palais de l'Empereur. L'enceinte de la demeure impériale est quadrangulaire et percée de quatre portes ; dans l'inté-

rieur sont les bâtiments qu'habitent l'Empereur et
sa famille. C'est l'enceinte dont l'entrée nous est
interdite. Mais Heng-ki, ému de notre désappointe-
ment, nous permet d'avancer jusque sous la porte et
de voir l'intérieur de la première cour, la cour principale. Les bâtiments qui ferment cette cour sont précisément, nous dit-on, ceux réservés à Sa Majesté tartare; mais pour être justes, il faut avouer qu'ils ne
nous paraissent nullement dignes d'être le séjour
du souverain d'un empire de quatre cents millions
d'hommes.

Il y a bien quelques portiques en marbre et des per-
rons plus ou moins élégants; mais à l'aspect de la décrépitude qui creuse les lézardes et fait pousser les lichens
sur les murs, nous concevons aisément que Hien-Fung
et sa cour préfèrent le séjour de Huyen-mi-nu-hien,
plus nouvellement et plus richement construit.

Mais notre inspection furtive a été trop longue au
compte de Heng-ki, qui s'est bien aperçu de l'impression peu favorable produite sur nous par le palais, et
nous quittons à regret cet édifice que, malgré sa vétusté
et son peu d'élégance, nous aurions eu encore tant
d'intérêt à visiter.

Nous traversons de nouveau la porte principale,
percée de cinq ouvertures, dont celle du centre, d'une
voussure plus élevée que les autres, est certainement
destinée au passage du souverain; — et il est inutile de
dire que si nous nous faisons un devoir de respecter

çet usage, nous ne nous sentons pas indignes de passer par l'arcade réservée aux princes du sang et aux mandarins de première classe. Notre orgueil ne va pas jusqu'à vouloir blesser nos nouveaux amis en marchant sur les brisées de leur souverain, mais notre modestie n'a pas à souffrir quand nous nous accommodons de l'assimilation aux plus hauts mandarins.

J'ai dit que les portes de cette enceinte fortifiée du palais étaient au nombre de quatre, j'ajoute qu'elles sont placées aux quatre points cardinaux et surmontées de l'inévitable poste caserne avec les noires gueules de canons peintes sur les volets.

Aucune pièce réelle d'artillerie ne paraît sur les remparts : quelques tigres jaunes et rouges fument tranquillement leurs pipes et jouent aux dés, tout comme les soldats de garde des armées les plus civilisées. — Dès qu'ils aperçoivent notre cortége précédé par un mandarin au bouton rouge corail, tous se lèvent et se coiffent de leur toque noire à effilés rouges, armée d'un appendice en queues de renards placé là comme les plumes de paon des mandarins.

Ces valeureux soldats, qui ne méritent leur dénomination de tigres que par les rayures noires qui sont peintes sur leurs casaques jaunes, portent sur la poitrine et sur le dos deux circonférences blanches, source interminable de lazzi pour nos soldats, qui les comparaient à des cibles. Sur la première est écrit le mot *valeur*, et sur celle de derrière le mot *lâcheté :* —

16.

Il y a eu peut-être un jour, en Chine, comme du temps de nos pères et aussi comme de nos jours, un certain déshonneur à montrer les talons à l'ennemi, puisque dans ce cas le caractère qu'il pouvait lire aurait démontré qu'on n'était rien moins que valeureux; mais ceci se passait à une époque très-reculée.

La vérité me force à dire que, de nos jours, les soldats chinois et tartares ont changé d'idée. Plus heureux que les Européens qui tournent casaque, ils n'ont eu qu'à mettre leur veste sens devant derrière pour nous montrer encore le mot de bravoure, trop antithétique cependant pour la circonstance.

Les postes tartares placés aux portes prennent les armes à notre approche et se rangent en bataille, chaque groupe de six hommes ayant devant lui un porte-fanon qui déploie un petit étendard rouge. Ces militaires sont armés de mousquets, de sabres, et de lances : — mousquets à la platine primitive, au canon douteux, à la monture mal assemblée ; — sabres non affilés et qui ne connurent jamais la trempe ; lances au fer taillé comme un harpon et qu'arme une houpette rouge destinée, sans doute à colorer l'arme de cette nuance du sang qui lui est si peu habituelle.

Quoi qu'il en soit de la bravoure de la garnison de l'enceinte du palais, celui-ci est protégé par un large fossé formé par le canal dont j'ai déjà parlé et qui, arrivant devant la porte du nord, se bifurque en deux branches qui conservent toute l'enceinte et viennent se réunir à la porte du sud, sous les cinq ponts de marbre.

En suivant cette enceinte, séparée de la ville impériale par un espace d'un demi-kilomètre seulement, nous passons devant plusieurs monuments dont Heng-Ki nous explique l'appropriation, le but et la splendeur hélas ! bien éteinte. Quand nous lui demandons pourquoi tout ce que nous voyons ressemble tant à une nécropole, pourquoi les anciennes institutions n'y fonctionnent plus comme auparavant, le rusé mandarin nous répond que notre arrivée et les circonstances de la guerre ont tout désorganisé ; après une pareille réponse, il ne nous était plus possible de nous plaindre de ruines dont nous étions les auteurs, de déserts dont nous étions les ravageurs. Mais nous ne nous payions pas de pareilles défaites : le retentissement du canon de Chang-kia-ouan et de Pa-li-kiao n'avait pas la même vertu que les trompettes de Jéricho ; — il ne pouvait pas faire crouler les pans de mur dont nous voyions les débris épars çà et là sur le sol ; — il ne pouvait pas détraquer les poutres des arcs de triomphe ; — et si la ville impériale eût été aujourd'hui peuplée, comme autrefois, de mandarins, de familles tartares, de serviteurs du palais et des bonzes impériaux, tout ce monde n'aurait pas fui sans laisser de trace de sa présence en ces lieux.

Les premiers monuments dans lesquels nous entrons sont deux temples situés de chaque côté des ponts de

marbre. L'un d'eux est consacré au prédécesseur de
l'empereur actuel, et l'autre à tous ses ancêtres indis-
tinctement. — Sitôt qu'un empereur est mort, on lui
consacre le temple où l'on rendait un culte à son
prédécesseur, lequel se trouve alors relégué avec les
autres monarques, et n'a plus qu'un millième des honneurs qui lui étaient rendus auparavant.

Il paraît qu'autrefois l'usage était de placer dans
ces temples une inscription sur marbre, résumant le
règne du souverain. Cet usage avait lui-même succédé à un autre bien plus ancien, consistant à ins-
crire de cette façon une sentence inflexible rendue,
sur le monarque défunt, par des personnages jouant
le rôle de censeurs suprêmes de la conduite impériale. Mais le pouvoir de cet aréopage extraordinaire n'est pas bien défini par la tradition. — Aujour-
d'hui, on se borne à louer les vertus du monarque ex-
piré : les censeurs sont tombés en désuétude, — comme
le reste ; — et cependant ils n'avaient là qu'un rôle
facile, celui de dire la vérité sur quelqu'un après sa
mort. C'est du moins ce que nous explique Heng-Ki,
à qui ces Messieurs les interprètes ont demandé d'examiner la sentence rendue sur le prédécesseur de Hien-
Fung. Mais M. Wades, l'interprète anglais, un sino-
logue de bon aloi, celui-là, nous apprend qu'autrefois
ces juges, ces censeurs impériaux, n'étaient que des
historiographes officiels : c'est détruire toute confiance
en leur sincérité.

Après avoir visité ces monuments que leur ancienne destination rend seule curieuse, notre guide nous fait passer par une bibliothèque dont les rayons sont vides maintenant, car les manuscrits et les volumes qu'elle contenait avaient été dès longtemps transportés au palais d'été. M. Wades et M. Parkes, qui se trouvaient seuls sur les lieux lors de la prise d'Huyen-mi-nu-hien, avaient eu le temps de recueillir les plus précieuses collections, dont on nous avait donné notre part, comme nous avions donné la moitié des lingots. Mais le reste des volumes fut brûlé avec le palais, — comme à Alexandrie.

A côté de l'édifice qui fut une bibliothèque, on en trouve un qui était un arsenal : une ombre encore à ajouter aux autres. L'armement des forts de Ta-kou fut sans doute la cause de la pauvreté à laquelle il est réduit maintenant, car on n'y trouve que des monceaux de sapèques en étain et en cuivre, destinées sans doute à fondre des canons pour remplacer les huit cent dix-huit bouches à feu, les seules que possédât la Chine, que nous avons prises dans les forts et sur les champs de bataille.

Du reste, ne plaignons pas les Chinois sur leur pauvreté en matériel d'artillerie; quand ils voudront y mettre le prix, ils pourront facilement se procurer le même nombre de canons, voire rayés, qu'auparavant. Il y a, en effet, à Singapore, sous les yeux de l'autorité anglaise, un quartier où l'on vend au premier

acheteur venu les canons et les armes hors de service
dont se défont les armées européennes. C'est là que
les défenseurs de Ta-kou avaient été chercher les
pièces anglaises, hollandaises, espagnoles, datant
des xvii⁰ et xviii⁰ siècles, qui garnissaient leurs parapets.

Nous voici maintenant arrivés au nord de la ville
impériale. Là, sur l'axe de Pé-kin, entre les deux enceintes, s'élève une vaste colline, aussi haute mais
moins étendue que les buttes de Montmartre, auprès
de Paris. Cette hauteur est celle d'une taupinière, com-
parée aux montagnes de Tartarie situées à cinq lieues
de là, mais elle est cependant à considérer, car la colline est artificielle.

A l'époque où les Mings, attaqués presque sous les
murs de leur capitale par les Tartares, prévoyaient
l'issue funeste qu'aurait pour eux cette guerre avec
les tribus Mantchoues, un d'entre eux, saisi d'un noir
pressentiment, voulut que sa fin, dans le cas où la ville
serait prise, fût digne de la grandeur de sa dynastie.
En conséquence, il fit exploiter tous les gisements
houillers des environs et, avec les produits de ces
mines qu'il fit entasser dans le voisinage de son palais,
il éleva la butte que nous gravissons. Mais il mourut
sans que les Tartares l'eussent conduit à cette fin qu'il
avait méditée et qui consistait à se faire brûler, lui, sa
famille et ses trésors, sur cet immense bûcher, ainsi
qu'un roi de l'Inde

Son successeur, plus confiant dans l'avenir de son règne, songea à transformer ce bûcher gigantesque en un lieu de plaisance ; et ayant fait disparaître la houille noirâtre sous une épaisse couche de terre rapportée, il créa ainsi une agréable colline, coupée de chemins tortueux comme ceux d'un labyrinthe et plantée d'arbres magnifiques et de fleurs précieuses. Enfin, comme d'après les dispositions adoptées par le fondateur du bûcher, les membres de sa famille, qui au nombre de quatre devaient s'associer à cette fin grandiose et dramatique, avaient pour eux des bûchers moins élevés que celui de l'Empereur, on transforma l'instrument de mort en ornementation pittoresque de jardin, on éleva sur chacun des quatre petits sommets un élégant kiosque, et la partie culminante de la colline fut surmontée d'une pagode en marbre blanc.

Mais les appréhensions du premier de ces deux Empereurs se réalisèrent sous le règne du second. Les Tartares entrèrent à Pé-kin et le monarque, traqué dans son palais, se réfugia sur cette colline, où, poursuivi de plus près, il s'ouvrit le ventre dans la petite pagode de marbre : ce fut la fin de la dynastie des Mings.

Pour nous, pendant qu'on nous raconte cette intéressante légende, nous escaladons les allées tortueuses de ce monticule historique et nous faisons un pèlerinage à la petite pagode du sommet, intéressante à

un double titre ; car en même temps qu'elle a été le
théâtre d'un grand drame de l'histoire de la Chine,
elle est le point le plus commode pour jouir de la vue
d'ensemble de Pé-kin et des détails du palais qui est
à nos pieds. — Mais Heng-ki, soucieux et timoré, ne
nous y laisse pas longtemps, tant il craint que nos
yeux profanes et nos jumelles impies nous découvrent
les respectables princesses qu'il nous est interdit de
contempler.

En redescendant quatre à quatre de cette colline, qui
l'été doit être enchanteresse, et que nous ne pouvons
guère apprécier, à la fin de l'automne qui l'a dépouillée
de tous ses ombrages, nous tombons sur un grand palais clos de murs et qui est le sérail, ou plutôt, comme
le dit Heng-Ki, une école de jeunes filles que l'on élève
pour le service des princesses.

Cette école était autrefois une sorte d'athénée féminin ; c'est même de ce gynécée que sortirent ces deux
jeunes filles lettrées, dont le roman, si populaire en
Chine, a été traduit par M. Stanislas Julien, le plus savant de nos sinologues français.

Nous voici maintenant dans l'ouest de la ville impériale. Tout ce côté est occupé par le parc impérial où se
trouvent les fameux lacs de marbre qui, au nombre
de deux et reliés entre eux par un joli pont en forme
de dragon, sont le principal ornement de ces jardins.

Sur les bords de ces vastes pièces d'eau où, par pla-

ces, les plantes aquatiques étalent leur feuillage ver-
dâtre et vivace, on voit une quantité de kiosques,
de petits temples, placés là, dans les croisements des
sentiers, comme les statues, les ermitages et les chapelles en ruines d'un jardin anglais. L'hiver, ces étangs
sont pris complétement et l'empereur, qui se trouve à
cette époque à Pé-kin, se livre au plaisir du patinage.
— Il est bien entendu que je parle ici des souverains
qui ont précédé Hien-Fung qui, à l'âge de trente-un
ans, a déjà les jambes percluses par suite de ses débauches. — L'été, une grande quantité de jonques que l'on
nous fait voir remisées sous un vaste bâtiment, sont
mises à l'eau, et les lacs se transforment en une gigantesque naumachie. Il est triste, cependant, de penser
que ce bâtiment où sont renfermées ces miniatures de
jonques de guerre, était autrefois une splendide salle
du trône où les Mings distribuaient tous les ans des
récompenses aux officiers et aux soldats vainqueurs
dans les luttes et les tournois militaires, en honneur à
cette époque.

Au milieu du plus grand des deux lacs, s'élève une
île, sorte de colline encore, mais de dimensions plus
modestes, et au sommet de laquelle se dressent un
temple en marbre et un obélisque de granit fort élevé.
Les flancs de cette élévation sont pittoresquement
garnis de rochers, de plantes originales, d'arbres
verts touffus, de kiosques et de portiques en marbre.
On nous y a conduits en bateaux et nous avons trouvé

17

la trace, dans l'arrangement et le dessin de cette île
en miniature, d'un goût fort peu ordinaire chez les
Chinois.

Cette observation était bien juste, car Heng-ki, con-
tent de nous voir une fois au moins satisfaits, nous
apprend que les jésuites construisirent cette île au
xviiᵉ siècle. C'était, nous dit-il encore, le séjour favori
de l'empereur Khong-hi, le grand empereur, et de
Tien-lung, le grand-père de l'empereur actuel, qui en
avait fait le buen-retiro de ses plaisirs et de ses travaux
littéraires.

De retour sur la terre ferme, Heng-ki nous annonce
que notre promenade est finie. Il se trompait ; il nous
restait encore à voir l'église française, l'église érigée
par l'empereur Khong-hi, vers 1678, en l'honneur du
Maître du ciel, comme l'annonce l'inscription chinoise
placée sur le fronton de la porte. Aujourd'hui, cette
église est rendue aux missionnaires, en vertu du traité ;
et nous avons, en passant, la satisfaction de voir des
ouvriers chinois, sous la direction d'une de nos con-
naissances, le Père Liou, y ériger la croix abattue depuis deux siècles.

Nous quittons alors notre cicerone à bouton de corail,
que nous remercions de ses utiles explications, et chacun se communique ses impressions.

L'avis est général sur la ville impériale : elle est fort
laide et ne contient aucun édifice remarquable. Quant
au palais d'hiver, il est condamné, mais par défaut,

à n'être qu'une ruine. Par exemple, on discute plus sérieusement le mérite du parc, des étangs, de l'île de marbre et de la colline. Un d'entre nous hasarde timidement une comparaison avec le bois de Boulogne ; mais nos alliés, qui sont en majorité, ont bien vite décidé que le parc et ses ornements sont ce qu'il y a de plus coquet à Pé-kin : seulement, et à l'unanimité, tout cela est déclaré bien inférieur aux parcs de Saint-James et de Windsor.

Enfin j'ai oublié de dire que huit ou dix noms Anglais, toujours les mêmes et inscrits sur les pierres et le marbre, perpétueront le souvenir de notre visite dans tous les lieux que nous avons parcourus [1].

---

[1] On connaît cette manie de tous les touristes anglais et de quelques commis-voyageurs français, de mettre leurs noms et la date de leurs visites sur tous les monuments. Un Anglais, original comme tous les autres, mais plus ambitieux, a voulu léguer à la postérité le souvenir de sa visite à Alexandrie.

A cet effet, il était monté sur la plate-forme du chapiteau supérieur de la colonne de Pompée, à l'aide d'un câble double muni de poulies qu'il fit passer par-dessus le chapiteau au moyen d'un cerf-volant. L'entreprise était périlleuse et deux ou trois fois on put croire que l'imprudent payerait de sa vie cette ascension d'un nouveau genre.

Le touriste anglais arriva cependant sur le sommet de la colonne et passa toute la nuit sur la plate-forme qui a quatre mètres carrés d'étendue. On ne savait pas ce qu'il y était resté faire. Mais le mystère s'éclaircit bientôt. Le lendemain, en effet, tout Alexandrie put lire, à un kilomètre de distance, sur une des faces planes du

CHAPITRE XIV

Retour à Tien-tsin.

9 *novembre*...... Ce matin-là, la porte de l'est de la ville tartare était encombrée par la foule, curieuse de voir le frère de l'Empereur, le prince Kong, régent de l'empire, attendant, dans sa chaise, l'arrivée d'un cortége qui défilait par la grande avenue ouest-est de Pé-kin.

Le cortége arriva. — En tête marchaient trois compagnies d'infanterie, avec leurs vivres et leurs tentes sur

chapiteau, écrit en caractères rouges, le nom gigantesque de sir W. Burton.

La police égyptienne ne comptant pas dans son sein d'homme assez hardi pour aller effacer l'apothéose de M. Burton, on attend, ce qui ne tardera pas beaucoup, que le vent et les pluies aient précipité à terre ce superbe monolithe de granit rosé, dont le soubassement est déjà bien plus élevé que le sol environnant et ne repose le sac. — Derrière venait un palanquin escorté par quelques cavaliers bien couverts d'astrakan et de martre, puis, une demi-batterie d'artillerie, et par derrière une énorme file de 84 voitures, conduites par des Chinois. — La marche était fermée par trois autres compagnies d'infanterie.

Quand le palanquin qu'escortaient les soldats Européens fut à la hauteur de celui du prince, on le vit s'arrêter et il en sortit l'ambassadeur extraordinaire de France qui se rencontra avec son impérial ami. Les deux personnages échangèrent d'amicales paroles pendant quelques minutes, et terminant leur entretien, ils se saluèrent d'une dernière étreinte; après quoi le cortége franchissant la porte, se trouva hors de la ville sur la route de Tong-tcheou.

Adieu Pé-kin, adieu la capitale de la Chine! je ne te reverrai plus. — Maintenant que tu m'as révélé tes merveilles en ruines, tes vestiges de splendeur, ta vaste enceinte, ta nombreuse population et tes gigantesques murailles; maintenant, je ne veux plus rien de toi que le souvenir, par ci par là, de notre présence

que sur une mauvaise maçonnerie usée elle-même par l'action atmosphérique.

Ajoutons que sir William Burton, huit jours après ce triomphe, se brûla la cervelle sur le sommet de la grande pyramide de Gisch, ainsi que les soixante autres de ses compatriotes qui exécutent chaque année cette fin toute britannique.

dans ton sein!...... Je me trompe : je veux encore
que tu sois hospitalière pour un étranger et une étrangère[1], tous deux parents, qui, à la fonte des neiges,
iront s'établir au milieu de tes pagodes et de tes jardins. Que, de la part de tes habitants, l'accueil leur
soit bon...... Adieu, Pé-kin!

Avez-vous jamais, lecteur, parcouru deux fois la
même route ; en premier lieu, à pied, comme l'artiste
ou le soldat; ensuite, comme le voyageur affairé, sur la
malle ou sur le rail-way? Si oui, vous avez dû remarquer, à mesure que l'on voit défiler devant soi chacun
des lieux où, pendant le voyage à pied, il vous naquit
des impressions et vous survint des événements, vous
avez dû remarquer que dans la rapidité de votre
marche, vous n'aviez pas le temps de faire passer devant vos yeux, chacun à leur tour, le souvenir de ces
impressions et de ces événements. A mesure qu'une
image du passé, réveillée par le spectacle des lieux, se
forme dans votre esprit, voilà qu'un autre endroit se
présente qui fait naître un souvenir différent, — chas-
sant le premier pour être bientôt chassé à son tour.

C'est ce qui nous arriva en quittant Pé-kin pour retourner à Tien-tsin. Nous vîmes en trois journées ces
lieux si fertiles en événements et en souvenirs, que
nous avions employé plus de trois mois, tout récem-

______

[1] **M.** le ministre plénipotentiaire de France, en Chine, et
madame de Bourboulon.

ment, à parcourir. C'est ainsi que nous revîmes la briqueterie, Pa-li-kiao et le pont de marbre, la route dallée, le champ de bataille du 21 septembre, et la pagode
rouge où nous avions dormi quinze jours sur la pierre.
Hélas ! nous n'eûmes pas la consolation de dire un dernier adieu à ces deux victimes qui gisaient dans les
environs, et dont on n'avait pas encore retrouvé les
corps.

Nous arrivâmes vers le soir à Tong-Tcheou, la ville
au souvenir funèbre dont le nom restera, dans l'histoire des relations de l'Europe avec la Chine, comme
une tache ineffaçable, un stigmate indélébile pour la
politique de la dynastie tartare.

Aussitôt que notre caravane se fut arrêtée devant un
miao qui devait nous abriter pendant la seule nuit que
nous devions passer en ces lieux, je courus aux bords
du Pé-ho inspecter le matériel naval destiné à nous
transporter, nous et nos bagages si nombreux, jusqu'à
Tien-tsin, en suivant les cours sinueux du fleuve.

Une vingtaine de sampans, chacun d'une longueur de
10 mètres environ, avaient été mis à notre disposition
et réservés pour nous par l'officier de marine qui rem-
plissait à Tong-Tcheou les fonctions de capitaine de
port. — Ces bateaux plats, dont le tirant d'eau est si
faible qu'il permet de naviguer dans les parages du
fleuve où les eaux sont les plus basses, renfermaient,
au milieu de leur pont, une sorte de cabine de quelques
mètres cubes de capacité, et qui devait servir de loge-

ment pour la nuit à chacun de nous. A l'avant et à l'arrière de la cabine, le pont, formé par des planches mobiles, recouvrait deux vastes cales où les bagages pouvaient trouver place. On s'occupa immédiatement de décharger les nombreuses voitures que nous traînions à notre suite, et l'opération terminée, on songea à congédier les Chinois qui, depuis notre départ de Tien-tsin, nous avaient suivis fidèlement.

Pas un de ces voituriers n'avait déserté. Les premiers jours de la route ils avaient bien témoigné quelques velléités de nous abandonner en emportant les caisses qui remplissaient leurs voitures; mais je les avais fait surveiller et garder comme de véritables prisonniers de guerre. — De plus, et ce n'avait pas été la moins bonne précaution, on ne leur payait chaque jour que la moitié de leur indemnité, c'est-à-dire une demi-piastre, nous réservant, pour le moment où ils nous quitteraient définitivement, de leur remettre l'arriéré de leur solde. Le voyage avait duré deux mois, c'était donc la somme énorme pour eux de 30 piastres, ou 180 francs, qu'ils devaient toucher.

Lorsque la dernière des caisses eut été enlevée de la dernière des voitures, on les fit assembler tous et l'on procéda à l'apurement des comptes courants entre l'ambassade et ces braves gens. — Je laisse à penser l'air de satisfaction et d'étonnement qui dut se peindre sur leur visage, quand ils reçurent chacun la somme en question, qu'ils avaient dû bien souvent désespérer d'avoir entre leurs mains. Mais tout n'était pas fini là, et nos conducteurs de char, alléchés par la vue du sac de piastres que portait avec lui le caissier de l'ambassadeur se mirent à réclamer, qui des indemnités pour un mulet fourbu ou un essieu cassé, qui des gratifications pour le bon soin qu'il avait pris de nos bibelots : tous enfin, comme des mendiants italiens, demandaient obséquieusement la *bona mano ; per san kô-tagen*. — Il fallut bien en passer par là pour éviter leurs assourdissantes demandes; et ce ne fut qu'alors que nos automédons tartares nous firent leurs derniers tchin-tchin.

Le miao, qui devait être notre dernier gîte d'étape, avait été occupé par le général Ignatieff, pendant son long séjour à Tong-Tcheou. L'ambassadeur russe nous l'avait indiqué, au moment où nous quittâmes la capitale, et nous le trouvâmes tout disposé à nous recevoir, grâce à l'escouade de balayeurs que j'y avais fait partir la veille. La précaution était bonne ; on conçoit en effet que, dans un pays aussi décrépit que la Chine, la poussière doive vite s'amasser dans les édifices inoccupés. Or, jamais nous ne fûmes si à l'étroit que dans ce petit temple. Il fallut, bon gré mal gré, que plusieurs d'entre nous passassent la nuit, non-seulement dans les parties de l'édifice consacrées au culte, mais encore sur les autels mêmes, au-milieu des vases sacrés des divinités secondaires : on n'en dormit pas, d'ailleurs, plus mal pour cela.

Les quelques heures qui me restèrent, après le con-

17.

gédiement de nos charretiers, je les consacrai à une dernière promenade dans Tong-Tcheou. En passant à une des portes de la ville, j'aperçus un rassemblement de Chinois de toutes classes se pressant devant un pan de mur où l'on avait affiché une grande pancarte. — Je m'approchai, et, à quelques petits caractères placés en tête, c'est-à-dire à droite de l'affiche, suivant le mode de l'écriture chinoise, je reconnus que le document qui attirait si fort l'attention des citadins, n'était autre qu'un extrait de la *Gazette de Pé-kin* (*Kin-Pao*), contenant le traité de 1858 et la convention de 1860 en entier.

J'étais curieux d'examiner comment la population chinoise de cette grande ville prendrait ces actes du gouvernement qui, en portant à la connaissance du public le résultat des négociations, accomplissait un engagement qu'il avait contracté à notre égard, le 25 octobre, celui de faire connaître le traité en l'affichant dans toutes les provinces de la Chine.

L'attitude des lecteurs ne me paraissait pas signaler précisément du mécontentement. — Les personnages lettrés qui lisaient l'affiche et la traduisaient à leurs nombreux concitoyens, ne paraissaient qu'approuver les stipulations consenties entre nous et le cabinet de Pé-kin, pour la liberté du commerce et de la religion. La première de ces deux libertés favorisait l'essor commercial de la Chine, la seconde ne blessait en rien les préjugés de ce peuple matérialiste ; de plus, nos victoires avaient fait pièce aux mandarins tartares, si exécrés par les populations chinoises, et à l'empereur, regardé comme un indigne souverain par ses peuples. Il n'en fallait pas plus pour que la population regardât d'assez bon œil cette convention si humiliante pour son gouvernement et sa patrie. En résumé, ni à Pé-kin, ni à Tong-Tcheou, ni à Tien-tsin, ni à Canton même, cité presque insoumise, on ne vit les gens de la ville lacérer quelqu'une de ces proclamations : c'était un signe, pour qui juge la Chine avec indulgence, que le progrès, c'est-à-dire le frottement avec l'Europe, était favorablement accueilli des masses, s'il ne l'était point par les gouvernants.

Je terminai ma promenade dans Tong-Tcheou en traversant une sorte de place entourée de portiques à moitié démolis et où j'osais à peine m'engager, tant elle était remplie de mendiants et de gens déguenillés. — O Callot ! si vous aviez été du voyage, comme votre burin réaliste se serait enrichi là d'une collection splendide de difformités repoussantes, de plaies honteuses, de loques fantastiques. — La cour des miracles de Tong-Tcheou ne le cédait en rien, pour le personnel qui l'habitait, au palais similaire des truands de Lutèce, à en croire les pittoresques peintures de Notre-Dame de Paris. — Mais passons vite, et surtout dérobons-nous aux supplications et aux requêtes dangereuses de ces parias, que l'édilité de Tong-Tcheou a renfermés ici comme des lépreux dans une léproserie, et regagnons des quartiers plus sains, — tout en pensant à ce que pourra devenir cet asile, immonde déjà, quand la famine fera sentir son pressant aiguillon aux populations de cette malheureuse province.

10 *novembre*. Comme de pieux chevaliers, nous avons fait la veille des armes. — Le sabre et le revolver au côté (précaution toujours bonne en pays ennemi), nous avons passé la nuit au pied des divinités chinoises, les priant de nous octroyer bon vent et beaucoup d'eau dans le fleuve, afin de marcher rapidement et de ne pas être retardés par les échouages.

Ce matin, de très-bonne heure, par un froid tellement piquant que l'on se demande s'il ne fera pas prendre le Pé-Ho, très-peu rapide dans cette partie de son cours, nous sommes montés à bord des bâtiments de notre flottille. C'est ainsi que nous appelons nos vingt sampans qui marchent deux à deux et accouplés l'un à l'autre, pour éviter une trop grande longueur dans la colonne de l'escadre. Et qu'on ne se prenne pas à sourire à cette pompeuse dénomination d'escadre : n'avons-nous pas avec nous un personnel maritime digne de nous inspirer les plus excusables illusions? — Un capitaine de vaisseau, le commandant T*** du *Du-chayla*, le même qui, à Ta-kou, en 1859, fit l'admiration des Anglais par son sang-froid et ses talents tout militaires, qu'il avait rapportés du reste d'une bonne école : — des batteries des marins devant Sébastopol. —

Puis deux enseignes de vaisseau et deux aspirants;
enfin une quinzaine de matelots du *Duchayla*, chefs de
hune, gabiers de 1re classe, chefs de pièces et timon-
niers. — Voilà plus qu'il n'en faut pour justifier les
termes maritimes que j'ai hasardés ci-dessus. — Qu'on
ne s'étonne donc pas si, naviguant pour quelques
jours, nous nous prenons si souvent à retrouver dans
notre conversation les expressions nautiques qu'une
traversée de six mois nous avait gravées dans la mémoire.

C'est donc la section maritime de l'ambassade qui se
trouve chargée de la conduite de notre caravane tant
qu'elle voguera sur l'élément perfide.—Et je me réjouis
fort de cet allégement apporté dans mes fonctions, à
moi qui compose la section militaire du personnel si
nombreux attaché au baron Gros. — J'avais connu les
préoccupations et les ennuis de la route à terre,
atra cura! — Je vais, à mon tour, connaître les doux
loisirs de l'homme qui se laisse gouverner et conduire.

Voici du reste comment la marche de l'escadre,
a été réglée par notre nouvel amiral, le commandant T***, qui tient à nous prouver que les hommes
d'ordre et de méthode font souvent sentir l'influence
de ces deux précieuses qualités dans les moindres
détails.

En tête s'avance le vaisseau amiral : ce sont deux
sampans plus spacieux et plus proprets que les au-

tres, dont l'un sert de chambre à coucher et l'autre de cabinet de travail à l'ambassadeur. — A l'avant et à l'arrière, on a hissé, à l'aide d'une drisse, les couleurs nationales ; et un matelot de planton se tient prêt non pas à défendre le pavillon, mais bien à parer, avec une gaffe, aux échouages qui ne peuvent manquer de survenir.

Toute escadre ayant sa mouche, c'est-à-dire un petit vapeur bon marcheur pour éclairer sa marche, nous avons aussi la nôtre, en la personne d'un brigadier de chasseurs d'Afrique, suivi de son escouade, qui nous précède au pas sur le chemin de halage.

Derrière les sampans du baron Gros suivent ceux des deux personnages les plus importants, après lui, dans l'ambassade ; le premier secrétaire et le commandant du *Duchayla.*

En troisième lieu s'avancent deux nefs dont l'importance, dans l'escadre, n'échappera à personne. — Dans l'une sont installés les fourneaux, les marmites et le personnel de bouche ; — l'autre, dont la cabine est vaste et bien éclairée, sert de salle à manger, j'allais dire de salle du conseil.

Viennent ensuite les navires de moindre importance : ceux qui portent les secrétaires, les interprètes, les officiers de terre et de mer qui suivent l'ambassade. — Puis les corvettes de charge, les transports, où sont entassés nos bagages et qu'habitent les matelots et nos domestiques.

Enfin, l'arrière-garde est toute militaire : elle se compose de quatre sampans, où une compagnie d'infanterie, garde d'honneur de l'ambassadeur, a trouvé un asile plus qu'étroit. — Du reste, il ne faut pas croire que nos forces de terre soient si restreintes. — Parallèlement à notre escadre, sur la route qui ne quitte le Pé-ho que pour en abréger les coudes, un bataillon du 101e, commandé par M. Blot, et une batterie d'artillerie sous les ordres du lieutenant de Joffre, s'avancent tantôt nous dépassant, tantôt restant en arrière de nous, mais sans jamais perdre de vue les voiles de bambou de nos bateaux.

C'est dans cet ordre tout guerrier que nous avons appareillé ce matin, à six heures, et quitté notre mouillage de Tong-Tcheou. La brise ne soufflait pas assez pour que les lourdes voiles latines de bambous, qui se guindent jusqu'au haut des mâts de chaque sampan, pussent communiquer à notre marche une accélération sensible. — Force donc est à nos bateliers chinois de descendre à terre et, s'attelant aux câbles fixés au haut de chaque mât, de nous faire marcher avec une vitesse d'un nœud à l'heure, plus doucement que le pas de l'homme.

On navigue ainsi jusqu'à dix heures et demie. — A ce moment le maître d'hôtel frappe sur un énorme gong que nous avons apporté de Pé-kin, et les sons retentissants mais si aigrement timbrés de l'instrument chinois préviennent chacun des bâtiments, qui

marchent les uns à la suite des autres en conser-
vant leur réglementaire distance d'une encâblure,
qu'une manœuvre va s'exécuter. Le chef de timonnerie
qui a établi son bureau à l'arrière de la salle à manger,
hisse un pavillon en haut du mât; l'officier de quart
commande de déferler; et le signal : *paré à déjeuner*,
est télégraphié à toute l'escadre.

Le sampan-amiral stoppe et met en panne, puis se
place *bord à quai* auprès d'une des rives du fleuve où
il mouille une ancre; — chacun des autres bâtiments
de la colonne vient se serrer en masse sur le sampan-
amiral. Pendant ce temps-là, le sampan-cambuse,
comme l'appellent les matelots, double les deux premiers navires et vient se ranger en tête de celui de
l'ambassadeur, qui n'a de cette façon qu'une enjambée
à faire pour se trouver dans la salle à manger.

Jusqu'au moment du déjeuner, le froid a été assez
vif pour que la plupart d'entre nous soient demeurés
bien blottis dans leurs cabines, que l'on a eu la précaution de capitonner avec des feutres et des nattes,
et que l'on chauffe, chez quelques imprudents dont je
tairai le nom, avec un *brasero*. — Mais, à midi, le soleil
perce les nuages ternes et immobiles qui jusque-là
avaient laissé tomber sur la terre une pluie désespé-
rément fine d'un givre aux brillants cristaux. La température devient supportable et c'est à qui restera à
terre, au moment où la colonne se remet en marche,
pour couper les coudes du Pé-ho et lutter de vitesse

avec les sampans dont les voiles sont tendues à un vent
léger qui vient de s'élever. — Quelquefois l'arc que
décrit la rivière est si convexe que la corde en est rapidement parcourue ; mais souvent aussi le fleuve fait
un brusque coude du côté opposé, en suivant les in-
flexions d'un *S*, et les piétons, obligés de suivre le
chemin de halage sans pouvoir l'abréger, se trouvent
en arrière des sampans qui continuent leur marche
pesante et majestueuse.

Pendant tout ce temps-là, la colonne des troupes
suit la grande route et se dirige sur le point du rendez-
vous, situé au bord du fleuve, qui a été convenu le
matin entre notre amiral et le commandant des forces
de terre. Nous arrivons généralement les derniers, vers
six heures, alors que dans l'obscurité qui commence
on n'a, pour guider la marche des bateaux, que la lumière d'abord indécise puis éblouissante des feux du
bivouac. — Arrivés à ce point de jonction, chacun des
sampans va se serrer sur le chef de file et, aux accents
du gong, chacun court à la salle à manger où le dîner
rassemble toute l'ambassade.

On reste au mouillage pendant toute la nuit; on
se couche de bonne heure, et le lendemain la navigation continue suivant les mêmes principes et en accom-
plissant les mêmes manœuvres.

Mais il ne faut pas croire que, sur les eaux paisibles
du Pé-ho, aucun accident, pour nos embarcations,
n'est à redouter.

D'abord le lit du Pé-ho est tellement contourné, les coudes se courbent sous des angles si aigus parfois, que pour franchir le passage on est obligé de s'approcher de l'une des deux rives ; et en ce cas on court grand danger de trouver moins d'un pied d'eau dans le fleuve. Il y a alors un échouage, et sur l'embarcation à qui ce contre-temps est survenu, l'on voit matelots français et bateliers chinois amener promptement la voile et s'efforcer, avec des gaffes et des perches, de faire dévier le sampan vers les parties du fleuve où l'eau est moins basse. Il faut quelquefois de longs efforts pour y parvenir, et les bateliers du sampan qui a perdu sa place dans la colonne, s'ingénient à rattraper la distance qu'ils ont perdue. — Pour cela, au nombre de deux ou trois et armés d'une longue et solide perche, ils courent de l'avant à l'arrière de l'embarcation, en faisant effort sur le fond du fleuve pour faire avancer leur bateau. — Pendant qu'ils courent ainsi sur les plats-bords du pont, ils accompagnent et cadencent leur marche par une chanson chinoise, sorte de mélopée gutturale, qui produit un effet grotesque. Enfin quand le bâtiment s'est remis à flot et est parvenu à regagner la colonne qui a ralenti sa marche pour l'attendre, l'on voit paraître au haut du mât du sampan-cambuse le signal : satisfaction de la manœuvre.

Ce fut de cette façon que nous accomplîmes le trajet de Tong-Tcheou à Tien-tsin, qui compte 40 lieues par eau et 22 seulement par terre, en l'espace de trois journées de navigation.

Pendant ce voyage, nous repassâmes par tous les lieux où nous séjournâmes pendant la route laborieuse qui nous avait conduits à la capitale du Nord. — Mais déjà l'aspect de la terre avait changé sous l'influence des approches d'un rigoureux hiver. — Les herbes qui tapissaient les berges du fleuve s'étaient desséchées ; la terre, sous l'influence du froid, s'était fendue et avait creusé encore davantage les talus qui dominent la nappe de l'eau paisible du Pé-ho. — Puis les sorghos, au milieu desquels les sentiers disparaissent comme sous un dôme de verdure, les sorghos s'étaient flétris et avaient perdu leur verte parure ; le vent du nord, âpre et sec depuis qu'il avait passé sur les cimes neigeuses des montagnes de la Tartarie, avait couché ces hautes tiges, tout étonnées, cette année, de ne pas voir leur bouquet d'épis tomber sous la faucille des laboureurs chinois. Enfin, autour des pagodes et des villages, chênes, sycomores, hêtres, néfliers, dont le feuillage cachait les jeux et les ébats d'innombrables nichées de pigeons ramiers, tout cela n'avait conservé que quelques rares feuilles déjà mortes et attendant le moment où la rafale les balayerait à leur tour. — Mais ce qui avait encore bien plus changé d'aspect que tout cela, c'étaient les villages et les villes que nous avions traversés naguère. — Nous revîmes les ruines de Matao, de Chang-kia-ouan, de Ho-see-voo, de Nan-tsan-tsen, de Yan-tsenn. — Pou-keou seul, grâce à son voisinage de Tien-tsin, où était une garnison alliée, avait été épargné. Tout le long du

fleuve, nos regards attristés se portaient sur les pans
de murs écroulés non par la vétusté comme à Pé-kin,
mais par l'action du feu, dont les flammes, on en voyait
encore la preuve, avaient récemment léché les briques
et consumé les charpentes. Plus de ces toitures capri-
cieuses et garnies de clochettes, avec leurs courbes fantasques et leurs naïves sculptures! plus de ces grands
mâts ornés de drapeaux qui signalaient l'entrée des pagodes! plus de miao gaîment et confortablement enfoui
dans des bouquets de verdure! On sentait que la bande
noire, à la remorque de la guerre, avait passé par là.
Et encore, faut-il le dire, ces ruines désolées n'avaient
rien de ce pittoresque, que le souvenir magique d'un
passé lointain ou célèbre prête souvent aux vestiges
des anciens monuments. — Ruines plates, ruines sans
passé pour le voyageur, ruines enfin de chaumières et
de crèches et non pas de château-forts ou de temples
antiques, voilà ce qui restait des populeuses bour-
gades qui sillonnaient le chemin de Tien-tsin à Pé-kin.
— Devant un tel panorama se déroulant à nos yeux
le long de notre trajet sur le fleuve, il nous semblait
que le Pé-ho fût une parodie grimaçante du Rhin et le
Pé-tche-li une informe pochade du Palatinat.....

Enfin, vers le soir du troisième jour, après avoir
laissé Pou-Keou bien loin de nous grâce aux quatre
ou cinq changements de direction du fleuve qui nous
en séparaient, nous atteignîmes les premiers magasins
de l'entrepôt des sels dont Tien-tsin fait un si grand

commerce. — Ce fut une véritable joie pour nous tous que de revoir ces immenses pyramides, recouvertes soigneusement d'une couverture de nattes et imprégnant l'atmosphère de leurs âcres senteurs. Leur présence annonçait le voisinage de la grande cité que nous avions quittée, depuis plus de deux mois, pour mener cette vie agitée que j'ai scrupuleusement racontée. — On mouilla en cet endroit pour éviter tout ce qu'une arrivée de nuit aurait causé d'embarras et d'ennuis à tout le monde.

Chacun de nous, malgré l'heure matinale de notre quatrième et dernier appareillage, est debout sur son sampan, attendant que la dernière courbe du fleuve s'efface et laisse à nos yeux avides le spectacle si désiré du port de Tien-tsin. — Et en un instant le coude est doublé, et notre vue charmée embrasse d'un seul coup d'œil le tableau animé et presque nouveau pour nous, tant nous nous croyons enfoncés dans la Chine, d'une forêt de mâts de navires et de cheminées de machines. — Ce sont les canonnières anglaises et françaises qui ont toutes remonté le fleuve pour venir chercher les troupes destinées à prendre leurs quartiers d'hiver dans le sud et à Shang-haï, et dont le mouvement incessant d'arrivées et de départs donne au port de Tien-tsin les allures animées d'une grande rade de commerce. — Qui ne comprendrait le plaisir avec lequel nous suivons dans les airs les noirâtres ou fauves panaches de fumée qui s'échappent des tuyaux de ces canonnières? Le moment est assez rapproché où l'une d'elles allumera ses feux et balayera des ailes de son hélice les vases du Pé-ho, pour nous conduire à la frégate qui doit nous ramener en France !

Et comme l'aspect de Tien-tsin avait changé depuis notre départ! Au moment où nous quittâmes cette populeuse préfecture, les alliés n'avaient fait qu'y passer, et l'on ne remarquait encore aucune trace de leur passage. — Mais pendant que l'on combattait et que l'on négociait aux environs de la capitale, l'escadre des canonnières des deux nations et une certaine quantité de dépôts et de troupes des deux armées, étaient restées là, préparant nos convois de vivres et de munitions et établissant la chaîne de nos communications avec les navires à l'ancre dans le golfe du Pé-tche-li, par les postes intermédiaires de Ta-Kou et de Ho-see-woo. Cette installation définitive des Européens dans Tien-tsin, présidée, de notre côté, par le lieutenant-colonel du 102ᵉ de ligne, M. Théologue, avait déjà réagi sur la physionomie des quais de la ville, où se trouvait concentrée l'agglomération française. L'armée étant arrivée depuis dix jours, avait commencé à occuper les cantonnements que l'officier dont je viens de parler avait si intelligemment établis. — Là, c'était la caserne du 102ᵉ, occupant tout un quartier où chaque compagnie avait sa rue et chaque officier sa maison; plus loin, c'étaient les quartiers de l'artillerie avec les magasins à fourrages, devant lesquels circule une sen-

tinelle. — Ici, l'on voit les bâtiments de l'intendance, là,
l'hôpital ou le trésor public. — Et chaque quartier,
chaque rue, chaque pont, chaque pagode ont été classés sous le nom d'un des principaux personnages de
l'expédition ou d'une des victimes de la campagne. —
A côté de la rue Collineau, de la pagode Bentzman, du
pont Bourboulon, on voit le quai Dubut, la place Grandchamp, la rue de Damas, — touchante idée qui perpé-
tuera le souvenir de nos chefs et de nos malheureux
camarades....

Et puis la circulation, dans les rues et sur les quais,
est devenue tout européenne. — Les Chinois ont compris qu'il fallait faire le vide, et toute la population des
faubourgs a reflué dans la ville murée. Les corvées, les
patrouilles se croisent et se rencontrent : les bacs et
surtout les ponts de bateaux qu'a établis le colonel
Théologue à l'aide de ses fantassins transformés en
pontonniers, permettent aux allants et venants d'éviter
les longs détours qu'amènerait sans cela pour eux le
manque de ponts fixes sur les deux parties du Pé-ho
et sur le canal impérial qui se joignent, suivant la forme
d'un T, dans l'intérieur de la ville. Et jugez si la circulation se fait sur une grande échelle ! il y a là, en effet,
plus de dix mille hommes, Anglais et Français, que
les canonnières embarquent par petites fractions, chaque jour, pour les amener à bord des bâtiments de l'escadre.

Enfin, pour que la physionomie de cette ville nouvellement européenne, apparaisse sous le jour particulièrement pittoresque qu'elle avait alors, je n'oublierai pas de signaler la variété des costumes de tout ce public militaire et maritime.

Les uns se sont revêtus d'une épaisse fourrure, précaution que justifie bien l'index du thermomètre, descendu à 2 degrés au-dessous de zéro. D'autres, tout étonnés et tout charmés de se voir dehors en plein midi, sans craindre les insolations, se laissent aller à cette sensation du froid qui pendant quelques jours sera encore une jouissance.

Les officiers anglais, enveloppés dans de longues pelisses d'astrakan et coiffés de bonnets fourrés à la tartare, passent devant la sentinelle française, qui, revêtue d'une peau de mouton taillée en forme de caban et qu'elle porte par-dessus la confortable criméenne, se réjouit de voir ses mains bien encapitonnées dans des gants fourrés et ses pieds dans de grandes bottes garnies de feutre que le général en chef, toujours prévoyant, a fait confectionner pour tous ceux qui doivent hiverner à Tien-tsin et qui auront à souffrir d'un hiver bien plus rigoureux que celui qui règne habituellement à Shang-haï, où va se rendre le reste des troupes françaises. — Voici du reste comment le général en chef a distribué les troupes du corps d'armée placé sous ses ordres, pour l'hiver de 1860-1861.

A Tien-tsin, c'est le général Collineau qui commande. — Il a sous ses ordres le 102ᵉ tout entier, le 2ᵉ bataillon du 104.e, une batterie de douze, une batterie de quatre, une section du génie, plus tout ce qu'il faut pour l'administration et le service hospitalier d'un petit corps d'armée.

Le général en chef se rend, avec tout son état-major, général et particulier, à Shang-haï. — Il amène le 1er bataillon et l'état-major du 104e, le 2e bataillon de chasseurs, et le reste de l'artillerie du génie, et des différents services. — Il a avec lui le chef de l'aumônerie du trésor, et les chefs de services de l'armée. — Quant à l'infanterie de marine, deux de ses compagnies restent tenir garnison dans les forts de Ta-kou. Les compagnies qui étaient à Chu-san ; celles que l'on avait envoyées à Shang-haï pendant l'attaque des rebelles ; et enfin toutes celles qui avaient fait partie de l'expédition sur Pé-kin, doivent aller à Canton augmenter l'effectif des troupes d'occupation que nous y maintenons depuis les affaires de 1858.

. Ces divers changements d'emplacements, pour les troupes, seront effectués immédiatement par les canonnières, qui transporteront les hommes et les bagages de Tien-tsin au Pé-tche-li, où les grands bâtiments sont à l'ancre depuis notre débarquement au Peh-tang.

De leur côté, les Anglais laissent une brigade, de la cavalerie Sichke et de l'artillerie à Tien-tsin, sous les ordres du général sir Mitchells. Le reste va à Hong-Kong ou retourne dans l'Inde et en Angleterre, à l'exception de quelques compagnies que le général Grant envoie à

18

Shang-Haï. — Et c'est l'embarquement de toutes ces troupes alliées qui imprime au port et aux quais de Tien-tsin toute cette animation que je viens de décrire.

Pour nous, après avoir dirigé péniblement la marche de notre escadre en miniature au milieu des canon- nières qui virent de bord, des canots qui se rendent à terre et des bacs qui traversent le fleuve, nous mouil- lons au bas d'une cale construite par les Anglais en face du palais que nous avions habité pendant notre précédent séjour à Tien-tsin.

Mais, cette fois, nous ne nous y trouvions pas seuls. Le général en chef avec ses aides de camp et sa suite, d'une part; de l'autre, le ministre de France et sa lé- gation, arrivés l'un et l'autre quelques jours avant nous et ne trouvant pas d'autre asile, avaient occupé la plus grande partie de cette immense maison que l'ambas- sadeur, à son départ, avait louée au propriétaire pour la retrouver à son retour.

L'habitation était large, il est vrai, et les trois mé- nages, comme on appelait l'ambassade, la légation et le quartier-général, purent se caser librement dans les splendides appartements que nous avions déjà occupés. Du reste, je n'oublierai pas de mentionner ici que le prestige de ces lieux venait de s'augmenter pour nous par la présence de madame de Bourboulon, qui, malgré les souffrances d'une grave maladie, résultat de son séjour dans le mauvais climat de Shang-haï, n'avait pas hésité à venir à Tien-tsin, pour se rapprocher de Pé-kin, où elle comptait s'établir au printemps, dans un fort bel hôtel que M. de M***, notre interprète, avait choisi tout près de l'ambassade russe.

Notre installation ne fut pas longue à exécuter dans ce nouveau séjour. Tout le monde s'apprêtait à partir, les uns pour la France; les autres, moins heureux, devaient rentrer à la légation, à l'armée ou sur la flotte. Le Père Delamarre nous avait quittés à Pé-kin, ainsi que M. Jaurès, l'aide de camp de l'amiral Charner. M. de Vernouillet, deuxième secrétaire de l'ambassade, et M. de Meritens, premier interprète, allaient rester à la légation. Le commandant Tricaut et le docteur Léon ne s'étaient pas arrêtés à Tien-tsin et avaient regagné le même jour *le Duchayla*, emmenant avec eux les matelots qui nous avaient escortés pendant notre route. Ce n'était pas d'ailleurs pour longtemps que ces Messieurs se séparaient du baron Gros : celui-ci venait de voir mettre *le Duchayla* à sa disposition par l'amiral Charner, pour son retour en France; pour moi, je devais rester aussi pour souffrir l'hiver sibérien qu'on nous promettait. Mais à la veille du départ du baron Gros et de son premier secrétaire, ce dernier tomba gravement malade. Cette circonstance changea les mesures déjà prises. M. de Vernouillet fut détaché de la légation pour accompagner l'ambassadeur; et le général en chef, au moment de partir pour le Japon, où il allait faire une intéressante excursion, me donna, à ma grande joie, l'ordre de revenir en France avec l'ambassade, à laquelle il m'avait attaché depuis le commencement de la campagne.

Nous partîmes de Tien-tsin sur une de ces petites canonnières grises, destinées à remonter les fleuves et à naviguer sur les côtes, et envoyées de France toutes démontées pour être ensuite remontées en Chine.

Au bout de douze heures de traversée sur le Pé-ho, dont les eaux commençaient à geler, près de ses bords, nous atteignîmes la barre de Ta-kou. — Nous la franchîmes heureusement au flot. — Et une heure après, nous étions au milieu de l'escadre, qui saluait l'arrivée du haut commissaire français de ses salves et de ses hourras.

Une fois à bord du *Duchayla*, sous les couleurs nationales et au milieu des corvettes françaises, nous avions quitté la terre étrangère; nous nous retrouvions en France.

Notre voyage était terminé.

CHAPITRE XV

1ᵉʳ *juillet* 1861. Parmi tous les membres de l'ambassade avec qui je fis ce voyage, il en est un qui, aujourd'hui, n'est plus de ce monde, mais dont le souvenir restera longtemps dans le cœur de ses compagnons. Nous avons perdu M. le comte Léon de Bastard d'Étang, premier secrétaire de l'ambassade. Une fièvre cérébrale l'atteignit au moment où nous allions quitter Tien-tsin pour retourner en France. — On espérait que l'impression de ce retour si ardemment désiré par lui, qui deux fois, — au naufrage du *Malabar* et à l'affaire de Tong-tcheou, avait vu la mort de si près et toujours sous une face hideuse, — on espérait, dis-je, que cette impression amènerait la crise du salut. Il n'en fut rien. A notre arrivée à Hong-Kong, il mourut entre nos bras, au milieu des consolations affectueuses de l'ambassadeur et des exhortations pieuses de Mgr Pélerin.

M. Léon de Bastard était en chemin de faire une carrière, je ne dirai pas brillante, je dirai remarquable.— C'était un diplomate fortement initié aux arcanes de la jurisprudence ; c'était aussi un des meilleurs élèves de l'École des chartes et un lauréat des Académies et des sociétés d'archéologie et d'histoire. Une énergie indomptable mais droite, une application excessive, une sûreté de jugement et une pénétration des plus saillantes ; avec cela un patriotisme éclairé et toutes les qualités du gentilhomme de vieille roche : — voilà les qualités qu'il possédait et sur lesquelles tous ceux qui le connaissaient fondaient de si grandes espérances.

Si j'ai parlé des qualités du diplomate, je ne dirai rien de celles de l'homme privé. Aussi bien doivent-elles rester dans le secret du cœur d'une mère désolée à laquelle je désire que parviennent ces quelques lignes, expression sincère de mes sympathies pour une grande douleur et de mes regrets pour une grande perte.

F I N.

TABLE DES MATIÈRES